Allegría

Das Buch

Funktionieren war gestern, gelassen leben ist heute.

Ist es möglich, in unserer äußerst komplexen und widersprüchlichen Welt, die zunehmend auf Hochleistung, Konkurrenz, Erfolg und Konsum ausgerichtet ist, Gelassenheit im Alltag zu finden? In ihrem Buch zeigt Gabi Pörner, wie man mit innerer Kraft das Selbstbewusstsein stärkt und seinen eigenen Wert wiederentdeckt. Sie betrachtet dabei den Menschen als Ganzes in seiner spirituellen, psychologischen und sozialen Dimension. Zahlreiche wirkungsvolle Techniken und achtsame Übungen geben Anleitung, wie man zugrundeliegende Stressmuster erkennt, die eigenen Kraftquellen nutzt und so den ganz persönlichen Weg zur Gelassenheit findet.

Die Autorin

Dr. Gabi Pörner ist Psychologin, Expertin für Persönlichkeitsentwicklung, effektive Selbstführung und Veränderungskompetenz. Seit 25 Jahren ist sie Trainerin für verschiedene Unternehmen und hat internationale Trainingsprogramme durchgeführt. Sie ist eine der gefragtesten Business Coaches für Führungskräfte, Hochleistungssportler und Privatpersonen. Sie ist NLP-Lehrtrainerin, ausgebildet in Hypnotherapie, Realtherapie und Somatic Experiencing.
Als Autorin veröffentlicht sie zu den Themen Persönlichkeitsentwicklung, Selbstführung und Selbstvertrauen.

Von der Autorin sind in unserem Hause erschienen:
Nein sagen will gelernt sein
Das Phoenix-Prinzip (mit Ingrid Kraaz-von Rohr)

GABI PÖRNER

DER WEG ZUR GELASSENHEIT

Positiv mit Druck und Stress umgehen

Ullstein

Besuchen Sie uns im Internet:
www.ullstein-taschenbuch.de

Neuausgabe im Ullstein Taschenbuch
Ullstein Taschenbuch ist ein Verlag der
Ullstein Buchverlage GmbH, Berlin.
1. Auflage Mai 2017
2. Auflage 2017
© by Ullstein Buchverlage GmbH, Berlin 2015
Umschlaggestaltung: zero-media.net, München
Innenillustrationen:
fotolia: puckillustrations und designer_an
Satz: Keller & Keller GbR
Gesetzt aus der Minion
Druck und Bindearbeiten: CPI books GmbH, Leck
ISBN 978-3-548-74649-4

Inhalt

Einleitung

Mit unseren Gedanken formen wir die Welt.

Buddha

»Der Tag müsste 48 Stunden haben.«

»Ich bin so unter Druck – ich will nur noch meine Ruhe!«

»Es ist alles so stressig!«

Kennen Sie solche oder ähnliche Gedanken? Haben Sie auch manchmal den Eindruck, dass Sie sich wie ein Hamster im Rad drehen, auf 1000 Hochzeiten gleichzeitig tanzen und bei all dem Trubel nur noch – funktionieren? Möglicherweise kennen Sie auch das Gefühl, dass Sie – wieder einmal – nicht alles geschafft haben, was Sie sich vorgenommen haben, obwohl Sie von morgens bis abends geschuftet haben?

»Entspann dich endlich!« »Schalt doch mal ab!« »Mach doch mal Pause!« – So raten wohlmeinende gute Freunde. Als ob wir selbst noch nie auf diese Idee gekommen wären! Aber wieso klappt das nicht, obwohl wir doch eigentlich längst wissen, dass wir kürzer treten oder zumindest einen Gang runterschalten sollten, wenn wir unsere Lebensfreude, Gesundheit und Leistungsfähigkeit langfristig erhalten wollen? Wie kommt es, dass immer mehr Menschen nahezu täglich ihre geistig-körperlichen Grenzen ignorieren und sich immer mehr zumuten?

Wir leben in einer äußerst komplexen, unübersichtlichen und widersprüchlichen Welt, erleben seit geraumer Zeit einen rasanten technologischen, sozialen, wirtschaftlichen Wandel, der zu tief greifenden Veränderungen unserer Lebens- und Arbeitswelt geführt hat und zunehmend auf Hochleistung, Hochgeschwindigkeit, Konkurrenz, Erfolg und Konsum ausgerichtet ist.

»Der Schnelle frisst den Langsamen«, so lautet die Devise in Unternehmen zur Erhaltung und Steigerung der Wettbewerbsfähigkeit. So mühen sich viele Menschen ab, in immer kürzerer Zeit immer mehr zu erledigen, bis sie völlig erledigt sind. Sie wollen möglichst viel in jede Minute hineinpressen, checken ihre E-Mails, während sie telefonieren, und verdoppeln ihre Anstrengungen, um endlich »gut genug« zu sein. Sie hetzen mit dem Handy durch den Tag und von einem Ort zum anderen, hecheln ihren Aufgaben hinterher und ärgern sich über alles, was ihren Tagesplan über den Haufen wirft – über die Kollegin, die schnell etwas wissen will, über eine Präsentation, die länger als angekündigt dauert, über den Stau auf der Autobahn, die Schlange im Supermarkt – schlicht darüber, dass wieder einmal nicht alles reibungslos läuft! Und wenn sie abends erschöpft nach Hause kommen, wollen sie nur noch eines: ihre Ruhe. Doch oft warten daheim Kinder, Haushalt und Partnerin oder Partner – und auch dort bemühen sie sich, Pflichten und Erwartungen zu erfüllen. Und wenn sie endlich im Bett liegen und schlafen könnten, beginnt nicht selten das Gedankenkarussell – und wieder ist nichts mit Ruhe. Also verschieben viele Menschen die Erholung aufs Wochenende. Aber da will man alles nachholen, was unter der Woche liegen geblieben ist, und jede freie Minute nutzen – Sport treiben, Freunde treffen, shoppen, das Neueste auf Facebook oder Twitter teilen, »leere« Zeiten ausfüllen mit Smartphone, TV oder Tablet – immer in der Angst, etwas Wichtiges zu verpassen. Kurz: Erholung findet auch hier meist nicht ausreichend statt.

Aber wieso glauben wir eigentlich, dass wir immer noch schneller und noch mehr in immer kürzerer Zeit leisten können? Sind viele von uns nicht in einen Zeitoptimierungswahn und eine Perfektionsfalle geraten und jagen der Illusion des immerwährenden wirtschaftlichen Wachstums und der Gewinnmaximierung nach? Schneller, höher, weiter. Besser? Wirklich? Für wen?

Da ist es doch kein Wunder, dass sich viele Menschen in Anbetracht der unterschiedlichen Anforderungen und Aufgaben, die von außen an sie herangetragen werden, fremdbestimmt, getrieben und ausgelaugt fühlen. Es ist doch nachvollziehbar, dass sie zwischen Arbeit, Partnerschaft, Kindern, privaten Geborgenheitswünschen hin- und hergerissen sind und oftmals das Gefühl haben, eigentlich keiner Seite gerecht zu werden. Ist es nicht verständlich, dass immer mehr Menschen rastlos, angespannt und nervös sind, weil sie unter innerem Druck und Stress leiden?

Wenn dann noch private Krisen und Herausforderungen, wie etwa die Trennung vom Partner, Geldsorgen, Krankheit oder die Pflege der Eltern hinzukommen, steigt der innere Druck weiter, und es wird immer schwieriger, den eigenen Ansprüchen sowie den Erwartungen anderer gerecht zu werden. Wer sagt, dass wir allen Anforderungen gerecht werden müssen?

Seit Jahren melden Krankenkassen steigende Zahlen von Burn-out, Ängsten, Depressionen und anderen Krankheiten als Ergebnis unserer erlebten Anforderungen. Kann es nicht sein, dass Psyche und Körper damit nonverbal ein »So geht es nicht weiter« ausdrücken?

»Ich träume von einer einsamen Insel«, erzählte mir ein Trainingsteilnehmer. »Niemand will etwas von mir, niemand zerrt an mir«, und beschreibt damit die Sehnsucht vieler Menschen nach Ruhe, Frieden und Rückkehr zu sich selbst. Diese Sehnsucht will wahrgenommen, ernst genommen und in unser Leben integriert werden. Wir brauchen die Verbindung zu uns selbst als innere Heimat, als essenziellen Bezugspunkt, der uns Halt, Sicherheit und Orientierungshilfe gibt, denn vor lauter TUN wird das SEIN oftmals in den Hintergrund gedrängt. Und wir brauchen als Gegengewicht zum Stress und der Hektik des Alltags Oasen der Ruhe und Erholung, in denen wir unsere Batterien aufladen, wieder an unsere innere Kraft und Stärke andocken und unser Leben aktiv gelassen und motiviert gestalten können, statt nur zu funktionieren. Der konstruktive Umgang mit Druck und Stress ist ein zentrales Thema in unserer Gesellschaft und gewinnt für jeden Einzelnen von uns mehr und mehr an Bedeutung. Wie schaffen wir es, in herausfordernden Situationen präsent und klar zu bleiben? Wie können wir uns angemessen abgrenzen, sodass wir unseren eigenen Standpunkt souverän darlegen können?

Ich interessiere mich seit vielen Jahren für das Thema »Stress und Gelassenheit« und beschäftige mich seit Langem mit den Auswirkungen gesellschaftlicher Einflüsse auf den Einzelnen, aber auch mit westlichen und östlichen Methoden zur Erforschung von Body-Mind-Ansätzen, Entspannungsmethoden und Meditation. Es freut mich, dass Meditation seit einigen Jahren wissenschaftlich erforscht wird und zahlreiche Erfolge nachweisen kann. Mir ist es ein Anliegen, Theorie und Praxis miteinander zu verknüpfen, sodass Sie neue Perspektiven und praktische Lösungen finden und diese konkret und sicher umsetzen können.

In diesem Buch geht es NICHT um Selbstoptimierung zum Zweck einer noch effektiveren Selbstausbeutung. Vielmehr geht es um Sie selbst und darum, was hinter dem Gefühl des Getriebenseins stecken könnte. Es geht um Ihre Beziehung zu sich selbst wie zu anderen. Es geht darum, wie Sie neue Lebenskraft und Energie gewinnen, eine ganz individuelle dynamische Balance in Ihrem Leben herstellen können. Mir ist es wichtig, dass Sie ein Verständnis für die Seite in sich entwickeln, die Sie zu so viel Arbeit und Action antreibt, dass Sie dadurch gestresst sind.

Dabei befassen wir uns ausführlich mit den Antworten auf folgende Fragen:

- Wodurch geraten Sie unter Druck und in Stress? – Was sind die wirklichen Ursachen?
- Wie können Sie ein Mehr an innerer Freiheit und Flexibilität gewinnen?
- Wie können Sie gut für Ihr Wohlbefinden sorgen?
- Wie können Sie Ihre innere Kraft und Stärke reaktivieren?
- Wie können Sie eine gute, wohlwollende Beziehung zu sich selbst herstellen und wertschätzend mit sich umgehen?
- Was können Sie ganz konkret tun, wenn Sie doch mal unter Druck stehen?
- Wie können Sie im Alltag aktiv gelassen und besonnen handeln, auch wenn die äußeren Bedingungen nicht ideal sind?

Letztlich geht es in diesem Buch um die Qualität Ihres Lebens, um Selbstverwirklichung und um die Frage, wie Sie sich selbst bewusst führen und zufrieden leben können. Am Ende eines jeden Kapitels bekommen Sie erprobte Übungen, wirkungsvolle Methoden und Techniken an die Hand, mit deren Hilfe Sie Ihre zugrunde liegenden Stressmuster erkennen und Ihren ganz persönlichen Weg zur Gelassenheit finden können. Sie brauchen nicht den Beruf zu wechseln, Sie müssen auch nicht ins Kloster oder barfuß nach Santiago oder auf die einsame Insel. Sie können mit dem Streben nach Gelassenheit und innerem Frieden genau hier und genau jetzt, an dem Platz, an dem Sie sind, beginnen, denn der wichtigste Schritt ist die Entschlossenheit, konstruktiv mit Druck und Stress umgehen zu wollen.

Wundern Sie sich nicht, wenn manches im Buch wiederholt wird. Das ist durchaus beabsichtigt und dient zum tieferen Verständnis. Hilfreich ist es zudem, wenn Sie sich dazu ein Notizbuch besorgen, in das Sie Ihre persönlichen Erfahrungen und Antworten eintragen. Dadurch, dass Sie Ihre Erkenntnisse, Gedanken und persönlichen Fortschritte in Ihrem »Logbuch« notieren, werden Ihnen die Zusammenhänge noch bewusster. Sie gewinnen Schritt für Schritt Abstand zu einengenden mentalen Mustern, lernen Neues dazu und bekommen mehr an Wahlfreiheit, Kompetenz, Kraft und innerer Sicherheit. Dies wirkt sich wohltuend auf Ihre Stimmungslage und Motivation aus und dient dem langfristigen Erhalt Ihrer Gesundheit. Und nicht nur das – wenn wir wertschätzend mit uns selbst umgehen, überträgt sich dies auch auf die Beziehungen zu unseren Mitmenschen.

Dieses Buch soll Sie dabei unterstützen, mehr Zuversicht, Selbstvertrauen, Klarheit und innere Stärke zu entwickeln, um den Wechselfällen des Lebens, Herausforderungen und Anforderungen konstruktiv begegnen und in dynamischer Balance bleiben zu können.

Ein bekanntes Sprichwort lautet »Vorbeugen ist besser als Heilen«. Das ist wohl wahr. Und so liegt es in unserer eigenen Verantwortung, wie bewusst wir uns selbst führen, gerade auch dann, wenn wir in herausfordernden Situationen stecken und nicht allen Ansprüchen gerecht werden können.

Ich bin davon überzeugt, dass wir Menschen alle Ressourcen in uns tragen, die wir für unsere Veränderung und Weiterentwicklung brauchen, sodass wir zufrieden und erfüllt leben können. Es geht nicht von heute auf morgen, aber es geht, das weiß ich aus jahrelanger Erfahrung im Trainings- und Coachingbereich. Natürlich wird es immer wieder hektischere Zeiten geben. Ja und? Das Gute ist, dass jeder auf seine Weise lernen kann, positiv mit Druck und Stress umzugehen. Dies ist ein lebenslanger Entfaltungs- und Lernprozess, der sich wirklich lohnt.

Dazu wünsche ich Ihnen viel Freude und Ausdauer!

Noch etwas vorneweg:

Am besten wäre es, wenn Sie sich jetzt gleich von dem Ideal der immerwährenden gleichmütigen Gelassenheit, des ewigen inneren Friedens und der absoluten Ruhe verabschieden, auch wenn Sie sich das noch so sehr wünschen sollten. Obwohl dies ein wertvolles Idealziel ist, gilt es anzuerkennen, dass Probleme, Herausforderungen und ein gewisses Maß an Stress im Alltag zum Leben, zum Lernen, zur Entwicklung gehören. Sie sind das Salz in der Suppe, und unser Job ist es, darauf zu achten, dass die Suppe nicht versalzen wird, sondern genau die Zusammensetzung hat, damit sie »rund« schmeckt und uns guttut.

Sie müssen nicht perfekt, fehlerlos und pausenlos im Einsatz sein, um sich dann, irgendwann in ferner Zukunft, in Ihrer Haut wohlfühlen zu dürfen, sich irgendwann des Lebens zu freuen. Starten Sie lieber jetzt damit, denn das Leben findet immer nur JETZT und HIER statt.

Und noch etwas vorneweg:

Auf meiner Webseite finden Sie als Zusatzangebot Interviews in Form eines Fragebogens, den Frauen und Männer unterschiedlichen Alters, in unterschiedlichen familiären Konstellationen und mit Berufen, die, wie ich unterstellte, mit Stress verbunden sind, ausgefüllt haben. Teilgenommen haben Carina Vogt, Weltmeisterin im Skispringen und Polizistin, Sascha Benecken, Weltcupgesamtsieger im Rennrodeln, Marina Sanavio, selbstständige Versicherungsmathematikerin, Bettina P., die mit ihrer Familie in London lebt und arbeitet, Susanne Dix, Mediatorin und Therapeutin, Stephan Winkler, Hoteldirektor eines

5-Sterne-Resorts in Bali, Matthias Ehrlich, ehemaliger Vertriebsvorstand von 1&1, und Jörg Marks, Geschäftsleiter Technik & Bau und Gesamtprojektleiter BER beim Flughafen Berlin Brandenburg. Sie berichten über ihre Erfahrungen im Umgang mit Stress und Gelassenheit, beschreiben, welche Ressourcen ihnen Kraft geben, um sich herausfordernden Situationen zu stellen, und geben Tipps zum konstruktiven Umgang mit Druck und Stress.

Ich habe mich sehr darüber gefreut, dass alle so ehrlich und offen über sich geschrieben haben. Vielen, vielen Dank an alle, die mitgemacht haben. Ich weiß, dass das nicht selbstverständlich ist.

www.Tim-Training.de

Nun beschäftigen wir uns als Erstes damit, was Stress ist, wann er uns schadet, wofür wir ihn brauchen und wodurch er für uns als Wecksignal für ein erfülltes Leben werden kann.

Pausenlos powern – o Stress, lass nach!

> Die größte Herausforderung ist nicht,
> etwas Bestimmtes zu werden oder zu haben,
> sondern mit dir selbst in Frieden zu sein –
> unabhängig von äußeren Umständen.
>
> Chris Hunt

Wir leben in einem vergleichsweise sicheren Land, haben in der Regel ein Dach über dem Kopf, genug zum Essen und zum Trinken, verdienen unseren Lebensunterhalt, haben Freunde, mit denen wir uns austauschen können. Und doch sind viele von uns im Stress und eilen von einem Termin zum nächsten. Das Credo unserer Gesellschaft könnte lauten: »Ich hetze, also bin ich.« Oder, wie Tim Bentzko singt: »Ich muss nur noch kurz die Welt retten, noch 148 Mails checken, wer weiß, was mir dann noch passiert, denn es passiert so viel.«

Vielleicht kommt Ihnen folgende Situation bekannt vor:

Herr Müller soll in seiner Firma vor einem wichtigen Kunden eine Präsentation halten. Er, der gern präsentiert, ist gut vorbereitet. Da er noch den Meetingraum checken will, geht er extra früh aus dem Haus und fährt gut gelaunt auf der Autobahn. Doch die beschwingte Stimmung währt nur kurz – ausgerechnet heute fahren lauter lahme Enten auf der linken Spur, die nicht daran denken, ihn vorbeizulassen. Er ärgert sich über die »Schnarchschnecken«, und es dauert nicht lange, da kommt der Verkehr zum Stehen. »So ein Mist!« Im Radio hört er die Staumeldung für seinen Autobahnabschnitt, und eine freundliche weibliche Stimme weist darauf hin: »Bitte weichen Sie auf die umliegenden

Straßen aus.« Auch das noch! Ausgerechnet heute ein Stau – typisch! Herr Müller stöhnt auf, sein Herz schlägt schneller, vor lauter Wut würde er am liebsten aufs Gaspedal treten und seinem Vordermann mutwillig ins Auto fahren. Das tut er natürlich nicht, sondern er telefoniert mit seinem Kollegen und bittet ihn, den Meetingraum vorzubereiten und im äußersten Notfall seine Präsentation zu übernehmen. Gut, dass er ihm vorher noch die Präsentation per Mail geschickt hatte! Immer wieder schaut Herr Müller auf die Uhr. Er kommt ins Schwitzen und malt sich aus, dass er nicht rechtzeitig erscheint, dass der Auftrag flöten geht, dass sein Chef sauer ist, dass aus seiner anstehenden Beförderung nichts wird. Seine Gedanken drehen sich im Kreis, er wird immer hektischer und nervöser. Endlich geht es weiter, er rast los, ärgert sich über jede rote Ampel – die ganze Welt hat sich gegen ihn verschworen – und schafft es trotz allem noch, kurz vor dem Meeting in der Firma einzutreffen. So hat er noch ein paar Augenblicke Zeit, um Luft zu holen, durchzuatmen, sich zu beruhigen und sich innerlich zu sammeln. Sein Kollege hat alles vorbereitet, Herr Müller kontrolliert noch mal, ob alles für ihn passt, und ist froh, dass er es rechtzeitig geschafft hat. Da kommen schon die Teilnehmer, das Meeting beginnt. Jetzt freut er sich auf seine Präsentation, ist wach, klar und weiß, was er sagen will. Und wieder schlägt sein Herz schneller.

Solcherlei Stresssituationen ereignen sich in Variationen immer wieder. Doch – was ist Stress überhaupt? Kommt Stress nur dann vor, wenn etwas anders als geplant läuft? Wofür ist Stress gut, und was passiert, wenn Stress chronisch wird?

»Ich bin so im Stress«, sagen viele Leute. Damit wollen sie ausdrücken, dass sie viel zu tun haben, dass sie einen hektischen

Tag hatten oder unter Zeitdruck stehen, dass viele unterschiedliche Dinge auf sie einstürmen und sie nicht wissen, wie sie alles unter einen Hut bekommen sollen. Sie sind im Stress, wenn sie mit einem Kollegen einen Konflikt oder mit dem Partner Streit haben.

Die Teilnehmer meines letzten Trainings zum Thema »Stresslösung und Ressourcenaktivierung« verstanden unter Stress:

- Abwesenheit von Ausgeglichenheit
- Anspannung, Druck
- Zeitdruck
- einen Belastungszustand
- Hektik und Nervosität
- Stress – das Normalste der Welt
- Positiver Stress – motiviert – »Go!«
- Negativer Stress – demotivierend – »Stopp!«

Stress gehört zum Leben wie die Luft zum Atmen, dennoch wird er im heutigen Sprachgebrauch meist negativ bewertet – kein Wunder bei all den schädlichen Folgen, die chronischer Stress mit sich bringen kann. Die Weltgesundheitsorganisation WHO sieht im Stress eine der größten Gesundheitsgefahren für das 21. Jahrhundert.

Was ist Stress?

Der Begriff »Stress« stammt aus dem Lateinischen: »stingere« – anspannen, bzw. aus dem Englischen: »stress« – Druck, Anspannung. Ursprünglich wurde er in der Werkzeugkunde verwendet, um herauszufinden, welche Bedingungen es braucht, damit ein Bauwerk äußeren Einflüssen wie Wetter oder Naturkatastrophen standhält. Der Urvater der Stressforschung, der ungarisch-kanadische Mediziner Dr. Hans Selye, adaptierte den Begriff und bezeichnete bereits in den 30er-Jahren des vergangenen Jahrhunderts Stress als eine »unspezifische Antwort des Körpers auf jede Anforderung, die an ihn gestellt wird«. Er unterscheidet dabei stressauslösende Situationen, sogenannte Stressoren, von Stressreaktionen. Er war es auch, der die Begriffe *Eustress* und *Distress* prägte, wobei er Eustress als »Würze des Lebens« betrachtete (»eu«, vom Griechischen abgeleitet, bedeutet »gut«) und damit positiven, motivierenden, aufmerksamkeitssteigernden Stress verband, der uns leistungsfähig macht, zum Beispiel Lampenfieber vor einem wichtigen Termin oder bei interessanten, herausfordernden Aufgaben. Eustress entsteht auch, wenn man sich verliebt, heiratet, bei einem spannenden Fußballspiel oder Skispringen live oder im Fernsehen für seine Favoriten mitfiebert.

Selye benutzte den Begriff Distress (»dis« – aus dem Lateinischen mit der Bedeutung »schlecht«) für negativen Stress, der als Belastung empfunden wird.

Wenn wir heute alltagssprachlich von Stress sprechen, meinen wir in aller Regel Distress. Dank neuerer Forschungen und achtsamkeitsbasierter Ansätze entwickelte sich ein vertieftes Wissen und Verständnis für das ganze Thema Stress, Stresslösung und Gelassenheit. Unter Berücksichtigung der verschiedenen Stresstheorien kann heute zusammengefasst Folgendes unter »Stress« verstanden werden:

Stress ist eine instinktive Reaktion auf akute Gefahr. Äußere oder innere Stressauslöser rufen blitzschnell Stressreaktionen hervor, die sich körperlich, emotional, mental und im Verhalten zeigen und dem Überleben dienen.

Vor ein paar Wochen war ich unterwegs zur Hochzeit meiner Nichte. Es war schönes Wetter, und ich fuhr mit 160 km/h auf der Autobahn auf der Überholspur. Plötzlich schleuderte der Wagen vor mir nach links zur Leitplanke, nach rechts und dann wieder nach links und blieb schließlich abrupt quer zur Leitplanke stehen. Ich sah einen Reifen wegrollen. Schlagartig drückte ich auf die Bremse. Ich dachte überhaupt nichts, war nur vollkommen wach und klar. Mein Wagen schleuderte und stoppte etwa einen Meter vor dem anderen Auto. Nach einer Schrecksekunde stieg ich aus und ging zu der Frau, die benommen hinter dem Lenkrad saß. Das Fahrzeug, das ich überholt hatte, hielt auch. Es war eine KFZ-Mechanikerin, die sofort ein Warndreieck aufstellte und die Polizei anrief. Im Nu war die Autobahn dicht. Ich funktionierte gut, hatte keinerlei Gefühle, hielt die verunfallte Frau am Arm, sprach mit ihr und wartete, bis Polizei und Krankenwagen kamen. In dieser unvorhergesehenen Situation hatte meine rasche Stressreaktion tatsächlich etwas mit Überleben zu tun! Schließlich fuhr ich weiter. Nach etwa 50 km begann ich zu zittern, konnte mich nicht mehr ruhig halten, begann zu weinen. Alles Zeichen, dass sich die Stressenergie wieder löste. Ich hatte bis dahin gar nicht gemerkt, dass mein ganzes System im Ausnahmezustand gewesen war, war nur sehr froh gewesen, dass meine Reflexe so gut funktioniert hatten! Bei der nächsten Gelegenheit verließ ich die Autobahn, machte einen kurzen Spaziergang, aß und trank etwas und konnte dann – wieder beruhigt – meine Reise fortsetzen.

Typische Stressauslöser

Viele äußere und innere Ursachen können uns stressen: Hitze und Kälte, Hunger und Durst, Lärm, Luftdruckveränderungen, hohe Abgaskonzentration in der Luft, das Großstadtleben, Vergiftungen, aber auch körperliche Beschwerden und Krankheiten, Operationen, der Tod eines uns nahestehenden Menschen, Probleme und Sorgen, Konflikte oder Ärger in der Partnerschaft oder/und mit Kindern, wenig Zuspruch und mangelnde Unterstützung vonseiten des Partners, finanzielle Sorgen, Pflege der Eltern, Einsamkeit.

Im beruflichen Umfeld zählen zu den typischen Stressauslösern: Umstrukturierungen in der Firma, Termindruck, eine neue Arbeitsstelle, neue Arbeitsprozesse und Technologien, Übermotivation oder Unterforderung, Konkurrenz, permanente Erreichbarkeit, Telefonate über verschiedene Zeitzonen in Englisch, häufige Unterbrechungen der Arbeitsabläufe, schlechtes Arbeitsklima und Unzufriedenheit im Beruf, unfaires Verhalten, fehlende Anerkennung oder Druck durch Führungskräfte, Prüfungen oder der Versuch, Familie und Beruf miteinander zu vereinbaren und allen Seiten gerecht zu werden.

Sie wissen selbst, wie viele Situationen Stress auslösen können. Manche Stressauslöser nehmen wir kaum wahr. Gravierende Lebensereignisse wie zum Beispiel Unfälle, Hochzeit, Scheidung, Krankheit, das Antreten einer neuen Arbeitsstelle oder die Entlassung aus einer Firma beschäftigen uns über einen längeren Zeitraum, in dem wir das Vergangene verarbeiten und integrieren. Stress kommt oftmals auf, wenn ein anderer einen Standpunkt vertritt, der dem unsrigen diametral entgegengesetzt ist und damit unsere bewussten oder unbewussten Einstellungen infrage stellt oder gar abwertet. Stress und Druck entstehen auch, wenn wir aus unseren vertrauten Gewohnheiten gerissen werden und an unsere bisherigen Grenzen stoßen, aber auch dann, wenn wir unsere eigenen Ansprüche nicht erfüllen oder den Erwartungen anderer nicht gerecht werden. Und auch dann, wenn andere unseren unausgesprochenen Erwartungen an sie nicht entsprechen. Und oft reicht allein schon ein negativer Gedanke, um das ganze Stresssystem zu aktivieren!

Tatsache ist, dass häufig unsere Einstellungen in Bezug auf die Situation Druck und Stress auslösen und nicht die Situation selbst! Neue, überraschende, unvorhergesehene, vermeintlich oder tatsächlich gefährliche Situationen, für die wir augenblicklich noch keine klare Handlungsstrategie parat haben, führen zu Stressreaktionen ebenso wie Situationen, in denen unser Selbstbild gefährdet ist. Auch Stress der Mutter im Mutterleib und in der frühen Kindheit kann im späteren Leben Auswirkungen haben. In einer amerikanischen Langzeituntersuchung von Cory Burghy et al. konnte nachgewiesen werden, dass weibliche Babys und Kleinkinder, deren Eltern sich häufig streiten oder nervös und genervt sind, im Alter von 18 Jahren stärker unter Ängsten und Depressionen litten als Gleichaltrige, deren Elternhaus harmonisch war.

Typische Stressreaktionen

Auch wenn ich davon ausgehe, dass Sie die verschiedensten Stressreaktionen kennen, werde ich sie kurz vorstellen.

Stress entsteht allgemein dann, wenn unser Nervensystem aus der Balance gerät. Physiologisch wird vom autonomen Nervensystem, dem willens- und bewusstseinsunabhängigen System, der Sympathikus aktiviert, blitzschnell werden die Hormone Adrenalin, Noradrenalin und Cortisol ausgeschüttet, diverse physiologische Prozesse werden in Gang gesetzt, die uns hellwach machen und uns auf eine rasche Hochleistung vorbereiten. Ein Teil des Großhirns wird blockiert, da jedes Nachdenken schädlich sein könnte. Alles, was wir in diesem Moment nicht zum Überleben brauchen, wird zurückgefahren – Regenerationsprozesse des Körper werden unterbunden, Appetit, Verdauung und Lust auf Sex verlieren völlig an Bedeutung.

Dieser Mechanismus existiert seit Jahrtausenden und verhalf unserer Spezies zu überleben. Damals, in den Zeiten des berühmten Säbelzahntigers, war bei drohender Gefahr rasches Handeln unumgänglich – unser System entschied sich in Windeseile für eine der drei Reaktionsmöglichkeiten, mit Stress umzugehen: Kampf gegen, Flucht vor gefährlichen Tieren oder Totstellreflex. Wenn weder Kampf noch Flucht möglich waren, dann verhielt man sich still und stellte sich tot, bis die Gefährdung vorüber war.

Nach solchen Stresssituationen gab es wieder Zeiten der Ruhe und Entspannung, in denen man Verletzungen auskurieren und wieder zu Kräften kommen konnte. Hier dominiert der Gegenspieler des Sympathikus – der Parasympathikus, der für Wachstum, regenerative Prozesse und Nahrungsaufnahme zuständig ist.

Befinden wir uns heute in einer Stresssituation, spielt sich immer noch der gleiche uralte innewohnende Mechanismus in uns ab. Unser ganzes inneres System bereitet sich schleunigst auf Hochleistung vor, stellt uns jede Menge Energie zur Verfügung, damit wir kämpfen oder weglaufen können. Unser System verhält sich so, als ob der Säbelzahntiger noch immer hinter uns her wäre! Während unsere Vorfahren sich nach einer belastenden Stresssituation genügend Erholungspausen zur Regeneration und Wiederherstellung des inneren Gleichgewichts gönnten, erleben wir heutzutage mehrmals täglich oder gar chronisch Stress. Ich habe manchmal den Eindruck, dass wir in einer Gesellschaft leben, die gierig dem nächsten Adrenalinkick nachjagt und ständig aufgeregt in Alarmbereitschaft ist. Ein Hype jagt den nächsten, wir werden täglich von außen angestoßen, etwas zu konsumieren, bekommen medial jede Menge Angebote, uns über alles Mögliche aufzuregen, zum Beispiel über Politik, Wirtschaft, Sport, das Leben der Promis. Wenn ich in der U-Bahn oder am Flughafen bin und mich umschaue, sehe ich fast nur Menschen, die mit ihrem Smartphone beschäftigt sind, um ja nichts zu verpassen. Im Fernsehen vergeht kaum ein Tag ohne Krimi, ohne neues Drama. Bei ständigem Stress schüttet unser Körper kontinuierlich Cortisol aus, verspannt sich chronisch, unser Immunsystem wird geschwächt, die Zellen bekommen nicht mehr den nötigen Sauerstoff, im Körper finden keine Reparaturprozesse statt, und langfristig ist anhaltender Stress schädlich. Peter Levine, der Begründer von Somatic Experiencing®, einer effektiven Methode zur Lösung von traumatischem Stress, verglich chronischen Stress mit einem Auto und meinte, das sei, als wenn jemand immer auf dem Gaspedal stünde. Damit ein Auto gut auf den Straßen fahren könne, müsse man ja auch das Bremspedal benutzen. Gaspedal und Bremse müssen besonnen benutzt und in einem abgestimmten, harmonischen Verhältnis zueinander stehen. Das Gleiche gilt für unseren Körper, auch hier sollten sich Sympathikus und Parasympathikus ausbalanciert abwechseln. Es können verschiedene typische Stressreaktionen unterschieden werden.

Körperliche Stressreaktionen

Erlebt ein Mensch beispielsweise einen unerwarteten Konflikt mit seinem Partner, eine plötzliche Abwertung vonseiten des Chefs in einem Meeting, kann das als Stress erlebt werden und zu körperlichen Reaktionen führen. Nach einer Schrecksekunde beginnt sein Herz, schneller zu schlagen, er atmet schneller und flacher, der Blutdruck steigt. Er spürt eine innere Unruhe und wird nervös, hektisch, kann feuchte Hände bekommen, dazu wird ihm warm, seine Wangen fangen an zu glühen. Er spürt vielleicht einen Druck im Magen und beißt die Zähne zusammen, alle Muskeln spannen sich an. Der ganze Körper ist bereit zum raschen Handeln.

Chronischer Stress kann zu Erschöpfung, Müdigkeit, Schlaf-
losigkeit, aber auch zu Bluthochdruck, Herz-Kreislauf-Erkran-
kungen, Kopfschmerzen, Hormonstörungen oder Reizdarm
führen. Infolge der geschwächten Immunabwehr kommt es
wiederholt zu Infektionen. Auch Rückenschmerzen und Band-
scheibenvorfälle können mit chronischem Stress zu tun haben.
Möglicherweise verändert sich durch permanenten Stress sogar die menschliche Genetik.

Mentale Stressreaktionen

Bei kurzfristigem Stress sind Menschen hellwach, die Sinne geschärft. Eventuelle Müdigkeit ist sofort verflogen!

Bei anhaltendem Stress dagegen haben Menschen Schwierigkeiten, sich zu konzentrieren und bei einer Sache zu bleiben, sie
können schlechter planen, beginnen mit einer Aufgabe, lassen
sie dann liegen und fangen mit der nächsten an. Oft werden
Menschen im Dauerstress vergesslich, sie verlegen Gegenstände
und suchen ständig danach, oder sie können kaum mehr zuhören und sich Dinge schlecht merken, manchmal leiden sie auch
unter Wortfindungsstörungen. Ihre Gedanken kreisen, sie sind
in der Denk- oder Grübelfalle gefangen oder kritisieren sich
übermäßig. Logisches Denken und Problemlösen fällt ihnen
zunehmend schwerer, Selbstreflexion und Selbstmotivation
lassen nach, sie zweifeln an sich und am Sinn ihrer Arbeit, an
ihrer Partnerschaft und schließlich sogar am Sinn ihres Lebens.
Sie zweifeln an allem, nur nicht an ihrem Verstand!

Emotionale Stressreaktionen

Kurzfristige Stressreaktionen können, besonders wenn sie mit
Erfolgserlebnissen verbunden sind, ungeheuer motivieren,
doch bei lang andauerndem Stress fühlen sich viele Menschen
zunehmend unsicher, haben Angst, »es nicht zu schaffen«, zu

versagen, sich lächerlich zu machen, nicht mehr anerkannt oder geliebt zu werden. Sie können Emotionen weniger steuern, gehen schnell an die Decke, können mit Panikattacken reagieren, aber auch mit Lustlosigkeit, Teilnahmslosigkeit, Depression, Resignation. Sie können sich ausgelaugt und als Opfer fühlen, nehmen Dinge sehr schnell persönlich und fühlen sich rasch angegriffen.

Verhaltensbezogene Stressreaktionen

Bei kurzfristigem Stress ist eine sofortige Handlungsbereitschaft da, was manchmal lebensrettend sein kann.

Bei chronischem Stress hingegen neigen Menschen beispielsweise dazu, hastig und übermäßig zu essen, zu trinken, zu rauchen, Beruhigungsmittel oder andere Drogen zu nehmen. Sie hängen süchtig vor dem PC oder kaufen häufig Klamotten, sind unentwegt in Aktion, können keine Minute ruhig sitzen, treiben exzessiv Sport, wollen mehrere Dinge gleichzeitig machen, muten sich zu viel zu, treiben sich unentwegt an und gönnen sich keine Pause, reagieren rasch gereizt, gehen bei Kleinigkeiten schnell an die Decke oder ziehen sich von anderen zurück, wirken gleichgültig, sprechen nur das Nötigste und machen Dienst nach Vorschrift.

Manche Menschen spüren bei Stress stark ihre körperlichen Symptome, andere nehmen mehr ihre Gedanken wahr, wieder andere werden von ihren Emotionen dominiert oder nehmen überhaupt keine mehr wahr, und andere spüren den Stress in erster Linie am Verhalten und ihren Reaktionen im Umgang mit anderen. Man sieht Menschen, die über einen längeren Zeitraum gestresst sind, oft an, dass sie belastet sind.

Stressreaktionen hängen wesentlich davon ab, wie wir die auslösenden Situationen bewusst oder unbewusst bewerten.

Unsere Bewertungen einer äußeren Situation wiederum hängen von vielerlei Einflüssen ab – von unseren persönlichen Erfahrungen, gespeicherten Erlebnissen, Zielen, von unseren kulturellen und individuellen Werten und Bedürfnissen. Auch unsere Einstellungen, unsere Erwartungen und Ansprüche, unsere Rollen und unser Selbstbild haben einen großen Einfluss bei der Bewertung einer Situation. Daran ist zu erkennen, welchen maßgeblichen Einfluss unsere inneren Muster auf unsere Stressreaktionen haben, die durch äußere Situationen ausgelöst werden. So kann die gleiche Situation bei dem einen Menschen starke Stressreaktionen hervorrufen, während sie beim anderen nur ein mildes Lächeln hervorruft und den Dritten anspornt und motiviert.

> Angenommen, einer aus dem Freundeskreis soll zum 40. Geburtstag des Gastgebers eine Rede halten. Frau Renner meldet sich freiwillig. Ihr macht es Spaß, sich zu zeigen, vor anderen zu reden und sie zu unterhalten. Sie hat schon oft vor Gruppen geredet und weiß, dass sie gut ankommt. Herrn Schneider dagegen würde dies in höchste Bedrängnis bringen. Er mag es nicht, im Mittelpunkt zu stehen, hat Angst, aus dem Konzept gebracht zu werden und den roten Faden zu verlieren, wenn alle Blicke auf ihn gerichtet sind.

Wie gesagt, wir geraten oftmals nicht durch äußere Situationen, sondern durch unsere individuellen bewussten oder unbewussten Interpretationen der Situation in Stress. Äußere Situationen fungieren demzufolge als Einladungen, auf die wir entsprechend unserer inneren Muster reagieren. Weil unsere Stressreaktionen aber so schnell ablaufen, sind wir uns oft unserer Bewertungen nicht bewusst, schreiben sie allein den auslösenden Situationen zu und wundern uns, dass wir uns anders verhalten, als wir uns vorgenommen haben.

Ein Mann kam zum Coaching zu mir, weil er nicht verstand, warum er in Meetings immer wieder wütend reagierte, wenn ein bestimmter Kollege ihm widersprach. Er fühlte sich von ihm persönlich angegriffen und hatte sich schon oft vorgenommen, gelassen zu bleiben, doch immer wieder wurde er laut und ärgerte sich hinterher maßlos über sich selbst und sein Verhalten. Er wusste ja, dass dieses Verhalten langfristig seiner Karriere abträglich sein würde! Ganz offensichtlich war er in einem Muster gefangen. Erst als er erkannte, dass der Tonfall und die Mimik des Kollegen ihn unbewusst an seinen kritisierenden Vater erinnerten, konnte er seine Gefühle der Beschämung und Demütigung aus der Vergangenheit integrieren. Erst dann konnte er sich aus der unbewussten Übertragung und Reiz-Reaktion-Koppelung lösen und wahrnehmen, dass der Kollege ihn mit seinen Äußerungen nicht angriff, sondern diese sachlich hinterfragte, um die Zusammenhänge besser verstehen zu können.

Wir kennen als prototypische Stressreaktion den Kampfreflex, den Fluchtreflex und den Totstellreflex. Es gibt aber auch noch den Orientierungsreflex. Wenn wir zum Beispiel im Wald spazieren gehen und plötzlich ein Geräusch hören, halten wir inne, nehmen eine Habachtstellung ein, wenden uns mit dem ganzen Körper in diese Richtung und schauen, ob Gefahr droht. Dabei verengen sich die Augen, der Kopf hebt sich leicht nach oben, wir sind wachsam und überprüfen die Umgebung. Wenn wir die Situation als ungefährlich bewertet haben, machen wir einen tiefen Atemzug und gehen beruhigt weiter. Haben wir sie als gefährlich eingestuft, macht sich unser Körper automatisch bereit für Kampf oder Flucht. Bei chronischem Stress kann es passieren, dass sich unser Nacken über die Maßen anspannt, wir quasi im Orientierungsreflex stecken bleiben. Wir können den Nacken wieder lösen, indem wir den Kopf immer wieder leicht anheben, dabei die Wirbelsäule strecken, langsam und bewusst den ganzen Oberkörper nach rechts und links drehen und dabei die Umgebung genau wahrnehmen. Als Entspannungsreaktion erfolgt ein tiefes Atmen.

Wofür ist Stress gut?

- Während chronischer Stress uns schadet, ist kurzfristiger Stress sinnvoll. Er hilft uns in akuten Situationen, Gefahren zu meistern und Herausforderungen anzunehmen.

- Dadurch sind wir in der Lage, uns immer wieder an neue Situationen anzupassen.

- Stress kann uns auf unsere bisherigen Grenzen der Komfortzone aufmerksam machen.

- Stress kann uns motivieren und neugierig machen, über unsere Grenzen hinauszuwachsen und Neuland zu betreten.

- Er gibt uns Kraft und mobilisiert Energie, macht uns wach und aufmerksam, Dinge anzupacken und uns Herausforderungen zu stellen.

- Er schützt uns, indem wir angreifen oder fliehen. Er hilft uns, uns innerlich totzustellen, und sorgt dafür, dass wir eine traumatische Erfahrung überstehen.

- Stress kann unsere Verbindung zu vertrauten Menschen stärken, dann nämlich, wenn wir mit ihnen über eine stressige Situation reden.

Traumatischer Stress

Ein Trauma ist eine tief greifende, existenzielle Erfahrung und normale Reaktion auf eine überwältigende Situation. Bei einem Trauma, zum Beispiel bei einschneidenden Veränderungen, Verlusterlebnissen, bei massiven Kränkungen und Mobbing, bei Krisen, Unfällen, Operationen, Missbrauch, Naturkatastrophen, mobilisiert der Körper immense Energie und bereitet sich reflexhaft auf Kampf oder Flucht vor. Wenn dann aber beides im Augenblick nicht möglich ist, bleibt nur noch der Totstellreflex übrig, der auch im Tierreich eine wichtige Funktion innehat: Die Überlebenschancen erhöhen sich, man wird nicht so leicht gesehen und reduziert die Angriffslust des Gegners, zudem wird Schmerz gedämpft.

Außer Schocktraumen gibt es auch Entwicklungstraumen infolge von wiederholten Verletzungen in der Kindheit, die zu Bindungsproblemen, einem erhöhten Stresslevel und Schwierigkeiten im Umgang mit Stress und Entspannung führen.

Die hohe Stressenergie kann bei einem Trauma nicht vollständig entladen werden, sie verbleibt im Nervensystem. Dadurch verliert dieses seine volle Flexibilität. Das bedeutet, dass an einem Trauma die körperlich-biologischen Reaktionen maßgeblich beteiligt sind. Als Folge können typische Stresssymptome wie Übererregbarkeit, Hypersensibilität, Überaktivität, Panikstörungen, psychosomatische Erkrankungen, Depressionen, Gefühle von Entfremdung entstehen. Da während eines solchen stressreichen Ereignisses die aktivierten Reaktionen maßgeblich vom Stammhirn gesteuert werden, sind sie durch Willen und Intellekt kaum beeinflussbar.

Peter Levine, ein amerikanischer Biophysiker, Mediziner und Psychologe, entwickelte Somatic Experiencing®, eine sehr effektive Methode zur Verarbeitung von Traumen. Er stellte sich die Frage: Warum werden Tiere, die in freier Wildbahn leben, höchst selten traumatisiert? Er kam zu dem Schluss, dass dabei biologische Mechanismen dominieren müssen, und entwickelte daraufhin seine Methode, in deren Mittelpunkt der Körper mit seinen biologischen Erregungs- und Stressmustern steht. Ich habe die Ausbildung in Somatic Experiencing® gemacht, weil mich genau diese physiologisch-psychologische Ausrichtung in Verbindung mit Achtsamkeit und Gewahrsein faszinierte und immer noch fasziniert. Der Schlüssel zur Stresslösung liegt nun darin, die Aufmerksamkeit auf die inneren Empfindungen zu richten und nicht direkt in das Trauma einzutauchen. Es gilt zunächst, achtsam Ressourcen aufzubauen und zu verankern, danach behutsam den Rand des Traumas zu tangieren und schließlich in die vorhandenen Ressourcen zu wechseln. Durch das einfühlsame Hin- und Herpendeln zwischen Ressourcen und Trauma kann schrittweise die im Nervensystem gestaute Stressenergie entladen werden. Diese Mikrostresslösungen erfolgen unwillkürlich etwa durch Zittern, Gähnen, Vibrieren, Tränen der Erleichterung. Zudem werden die durch die vergangene Stresssituation unterbrochenen Reflexe durch langsame Bewegung wieder vervollständigt. Auf diese Weise können auch abgespaltene Gefühle integriert werden, und so findet der Klient im Verlauf der gemeinsamen Arbeit wieder zu seiner ursprünglichen Lebendigkeit und Lebensfreude zurück. Er weiß nun, dass »es vorbei ist«, spürt, dass das Trauma der Vergangenheit angehört. Er fühlt sich erlöst, kann angemessen und stimmig mit seinen Gefühlen umgehen, gerät in herausfordernden Situationen weniger in Stress und kann dadurch wieder gegenwärtiger leben.

Wer sich dafür interessiert, dem empfehle ich das großartige Buch »Sprache ohne Worte« von Peter Levine, in dem er sich dem Thema »Trauma und Traumaheilung« ausführlich und einfühlsam widmet. Dadurch wird unter anderem nachvollziehbar, warum so viele Menschen, die ein Trauma erlebt haben, nicht oder nur schwer darüber sprechen können und nicht nur von ihren Gefühlen, sondern auch von ihren körperlichen Empfindungen abgeschnitten sind.

Fazit: Stressreaktionen sind allen Menschen angeboren, um bei Gefahr sämtliche Energien und Kräfte zu mobilisieren, die der Sicherung des Überlebens dienen. Während unsere Vorfahren sich nach einer Stresssituation erholen konnten, erleben viele Menschen heutzutage mehrmals täglich oder gar chronisch Stressreaktionen. Dieser ist langfristig gesundheitsschädlich. Stress dient ursprünglich dem Überleben. Doch geht es bei uns wirklich ums Überleben, wenn wir in Stress geraten, weil die Milch übergekocht ist, unser Partner nicht das tut, was wir gerne hätten, oder weil wir im Stau stehen? Sicher nicht, oder?

 Fragen und Übungen

Für eine erste Einordnung und Standortbestimmung zum Thema Stress bitte ich Sie, die folgenden Fragen schriftlich zu beantworten. Die schriftliche Beschäftigung mit diesen Fragen hilft Ihnen, mehr Klarheit zu gewinnen.

• Kreuzen Sie zunächst auf einer persönlichen Stressskala von 0 bis 10 Ihren gegenwärtigen vorherrschenden Stresswert an.

  0 – gar kein Stress   ....   10 – massiver Stress

1	2	3	4	5	6	7	8	9	10

Notieren Sie die Antworten in Ihr Logbuch:

- In welcher immer wiederkehrenden konkreten Situation geraten Sie unter Druck und in Stress?

- Woran genau merken Sie, dass Sie im Stress sind?
  - körperlich
  - mental
  - emotional
  - im Verhalten

- Wie gehen Sie mit innerem Druck und Stress um?

- Glauben Sie, dass Ihr Stress schädlich ist?
  Wenn ja, wie kommen Sie darauf?

- Wofür könnte er gut sein?

- Welche Möglichkeiten zur Entspannung und Erholung nutzen Sie?

- Was gibt Ihnen Kraft und Energie?

Bis jetzt haben Sie zwar immer wieder von »Gelassenheit« gelesen, aber was können wir darunter verstehen? Damit beschäftigen wir uns im folgenden Kapitel.

Sehnsuchtsziel Gelassenheit

Gelassenheit kann man lernen.
Man braucht dazu nur Offenheit, Motivation,
ein bisschen Ausdauer und vor allem Bereitschaft,
sich von den alten, eingefahrenen Bahnen zu lösen,
in denen unser Denken und Handeln sich häufig bewegt.

Ludwig Bechstein, Schriftsteller (1801–1860)

»Ich wäre so gern gelassener.«

Diesen mit einem Seufzer begleiteten Wunsch höre ich immer wieder. Inzwischen wird in jeder Yogastunde über Gelassenheit gesprochen, Wohlfühlmagazine schreiben über »das Wunder der Gelassenheit«, und Wellnesshotels werben mit »innerer Ruhe und Gelassenheit«. Gelassenheit gilt als neue Zauberformel für immerwährendes Glück, ist das Sehnsuchtsziel gestresster Mitmenschen und Gegenbegriff zu Nervosität, Hektik, Anspannung, Stress, Rastlosigkeit. Vor ein paar Tagen gab es im Sportteil der »Münchner Abendzeitung« die Überschrift »Hätte mir mehr Gelassenheit gewünscht«.

In vergangenen Trainings befragte ich die Teilnehmer und Teilnehmerinnen, was sie mit Gelassenheit verbinden und wofür sie wichtig sei. Dabei nannten sie als positive Begriffe: Coolness, Ruhe, Besonnenheit in hektischen Situationen, unaufgeregtes, souveränes Handeln. Sie sagten: »Menschen, die gelassen sind, lassen sich nicht provozieren, behalten den Überblick, haben mehr Geduld, bleiben auch in schwierigen Situationen ruhig.« Sie warfen auch die Frage auf, ob ein gelassener Mensch jemand sei, an dem alles abpralle, den nichts mehr berühre, der alles über sich ergehen lasse, der sich für nichts mehr begeistern und sich demzufolge auch nicht mehr richtig engagieren könne.

Dazu fielen ihnen Begriffe wie Desinteresse, Kaltherzigkeit, Gleichgültigkeit und Teilnahmslosigkeit ein.

Was bedeutet Gelassenheit?

Ich will mich gar nicht darüber auslassen, dass Gelassenheit in verschiedenen Kulturen, Religionen und Philosophien eine bedeutende Rolle gespielt hat, und erwähne hier nur kurz die philosophische Gruppe der Stoiker im alten Griechenland und Rom, auf die der Begriff »stoische Ruhe« zurückgeht und denen es darum ging, seine Emotionen und Leidenschaften zu zügeln, um seinen Platz in der Ordnung der Welt zu finden, ein natur- und vernunftgemäßes Leben und Weisheit anzustreben.

In dem Wort »Gelassenheit« steckt das Verb »lassen«. Meister Eckhart, ein christlicher Mystiker aus dem Mittelalter, sagte: »Man muss erst lassen können, um gelassen zu sein.« Dazu fallen mir in diesem Zusammenhang weitere Verben ein: zulassen, loslassen, sein lassen, einlassen.

Zulassen

Viele Menschen haben gelernt, bestimmte Gefühle, aber auch Gedanken zu verstecken und wegzudrücken, auch vor sich selbst. Das kostet Energie. Wenn wir andere Meinungen, Vorstellungen, Widersprüche, Uneindeutigkeiten und Unsicherheit, aber zum Beispiel auch Tränen, Wut, Neid, Ohnmacht, Schmerz zulassen, kommt es zu einer Öffnung. Gefühle und Gedanken, stressende Ansprüche und Einstellungen, die vorher verborgen waren, können nun wahrgenommen und gesehen werden, schlummernde Potenziale können sich entfalten.

Sie können sich selbst immer wieder fragen, was Sie in Ihrem Leben noch mehr zulassen wollen und was Sie immer wieder daran hindern könnte.

Loslassen

Um loslassen zu können, müssen wir vorher wissen, woran genau wir festhalten. Wir halten in aller Regel an Vorstellungen von uns, von anderen und dem Leben fest. Wir halten fest an Gewohnheiten, Erwartungen, Einstellungen, Überzeugungen im Hinblick darauf, wie wir uns und andere sich zu verhalten haben, die uns in Stress bringen und durch die wir uns unter Druck setzen. Manche Menschen halten fest an Beziehungen, auch wenn diese mehr als unbefriedigend sind.

Loslassen kann nun bedeuten, aufzuhören, etwas aufzugeben, stehen zu lassen, in Ruhe zu lassen, zu belassen, zu entbinden, bleiben zu lassen. In allen Fällen bedeutet es, Abschied von Altvertrautem zu nehmen, sich zu lösen. Es kann auch bedeuten, eine unbefriedigende Situation zu verlassen und damit die gewohnte Kontrolle loszulassen. Wer loslässt, gibt Festgehaltenes frei und entspannt sich. Er gewinnt mehr Vertrauen, zudem inneren Abstand und erhält damit einen besseren Überblick. Der eigene innere Raum und das Gesichtsfeld erweitern sich, neue Möglichkeiten und Chancen tun sich auf.

Vor vielen Jahren begann ich, mich für das Thema »innerer Druck und Stress« zu interessieren, einfach deshalb, weil ich selbst gelassener und sicherer werden wollte. Damals suchte ich landauf, landab nach Methoden zur Stressreduzierung, mühte mich ab, war dauernd im Stress und immer guter Hoffnung, dass das nächste Training, der nächste Workshop den endgültigen, den wirklich endgültigen Durchbruch zur inneren Ruhe und Gelassenheit bringen würde. Natürlich hat jede Fortbildung geholfen, doch meine Nachforschungen nach dem einzig wahren Wundermittel gingen unentwegt weiter. Irgendwo musste doch das Patentrezept zur ewigen Glückseligkeit und zur ultimativen Gelassenheit zu finden sein! Und so suchte ich mein Glück auch bei einem Meister in Indien. Der musste es wissen,

dort musste der Stein der Weisen zu finden sein! Schließlich
landete ich im Ashram von Osho in Pune. Er sprach in seinen
Lectures viel über den Verstand, der durch Erziehung, Schule
und gesellschaftliche Einflüsse konditioniert worden sei und
unser wahres Sein – unsere Lebensfreude, Lebendigkeit und
Liebe – überlagern würde, was in der Folge zu Stress und Leiden
führen würde. Wir müssten lernen, unsere Konditionierungen
zu durchschauen und loszulassen. Grundvoraussetzung dafür
seien Selbsterforschung und Selbstverantwortung. Bewusstsein
sei der Schlüssel zu allem und Meditation wesentlich auf dem
Weg. Dies waren für mich damals unglaublich wichtige Anstöße,
mich intensiver mit dieser Thematik auseinanderzusetzen.
Westliche Psychologie und Bewusstseinsforschung mit Meditation zusammenzubringen, das war für mich einfach genial und
etwas völlig Neues. Die Erfahrungen dort gaben meinem Leben
eine neue Richtung und eröffneten mir die Möglichkeit, mein
Leben gelassener, aktiver und vor allem konstruktiv zu gestalten.

Es gilt herauszufinden, was im eigenen Leben wirklich zählt,
wohin die Reise gehen soll und welche Stolpersteine auf dem
Weg zur Gelassenheit liegen – durch welche Vorstellungen, Erwartungen, Überzeugungen wir uns unter Druck setzen, welche
Emotionen und körperlichen Stresssymptome damit zusammenhängen – und zu verstehen, wie das alles mit unserer höchst-
persönlichen Lebensgeschichte in Verbindung steht. Auf diese
Weise bringen wir Licht ins Dunkel – und erst im Licht des
Bewusstseins können Dinge gesehen, gefühlt, benannt, angenommen und integriert werden. Und wir können dann auch
erkennen und würdigen, welche positiven, wertvollen Erfahrungen wir in unserem Leben gemacht haben, welche positiven
Fähigkeiten, welche bedeutsamen kleinen oder großen Momente uns auf unserem Weg durch manches dunkle Tal getragen, uns unterstützt haben und weiterhin unterstützen können,

denn unsere Erfahrungen, Erinnerungen, Erlebnisse und Fähigkeiten sind persönliche Kraftquellen, die uns helfen, konstruktiv mit den Stolpersteinen umzugehen.

Vielleicht fällt Ihnen selbst manchmal auf, dass Sie ganz bestimmte Vorstellungen davon haben, wie jemand zu sein hat oder wie Sie sich selbst verhalten sollen. Vielleicht stellen Sie sogar fest, dass Sie an bestimmten stressenden Gedanken, Gefühlen und Verhaltensweisen festhalten. Wer weiß, woran er festhält, der weiß auch, wovon er sich lösen kann.

Sein lassen

Durch Loslassen wird es möglich, uns selbst mehr und mehr sein zu lassen. Über das Verständnis der Zusammenhänge gewinnen Sie an innerem Raum und können wieder frei durchatmen. Das Vertrauen wächst, und mit wachsendem Vertrauen wächst auch die Gelassenheit. Wer sich selbst sein lassen kann, hört auf, an sich zu zerren, manipuliert sich nicht mehr, grübelt nicht mehr so viel, kritisiert und verurteilt sich nicht mehr so hart, hat verschiedene Wahlmöglichkeiten, sich wesensgemäß zu ent-wickeln und zu ent-falten und flexibel zu handeln. Je mehr Sie loslassen können, desto besser können Sie auch andere so sein lassen, wie sie sind, und hören auf, sie krampfhaft ändern zu wollen. Sie können das Leben mehr und mehr so annehmen, wie es ist – widersprüchlich, mit Höhen und Tiefen, wundervoll und immer wieder überraschend.

Wie wäre es, wenn Sie sich heute die Zeit nehmen, innezuhalten und sich selbst fünf Prozent mehr annehmen, als Sie es gewöhnlich tun? Was würde sich für Sie dadurch verändern?

Einlassen

Wer sich und andere sein lassen und Neues zulassen kann, kann sich einlassen und auf die Dinge konzentrieren, die er verändern und gestalten kann. Er kann sich auf seine Aufgaben fokussieren und darin aufgehen, auch wenn sie ihm nicht immer gefallen. Diese gehören einfach dazu und bieten immer wieder die Gelegenheit, daran zu wachsen, denn hier können die eigenen unliebsamen Gedanken überprüft und weiter losgelassen werden, sodass man sich vertrauensvoll immer mehr einlassen kann auf das, was ist.

Was ich hier als chronologische Reihenfolge beschrieben habe, kann auch an jedem anderen Punkt beginnen. Wenn ich mich beispielsweise aktiv auf eine neue Situation einlasse, dann bin ich bereit, Neues zuzulassen, lasse Altes hinter mir, krame es nicht immer wieder hervor, sondern lasse es sein, lasse es auf sich beruhen und kümmere mich um das, was jetzt gefordert ist.

Fazit: Gelassen zu werden ist ein lebenslanger Prozess, in dem sich mentale Klarheit, innere Sicherheit, Kraft und Stärke, Vertrauen sowie Lebenszufriedenheit, innere Ruhe, Ausgeglichenheit und Wohlgefühl nach und nach vertiefen. Wir können uns dabei immer wieder von einschränkenden Vorstellungen lösen, gewinnen dabei inneren Abstand zu unseren impulsiven Gedanken und Gefühlen und sind in der Lage, die Wirklichkeit so, wie sie nun mal ist, immer besser wahrzunehmen, anzunehmen. Wir können Neues zulassen und souverän mit herausfordernden oder auch begeisternden Situationen umgehen. Wir sagen immer öfter JA zu uns und können uns so wertschätzen, wie wir sind – mit allen Stärken, Schwächen und Eigenheiten. Wir lassen uns denkend und fühlend auf das Leben mit allen Höhen, Tiefen und Zumutungen ein und handeln aktiv, statt nur auf Reize von außen zu reagieren oder zu funktionieren. Dadurch können wir auch andere Menschen noch besser verstehen, uns für deren Realität öffnen und wertschätzende Beziehungen pflegen. Natürlich wird es immer wieder Augenblicke geben, in denen wir ganz und gar nicht gelassen sind. So what? Wir sind nun mal menschliche Wesen und keine emotionslosen, langweiligen Roboter vom anderen Stern. Genau das macht unser Menschsein aus, dass wir Stärken, Talente und einzigartige Qualitäten haben und immer wieder Chancen bekommen, dazuzulernen, an Erfahrungen zu reifen, unsere Denk- und Handlungsspielräume zu vergrößern und darüber mehr Gelassenheit zu gewinnen.

Der Papst und die Gelassenheit

Vor einiger Zeit sollte ich ein Training zur Persönlichkeitsentwicklung und zum Ausbau mentaler Stärke geben. Als Tagungsort war ein Kloster ausgewählt worden. Ich war schon am Vorabend angereist und saß beim Abendessen im Speisesaal mit einem Priester an einem Tisch. Wir unterhielten uns über das Leben, die Bedeutung von Religion und die Notwendigkeit von Gelassenheit als Gegenmittel zur Hektik des Alltags. Bei dieser Gelegenheit fragte der Priester, ob ich denn die »zehn Gebote für Gelassenheit« kenne. Ich kannte zwar die christlichen Zehn Gebote, aber Gebote für Gelassenheit? Nie gehört! Daraufhin erzählte mir der Priester über Papst Johannes XXIII., der für seine Gelassenheit und seinen Humor bekannt gewesen sei. Aha! Er habe diese zusätzlichen zehn Gebote oder Regeln für alle Menschen als Leitfaden für ein einfaches, gelassenes Leben entwickelt. Man müsse dazu kein Christ sein, um das eine oder andere Gebot in das eigene Leben zu integrieren. Der Priester benannte die wesentlichen Punkte, und zu Hause recherchierte ich im Internet – und voilà! – fand die zehn Regeln gleich auf mehreren Seiten. Auch wenn ich persönlich den einen oder anderen Punkt etwas anders sehe, so bieten diese Regeln doch Stoff zum Nachdenken.

Die zehn Gelassenheitsregeln

Papst Johannes XXIII. (1881–1963) entwarf sie als allgemeine Vorschläge für ein besonnenes, gelassenes Leben, die jeder selbst Schritt für Schritt durchführen kann. Nur die zehnte Regel nimmt konkret Bezug auf Gott. Wichtig dabei ist: Diese Regeln gelten immer nur für den aktuellen Tag und nicht gleich für die Ewigkeit! Dadurch sind sie leichter einzuhalten.

1. Leben
Nur für heute werde ich mich bemühen, einfach den Tag zu erleben – ohne alle Probleme meines Lebens auf einmal lösen zu wollen.

2. Sorgfalt
Nur für heute werde ich größten Wert auf mein Auftreten legen und vornehm sein in meinem Verhalten: Ich werde niemanden kritisieren; ja ich werde nicht danach streben, die anderen zu korrigieren oder zu verbessern … nur mich selbst.

3. Glück
Nur für heute werde ich in der Gewissheit glücklich sein, dass ich für das Glück geschaffen bin … nicht nur für die anderen, sondern auch für diese Welt.

4. Realismus
Nur für heute werde ich mich an die Umstände anpassen, ohne zu verlangen, dass die Umstände sich an meine Wünsche anpassen.

5. Lesen
Nur für heute werde ich zehn Minuten meiner Zeit einer guten Lektüre widmen. Wie die Nahrung für das Leben des Leibes

notwendig ist, ist die gute Lektüre notwendig für das Leben der Seele.

6. Handeln
Nur für heute werde ich eine gute Tat vollbringen – und ich werde es niemandem erzählen.

7. Überwinden
Nur für heute werde ich etwas tun, wozu ich keine Lust habe. Sollte ich mich in meinen Gedanken beleidigt fühlen, werde ich dafür sorgen, dass niemand es merkt.

8. Planen
Nur für heute werde ich ein genaues Programm aufstellen. Vielleicht halte ich mich nicht genau daran, aber ich werde es aufsetzen. Und ich werde mich vor zwei Übeln hüten: vor der Hetze und vor der Unentschlossenheit.

9. Mut
Nur für heute werde ich keine Angst haben. Ganz besonders werde ich keine Angst haben, mich an allem zu freuen, was schön ist. Und ich werde an die Güte glauben.

10. Vertrauen
Nur für heute werde ich fest daran glauben – selbst wenn die Umstände das Gegenteil zeigen sollten –, dass die gütige Vorsehung Gottes sich um mich kümmert, als gäbe es sonst niemanden auf der Welt.

Nimm dir nicht zu viel vor. Es genügt die friedliche, ruhige Suche nach dem Guten an jedem Tag zu jeder Stunde und ohne Übertreibung und mit Geduld.

Was sagen Sie zu diesen Regeln? Welche der Regeln können für Sie im Alltag wertvoll sein?

 Anregende Fragen zur Gelassenheit
Notieren Sie wieder in Ihrem Logbuch:

1. Was verstehen Sie unter »Gelassenheit?«

2. In welchen Situationen sind Sie gelassen?
   Was fühlen, spüren Sie dabei?

3. Was ist in solchen Situationen mit Ihrer inneren Stärke?
   Ihrem Selbstvertrauen und Ihrer Selbstsicherheit?
   Was denken Sie über sich, wenn Sie gelassen agieren?

4. Wofür ist »Gelassenheit« für Sie wichtig?

5. In welcher konkreten Situation wünschen Sie sich mehr
   Gelassenheit?

   Stellen Sie sich diese Situation nun bildhaft konkret mit
   allen Sinnen vor, wie Sie jetzt gelassen agieren – schauen
   Sie genau hin, wie es ist, so gelassen zu sein. Nehmen Sie
   dabei Ihre Körperhaltung und Ihre Atmung wahr und wie
   Sie sicher und souverän sprechen und handeln. Wie fühlen
   Sie sich, wenn Sie so gelassen und besonnen bleiben?
   Was empfinden Sie dabei körperlich? Wie ist dabei die
   Beziehung zu anderen Menschen?

   Woran genau erkennen Sie nun, dass Sie in dieser Situation
   nun gelassener sind?

 **Vertiefende Übung zur Gelassenheit**

- Denken Sie an eine Situation, in der Sie sicher und gelassen handeln. Dies kann eine ganz alltägliche Situation sein.

- Erlauben Sie sich nun, sich völlig in diese Situation hineinzuversetzen, und nehmen Sie dabei Ihre Körperspannung, Haltung, Mimik, Gestik und Stimme wahr. Wie laut oder leise sprechen Sie? In welcher Tonhöhe und in welchem Tempo? Was ist mit kleinen Denkpausen dazwischen?
  Nehmen Sie dabei wahr, wie Sie sich fühlen, wenn Sie so sicher und gelassen sind? Wie atmen Sie? Was ist mit Ihrem Selbstvertrauen und Ihrer inneren Kraft und Stärke? Was ist mit Ihrer Selbstsicherheit und Ihrem Selbstbewusstsein?

- Wiederholen Sie diese Übung jeden Tag, solange Sie das wollen. Auf diese Weise vertiefen sich neue neuronale Verknüpfungen, und Ihr Körper weiß dann immer besser, wie es ist, gelassen zu sein, und kann sich leichter mit »Gelassenheit« verbinden.

Manche Menschen fragen sich: Was muss ich tun, um möglichst schnell gelassen zu sein? Sie wollen schnelle Rezepte, die obendrein nachhaltig wirksam sind und das ewige Glück versprechen. Sicher, Rezepte sind hilfreich, doch sie sind nur EIN Baustein auf dem Weg zur Gelassenheit.

Eine mindestens genauso wichtige Frage ist: Durch welches Denken gerate ich denn überhaupt in Stress? Um diese Frage beantworten zu können, ist als Ausgangspunkt für weiteres Vorgehen Selbsterforschung notwendig.

Selbsterforschung –
erkenne dich selbst!

> Selbsterkenntnis ist der Anfang von Weisheit,
> die das Ende der Angst bedeutet.
>
> Krishnamurti

- Warum ist Selbsterforschung sinnvoll?
- Woran liegt es, dass wir immer wieder in den gleichen Situationen unter Druck geraten, obwohl wir es nicht wollen?
- Wieso sagen wir manchmal nicht NEIN, obwohl es besser wäre?
- Wie können wir gelassen bleiben und positiv mit Druck und Stress umgehen?
- Warum nehmen wir Dinge so persönlich, und wie gewinnen wir mehr Abstand?

Das sind alles wesentliche Fragen, die uns dabei helfen, uns selbst besser kennenzulernen. Je besser wir uns selbst kennen, desto leichter fällt es uns, mit den Anforderungen, Erwartungen und Verführungsmöglichkeiten von außen, mit uns selbst und mit anderen auszukommen. Wenn wir gelassen, erfüllt und zufrieden leben wollen – und wer will das nicht? –, ist es für uns alle wichtig, uns mental und emotional bewusst zu steuern und gut für uns selbst zu sorgen. Das ist nicht »nice to have«, sondern wesentlich für die Qualität unseres Lebens.

Die größte Quelle innerer Kraft und Stärke –
das sind Sie selbst!

Sie glauben das nicht? Wer sollte es in Ihrem Leben denn sonst sein?

Wir neigen dazu, rasch auf äußere Gegebenheiten zu reagieren, ohne viel darüber nachzudenken, ob wir das wirklich wollen. Wir tendieren dazu, im Funktionsmodus zu sein, und laufen dabei Gefahr, dass unsere Selbstbestimmung auf der Strecke bleibt. Interessant ist, dass die meisten Menschen eine undefinierbare Sehnsucht in sich tragen. Sie wissen nicht genau, wonach, doch letztlich ist es die Sehnsucht nach sich selbst, nach all den bislang ungelebten, unentdeckten Qualitäten und Gefühlen, nach den schlummernden Potenzialen, die gelebt werden wollen. Es ist die Sehnsucht nach Ganzheit, die niemals durch äußere Bedingungen gestillt werden kann, nicht durch Erfolg, nicht durch Geld, ja nicht mal durch den überoptimalen Partner. Es ist doch spannend herauszufinden, wer wir wirklich sind, wie wir uns selbst sehen, welche Werte und Einstellungen uns tragen, die uns sagen, was für uns wichtig ist und was nicht. Sie bilden die Grundlage für unsere Art zu leben, sie bestimmen, wie wir uns entscheiden und wie wir handeln. Durch sie haben wir einen inneren Kompass, der es uns ermöglicht, uns selbst sicher durch das Leben zu leiten, Wichtiges von Unwichtigem zu unterscheiden, denn auf die Außenwelt mit ihren rasanten Veränderungen ist immer weniger Verlass.

Wenn ich in Trainings die Teilnehmer und Teilnehmerinnen auffordere, ihre Stärken und Schwächen aufzuschreiben, notieren die meisten etliche Schwächen und nur wenige Stärken. Das ist schade, denn JEDER Mensch hat so viele Stärken, die ihm als Kraftquellen dienen könnten, wenn er sie denn als Stärken wahrnehmen würde. Und wenn dann jeder Feedback von anderen bekommt, sind die meisten völlig erstaunt, was andere ihnen als Stärke, zum Beispiel Gradlinigkeit und Freundlichkeit, spiegeln, und erwidern oft: »Das ist doch normal.« Wir bezeichnen unsere Stärken oft als »normal,« anstatt sie entsprechend zu würdigen und uns darüber zu freuen, denn auf unsere Stärken können wir bauen, sie geben uns Halt und Sicherheit. Es ist gut zu wissen, was uns guttut oder was uns schadet, was unser Herz erfreut und wie wir unsere inneren Kräfte aktivieren können. Solche inneren Verortungen sind tragend für unseren Alltag und dienen als sichere Anker in einer unsicheren Welt.

Wer neugierig und offen seine innere Welt erkundet, kann vielerlei entdecken. Wir kommen mit unseren wahren Bedürfnissen, unseren bislang verborgenen Gefühlen, Wünschen und Sehnsüchten, aber auch unseren Grenzen in Kontakt und können dann bewusst damit umgehen. Wir können unsere eigenen Ansprüche und Erwartungen genauer unter die Lupe nehmen und uns hinterfragen, ob wir uns selbst anerkennen, so, wie wir sind, mit all unseren Stärken und Schwächen, oder ob wir glauben, den Anforderungen anderer unbedingt gerecht werden zu müssen. Wenn wir uns selbst erforschen, können wir auch erkennen, wie häufig wir innere Selbstgespräche führen. Manchmal laufen leise Hintergrundgedanken und Kommentare mit, manchmal werden sie lauter, drängender. Achten Sie eine Woche lang darauf, wie ermutigend Sie mit sich selbst sprechen. Sie werden erstaunt feststellen, was Sie sich alles im Lauf eines Tages erzählen!

Ein wesentlicher Teil von Selbsterforschung und Selbsterkenntnis besteht darin, sich auch seine unangenehmen Emotionen und automatisierten Negativgedanken, die inneren Antreiber und Einstellungen anzuschauen UND zu erkennen, dass unsere Schwachpunkte in Wirklichkeit Entwicklungschancen und Möglichkeiten sind, etwas dazuzulernen.

Stressauslöser erkennen durch Innenschau

Bei der Erkundung unserer Innenwelt können wir uns fragen und noch deutlicher wahrnehmen, wodurch genau bei uns Stress ausgelöst wird:

- Will ich möglicherweise zu viel und zu schnell auf einmal?

- Stelle ich sehr hohe Ansprüche und Erwartungen an mich selbst?

- Kenne ich meine eigenen Grenzen? Wie wichtig ist es mir, sie zu beachten?

- Welche Befürchtungen habe ich, wenn ich bestimmte Erwartungen nicht erfülle?

- Habe ich bestimmte Vorstellungen, wie andere Menschen sich verhalten sollen? Was passiert, wenn andere meine Erwartungen nicht erfüllen?

- Wie reagiere ich emotional und körperlich, wenn ich mich selbst kritisiere oder gar verurteile oder wenn ich von anderen kritisiert werde?

Durch Selbstwahrnehmung können wir bestimmte automatisierte Denk- und Verhaltensmuster, die uns in Stress bringen, erkennen. Beispielsweise könnten Sie an Ihrem Verhalten bemerken, dass Sie sich unbedingt und unter allen Umständen beeilen müssen, oder Ihnen fällt auf, dass Sie bestimmte Menschen in einer Diskussion immer wieder unterbrechen, was Sie früher überhaupt nicht wahrgenommen haben, oder dass Sie sich für Ihr Verhalten schnell rechtfertigen und entschuldigen.

In unserem eigenen Erkenntnisprozess werden wir mit den unterschiedlichsten Wahrnehmungen, Gedanken, Gefühlen und Verhaltensweisen konfrontiert, und entdecken, welche davon hilfreich und zielführend sind und welche nicht. Wir können spüren, wie hart oder wie offen wir sind, und lernen, wie wir anderen klar und bewusst Grenzen setzen. Darüber hinaus können wir unseren Körper besser wahrnehmen und wesentlich schneller Vorläufersignale von Stress identifizieren und lernen, uns selbst besser zu regulieren. Wir kommen mehr und mehr in Einklang mit uns selbst und können uns von INNEN heraus nähren, stimmig handeln und haben schlichtweg mehr Freude am Leben.

Ganz entscheidend ist: dass sich durch Selbsterforschung und Selbsterkenntnis die Beziehung zu uns selbst verbessert, dass sich unser Selbstvertrauen und unser Selbstwertgefühl vertiefen. Und wenn wir eine freundlichere, mitfühlendere Beziehung zu uns selbst haben, dann verbessert sich auch die Beziehung zu anderen Menschen. Während Sie sich früher über Kollegen oder Freunde, die sich kritisch äußerten, innerlich geärgert haben, kann es nun so sein, dass Sie sich für Ihre Belange und Vorstellungen stark machen und sich freundlich, aber klar abgrenzen.

Wann immer uns etwas an anderen nicht gefällt, ist das eine Chance für Selbsterkenntnis und Weiterentwicklung, denn genau dann können wir nachprüfen, ob ein anderer vielleicht unsere Erwartungen nicht erfüllt hat, ob unsere Werte verletzt wurden oder unser Selbstbild angegriffen wurde. Wir können auch wahrnehmen, ob wir akzeptieren, dass andere eine andere Meinung haben als wir.

Weil Schnelligkeit in unserer Gesellschaft ja so an Bedeutung gewonnen hat, sind wir es gewohnt, möglichst schnell Lösungen zu finden und Ziele zu erreichen. Dabei sind wir mit unseren Gedanken oft schon in der Zukunft und verpassen dadurch den gegenwärtigen Augenblick, können dabei weder unsere Gefühle wirklich identifizieren noch unseren Körper spüren. Wir brauchen etwas Zeit, um überhaupt wahrnehmen zu können, was wir in unserem Inneren fühlen und spüren. Wir brauchen Achtsamkeit, ein Thema, dem wir uns später intensiver widmen.

Dann braucht es Entschlossenheit, Ausdauer, sich mit den eigenen Gedanken und Gefühlen zu beschäftigen, und Mut, gelegentlich auch unangenehme Gefühle und Gedanken auszuhalten und zu akzeptieren.

Und noch etwas: Natürlich geht es NICHT darum, nur noch nach innen zu schauen, narzisstische Nabelschau zu betreiben und sich im Grübelkreis zu drehen. Es geht auch nicht darum, sich nur an der Außenwelt zu orientieren und sich im Extremfall von anderen abhängig zu machen. Jede Einseitigkeit ist ungünstig. Wenn wir uns dagegen mit uns selbst beschäftigen, unsere Stressmuster identifizieren, diese verändern UND uns in der Außenwelt damit bewähren, eröffnet sich uns eine neue Perspektive, entwickelt sich unser eigener Weg zur Gelassenheit, sodass wir positiv mit Druck und Stress umgehen, uns als Mensch weiterentwickeln und unser persönliches Potenzial noch mehr entfalten können.

»Erkenne dich selbst!« Dieser weise Spruch zierte schon das Orakel von Delphi und hat bis zum heutigen Tag nichts von seiner Bedeutung verloren. Ich kann jeden Menschen nur dazu ermutigen, mehr über sich selbst zu erfahren, auch wenn es zwischendrin kränkend sein kann, die eigenen Begrenzungen zu akzeptieren – letztlich ist dies ein lebenslanger lohnender, erfüllender Prozess, der zu einer immer größeren inneren Freiheit führt.

Fazit: Durch Selbsterforschung und Selbsterkenntnis werden wir präsenter, können inneren Abstand zu Dingen gewinnen und lassen uns nicht mehr so von unseren Gefühlen oder Gedanken beherrschen. Und das ist viel wert, oder?

Fragen
Notieren Sie Ihre Antworten wieder in Ihrem Logbuch.

Schriftlich fixierte Antworten helfen, mehr Klarheit zu gewinnen, und haften besser im Gedächtnis.

- Wie beschreiben Sie sich selbst?

- Was sind Ihre Stärken?

- Wie liebevoll und wohlwollend gehen Sie mit sich selbst um?

- An welchen Punkten konkret wollen Sie sich weiterentwickeln und warum? Welche Ihrer Einstellungen und Überzeugungen unterstützen Sie dabei?

- Was gibt Ihnen Sicherheit?

- Wie leicht fällt es Ihnen, sich auf Neues einzulassen?

- Welche Werte sind für Sie in Ihrer Arbeit wichtig und warum?

- Welche Werte sind für Sie im Privatleben wichtig und warum?

- Was glauben Sie, wie werden Sie von anderen gesehen?

(Sie können Freunde, ausgewählte Kollegen/Kolleginnen, Ihren Chef um Feedback bitten, damit Sie ein noch umfassenderes Bild von sich selbst bekommen. In aller Regel nehmen andere Sie wohlwollender wahr als Sie sich selbst! Lassen Sie sich überraschen. Ehrliches Feedback kann eine wertvolle Unterstützung auf Ihrem Weg sein und Ihr Selbstbild erweitern!)

Übung

ICH SELBST ALS HAUS

Dies ist eine etwas andere Methode, sich selbst zu beschreiben. Sie können diese Übung entweder schriftlich machen oder Ihr Haus malen.

- Stellen Sie sich vor, dass Sie sich als Haus beschreiben und erst einmal von Weitem hinschauen – steht das Haus in der Stadt oder auf dem Land?

- Was für ein Haus ist es? Groß, klein, neu oder älter? In welchem Stil ist es gebaut? Welche Materialien sind zu sehen? Welche Farben und Formen? Terrasse oder Balkon?

- Wie viele Stockwerke hat Ihr Haus? Wie viele Zimmer?

- Wie erleben Sie die Atmosphäre in dem Haus? Wie hell ist es dort?

- In welchem Stil ist das Haus möbliert? Sind alle Zimmer bewohnt? Gibt es ein Lieblingszimmer? Wie sieht es aus?

- Gibt es in diesem Haus einen Keller und einen Dachboden? Wenn ja – was ist dort aufbewahrt?

- Wie viele Personen leben in diesem Haus? Wer genau?

- Wie sieht die Umgebung des Hauses aus?

- Wie offen sind Sie für Besuch?

- Wie wohl fühlen Sie sich in Ihrem Haus?

- Wie oft räumen Sie auf oder um?

- Entsorgen Sie gelegentlich Dinge, die nicht mehr zu Ihnen passen?

Nun erleben wir auch einschneidende Situationen und Phasen in unserem Leben, die uns im Innersten bewegen. Wir machen alle früher oder später Grunderfahrungen, bei denen es um Abschied, Trennung und Schmerz geht. Diese sind mit einem hohen Maß an Stress verbunden. Wer die Phasen kennt, bekommt mehr Verständnis für sich selbst.

Grunderfahrungen des Lebens

Unser Leben ist eine unendliche Kette von Erfahrungen. Es gibt solche, die schmerzhaft sind, aber auch solche, die uns erfreuen. Wir machen unangenehme Erfahrungen und angenehme Erfahrungen. Wir machen Erfahrungen, bei denen wir über uns hinauswachsen und die höchsten Höhen erleben dürfen, dürfen deshalb, weil es eine Gnade ist, sie zu erleben. Wir fühlen uns mit allem verbunden, beglückt und erfüllt. Aber wir machen auch Erfahrungen, die uns zutiefst erschüttern und uns erst mal den Boden unter den Füßen wegziehen.

Die zwei letztgenannten Arten von Erfahrung bezeichne ich als Grunderfahrungen, weil sie uns zutiefst berühren und danach nichts mehr so ist, wie es einmal war. Bei diesen Erfahrungen werden wir aus dem gewohnt-vertrauten Kontext herausgerissen, sie stellen unser bisheriges Leben völlig auf den Kopf. Sie passieren uns, wir können sie nicht bewusst herbeiführen. Sie übersteigen unsere gewohnten, vertrauten Grenzen und fordern uns aufs Äußerste heraus. Aus solchen Erfahrungen gehen wir als anderer Mensch hervor.

An dieser Stelle möchte ich auf die Erfahrungen eingehen, die uns an die Nieren gehen. Von außen können wir nicht bewerten, welches Ereignis für einen anderen bis in die Grundfesten aufwühlend ist, doch Arbeitsplatzverlust, Scheidung, finanzielle Not, Gewalt, die Pflege eines nahestehenden Menschen, Umweltkatastrophen, Kriege oder der unfreiwillige Verlust der Heimat gehören sicher zu den umwälzenden und tiefgreifendsten Erfahrungen, die ein Mensch machen kann genauso wie eine schwere Krankheit oder der Tod eines nahen Angehörigen. Diese Erfahrungen sind mit einem hohen Maß an Stress und Kontrollverlust verbunden, bei dem unser ganzes bisheriges Selbstverständnis und Selbstwertgefühl ins Wanken gerät. Alte Ängste aus der frühesten Kindheit, verlassen zu werden, können reaktiviert werden. Bei diesen Erfahrungen erleiden wir einen schmerzhaften Verlust, der uns bis ins Innerste treffen kann. Es braucht eine längere Zeit, um alles zu verarbeiten und in das neue Leben zu integrieren.

Es ist hilfreich zu wissen, wie die Phasen eines solchen tiefgreifenden Prozesses ablaufen, um für sich selbst und die damit einhergehenden Gefühle ein besseres Verständnis zu entwickeln.

Anfänglich sind wir wie erstarrt. Gedanken kommen hoch wie »Das glaub ich jetzt nicht« oder »Das ist nur ein böser Traum, ich wach gleich wieder auf« oder »Jetzt ist alles aus«. Wir fühlen uns wie im falschen Film, wie im Nebel.

Wenn sich der erste Schock gelegt hat, tauchen immer wieder Fragen auf wie: »Warum? Warum ist das so? Wie kann das sein?« Wir durchleben alle möglichen Gefühle von unendlichem quälendem Schmerz, Hilflosigkeit über Wut, Einsamkeit, Trauer, Momente der Ruhe, Freude an Erinnerungen bis hin zu Groll, Angst vor dem Alleinsein und wieder Schmerz. Wir leiden unter starken Stimmungsschwankungen, ziehen uns zurück, fühlen uns von allen guten Geistern verlassen, blicken wehmütig zurück, zweifeln und sind verzweifelt, niedergeschlagen, scheinbar grundlos gereizt oder energiearm. Wir erleben Kummer, machen uns Sorgen, sind hoffnungslos und fragen uns, was das Ganze soll, können an fast nichts anderes mehr denken, fühlen uns vielleicht sogar schuldig nach dem Motto

»Wenn ich X getan hätte, vielleicht wäre es dann nicht passiert.«
Wir fragen uns: »Was habe ich falsch gemacht?«, oder sagen
empört: »Das ist nicht fair!« »Wie konntest du mir das antun!«
Wir wissen nicht, wie unser Leben weitergehen soll, und träumen manchmal von den vergangenen Zeiten, wo doch alles so
gut war und wo wir mit allem umgehen konnten, um dann immer wieder festzustellen, dass die jetzige Situation grundlegend
anders ist. Hier findet eine ganz starke Auseinandersetzung mit
dem statt, was einmal war, und dem, was nicht mehr ist.

In diesem fundamentalen inneren Prozess des Loslassens und
Abschiednehmens erleben wir immer wieder Wogen der Gefühle, bis sie wie nach einem schweren Sturm allmählich abeb-
ben. Nach und nach versöhnen wir uns mit dem, was einmal
war, und akzeptieren, wie es jetzt ist. Nun können wir unsere
gegenwärtige Situation annehmen, ohne damit zu hadern! Dadurch eröffnen sich neue Möglichkeiten, wir haben unseren inneren Frieden gefunden und wissen, dass das Leben weitergeht.

Wenn wir unsere ganze Trauer zulassen, unsere damit verbundenen Gefühle annehmen, gewinnen wir im Laufe des
Geschehens Tiefe und Einsicht in die Natur des Menschen und
die Vergänglichkeit allen Lebens. Uns wird aber auch die Kost-
barkeit des Lebens an sich, insbesondere auch des unsrigen und
des gegenwärtigen Augenblicks bewusst. Dabei entwickelt sich
ein neues Selbstverständnis und erweitertes Selbstbild. Wir werden innerlich wieder stabiler, können uns wieder nach außen
öffnen und aktiv am Leben teilhaben. Innerlich gereifter, haben
wir mehr Verständnis und Mitgefühl für Menschen, die Ähn-
liches durchleben, und wissen, dass es in jedem Leben private
wie berufliche Situationen gibt, die uns ganz und gar nicht gefallen, die uns dennoch auferlegt werden und mit denen wir
umzugehen haben. Hier hilft das Wissen, dass gerade in den
schweren Stunden der Grundstein für neue Stärken gelegt wird.

Wir erleben im Laufe unseres Lebens Abschiede in vielerlei Formen, angefangen mit der ersten schmerzhaften Trennung bei der Geburt. Wir erleben Trennungen, wenn wir in die Schule kommen, bei Umzügen in eine andere Stadt oder gar ein anderes Land, wenn wir unsere vertraute Heimat und unsere Freunde und Familie hinter uns lassen. Wir erleben Trennungen bei der Beendigung der Schule, der Ausbildung oder beim Auszug der Kinder von zu Hause. Wir müssen uns aber auch manchmal von unseren Träumen, Wünschen, Hoffnungen verabschieden oder von der in unserer Gesellschaft derart geschürten Illusion der ewigen Jugend, die letztlich weder mit Botox noch mit Facelifting noch mit zwanghaftem Sport aufrechtzuerhalten ist. Jeder Mensch wird auf seine eigene Weise täglich älter, und es ist unsere Aufgabe, mit den im Wandel begriffenen Rollen, den individuellen körperlichen, geistigen und seelischen Befindlichkeiten klug umzugehen. Wir können das Vergangene wertschätzen, uns daran erfreuen, dass wir es überhaupt erleben durften, oder ihm nachweinen und darüber verbittert werden. Wir können aber auch das Gute an der Gegenwart und unsere verbleibende Lebendigkeit und Lebensfreude zulassen und annehmen, wenn wir die Endlichkeit des Lebens bewusst würdigen und uns mehr und mehr von der Identifikation mit dem Körper lösen. Falten sind keine Krankheit, sondern Zeichen gelebten Lebens!

Keiner dieser eben beschriebenen Abschiede geht spurlos an uns vorbei, durch jeden gewinnen wir an Erfahrung dazu und wachsen ein wenig weiter.

Abschiede gehören zu den Grunderfahrungen des Lebens ebenso wie die damit verbundenen Grundbefindlichkeiten: Wut, Hilflosigkeit, Trauer, Verzweiflung, tiefer Schmerz. Auf Schmerz und Hilflosigkeit werde ich im Folgenden näher eingehen, werden sie doch oft stiefmütterlich behandelt.

Schmerz und zusätzliches Leiden

Wir alle erleben immer wieder Gefühle, die wir am liebsten sofort wegdrücken und loswerden wollen, weil sie so unendlich wehtun. Dazu gehört in der vordersten Reihe der Schmerz.

Körperlicher Schmerz kann so durchdringend sein und so viel Raum und so viel Aufmerksamkeit beanspruchen, dass für nichts anderes mehr Platz ist.

So erzählte eine Weggefährtin von mir, dass sie als Kind zweimal eine sehr schmerzhafte Knochenmarkvereiterung hatte und deswegen monatelang im Krankenhaus lag. Vor lauter Schmerz tat ihr oft das Atmen weh. Das Spannende für sie war, dass sie in manchen Momenten glaubte, vor Schmerzen sterben zu müssen, dass es ihr aber auch oft gelang, trotz des Schmerzes glücklich zu sein. Damals verstand sie überhaupt nicht, wie und warum das geschehen konnte. Heute weiß sie, dass sie manchmal einfach nicht mental auf den eigenen Schmerz und die Krankenhaussituation eingestiegen ist.

Niemand will Schmerzen spüren, denn meist stellt sich im Gefolge gleich Angst ein, die Angst, dass unser Leben bedroht sein könnte, die Angst, die Kontrolle zu verlieren. Natürlich hat Schmerz eine wichtige Funktion, er weist uns darauf hin, dass etwas nicht in Ordnung ist, und fordert uns auf, etwas zu verändern, etwa indem man zum Arzt geht.

Auch seelischen Schmerz erlebt jeder Mensch. Wir alle sind immer wieder belastenden, herausfordernden Situationen ausgesetzt, in denen wir an unsere Grenzen stoßen. Ist es da nicht verständlich, dass wir uns etwas anderes wünschen? Wir fühlen uns alle gelegentlich von anderen angegriffen, sind verletzt und gekränkt. Es tut uns weh, und natürlich wollen wir diese unangenehmen Gefühle so schnell wie möglich wieder loswerden. Was denn sonst? Diese Gedanken allein können schon der Auftakt für einen inneren Kampf sein, den ich schon mehrmals erwähnt habe. Wir bekämpfen das unangenehme Gefühl, wollen, dass es sofort verschwindet, halten es genau durch unseren inneren Widerstand am Leben und leiden. Ist schon allein die Situation für uns unangenehm, wird sie durch unsere Gedanken daran erst recht bedrückend.

Angenommen, Sie haben einen Kundentermin vergessen. Das kann jedem mal passieren. Nun könnte sich folgendes Gedankenkarussell in Bewegung setzen: »O Mist. Ich habe den Termin vergessen. Was denkt der Kunde jetzt? Was, wenn er mich für unzuverlässig hält? Wahrscheinlich hält er mich für unzuverlässig. O mein Gott, was, wenn der Auftrag nicht zustande kommt? O je, und wenn dann andere bestehende Aufträge auch noch abgesagt werden, was dann? O Mist, dann kann ich bald meine Miete nicht mehr zahlen und lande unter der Brücke. O je, ist das nicht schrecklich? Wie blöd muss ich sein, dass ich so einen wichtigen Termin versemmle! Ich brauch da gar nicht mehr anzurufen, der will mich sicher nicht mehr treffen.«

Was ist bei diesem Beispiel das Ende vom Lied? Abgesehen von diesem Missgeschick machen Sie sich durch Ihre Gedanken unglücklich, leiden zusätzlich und sind obendrein auch noch wütend auf sich. Kein besonders fruchtbares Ergebnis.

Sie könnten auch einfach beim Kunden anrufen, sich entschuldigen und einen neuen Termin vereinbaren. Damit wäre das Thema rasch erledigt.

Sie glauben, solche Situationen kommen im realen Leben nicht vor? Weit gefehlt!

Wer Situationen, so wie sie sind, nicht wahrhaben will, kann sich unbewusst über Katastrophenfantasien in eine Negativspirale hineinmanövrieren und merkt gar nicht, dass er genau dadurch leidet und in Stress gerät.

Gleichgültig, ob körperlich oder seelisch. Schmerz ist Schmerz, das ist viel genug und tut weh. Alles andere drum herum sind unsere Geschichten, Dramen und Gedanken, mit denen wir den Schmerz verstärken und dadurch zusätzlich leiden. Und dieses *zusätzliche Leiden* können wir stoppen, indem wir bewusst wahrnehmen, dass wir ins Gedankenkarussell eingestiegen sind und können nun absichtlich unsere Aufmerksamkeit auf unseren Atem lenken, um dieses unfruchtbare Muster zu unterbrechen.

Ob wir auf gravierende Veränderungen mit Wut und Ärger, Hilflosigkeit, Traurigkeit, Schuldgefühlen oder Scham reagieren, jedes Mal ist es eine Reaktion aufgrund einer Bewertung der Situation, deren Quintessenz lautet: »So sollte es nicht sein«, oder: »Das hätte nicht passieren dürfen!« Oder: »Schlimm, dass das passiert ist!« Das erzeugt Stress.

Ich kenne das von mir von früher zur Genüge. Ich war damals Spezialistin im Kreieren zusätzlichen Leidens. Mein Verstand erfand täglich tausend Dramen, die er für die untrügliche Wahrheit hielt! Ich litt an allem und jedem, sogar am Wetter, entweder war es zu heiß oder es war zu kalt, auf jeden Fall hätte es anders sein sollen, als es gerade war. Ich weiß noch, wie ich einmal bei schönstem Wetter mit geschlossenen Rollläden im Sommer in meinem Wohnzimmer lag, als zufällig ein Freund von mir vorbeikam. Ich jammerte ihm vor, wie schlecht es mir ginge, weil ich ja mit Schnupfen darniederlag (ich hatte wieder ein neues Drama erfunden), da meinte er schmunzelnd: »Es ist doch kein Wunder, dass es dir so schlecht geht, wenn du im Dunkeln daliegst.« Er ging schnurstracks zum Fenster, wollte die Rollläden hochziehen, da sagte ich zu ihm in vollem Ernst: »Du hast keine Ahnung, wie sehr ich leide!« (Ich hatte mich voll und ganz mit »Leiden« identifiziert.) Er hielt kurz inne, zog schwungvoll die Rollläden hoch und antwortete: »Hinter den Wolken scheint immer die Sonne«, ein Satz, der mir in meinem Leben viel geholfen hat. Plötzlich musste ich über mein Drama lachen. Ich hatte zwar immer noch Schnupfen, doch sah die Sonne wieder!

Hilflosigkeit

In unserer Gesellschaft, die so viel Wert auf Stärke, Macht und Machbarkeit, auf Individualisierung, Leistung und »Geht nicht, gibt's nicht« legt, wird Hilflosigkeit sofort mit Schwäche gleichgesetzt und ist ein absolutes No-Go. Es ist daher kein Wunder, dass wir alle mit dem Gefühl der Hilflosigkeit nichts zu tun haben wollen und mit aller Kraft versuchen, dieses Gefühl zu unterdrücken. Hilflosigkeit ist eine Begleiterscheinung großer Veränderungen, zum Beispiel dann, wenn man sich überfordert fühlt, wenn zu viel auf einmal auf einen einstürmt und man noch keine Lösung gefunden hat. Man fühlt sich auch in Situationen hilflos, wenn man das Gefühl hat, hin- und hergeschubst, ausgenutzt, übervorteilt zu werden, und glaubt, einer Situation ausgeliefert zu sein und nichts dagegen tun zu können. Mit aller Macht will man das Gefühl vermeiden, gibt entweder klein bei, passt sich an, ordnet sich unter in der unbewussten Hoffnung, sich selbst unangreifbar zu machen. Eine andere Variante ist, sich mit Stärke, Geld, Macht oder Image zu identifizieren und dann in Schwächeren die eigene Hilflosigkeit, die man bei sich selbst nicht spüren kann, zu bekämpfen. Empathie, Mitgefühl und Anteilnahme werden dadurch verhindert ebenso wie die Konfrontation mit eigenen unliebsamen Anteilen und Ängsten.

Unsere Gesellschaft wird durch fortschreitende, rasche Veränderungen immer fragmentierter und unübersichtlicher. Durch die zunehmende Technisierung und Digitalisierung vollzieht sich ein kollektiver Wandel, der bei vielen Menschen zunächst das Gefühl von Überforderung und Hilflosigkeit hervorrufen kann. Während früher mit realen Menschen kommuniziert wurde und klare Zuständigkeiten und Verantwortlichkeiten als selbstverständlich galten, treten heute sogenannte Sachzwänge, die in Wahrheit Denkzwänge sind, in den Vordergrund. Arbeitsabläufe wurden anonymisiert, funktionieren über den PC, ersetzen persönliche Gespräche. Wir vertrauen unseren Bewegungs-Apps mehr als unseren Gefühlen. Schleichend sind die digitalen Medien mehr und mehr in unseren Alltag vorgedrungen, bestimmen ihn jetzt und können zu Gefühlen der Entfremdung und Hilflosigkeit führen.

Zum erlebten individuellen Ohnmachtsgefühl in bestimmten Situationen oder auch zu tatsächlich erlebter Hilflosigkeit, wenn man auf unterstützende Pflege angewiesen ist, kann noch ein generelles Ohnmachtsgefühl unserer Zeit kommen, und zwar dann, wenn man bemerkt, wie gering die persönliche Einflussnahme auf das Weltgeschehen mit all den Konflikten, Kriegen und Herausforderungen ist. Dadurch wird wieder zusätzliches Leiden erzeugt, das bei länger anhaltendem Gefühl der Hilflosigkeit zu Resignation und Depression führen kann.

»Hilflosigkeit ist doch einfach nur Hilflosigkeit. Was ist daran schlimm?«, meinte ein junger Bekannter von mir, der seit einem Autounfall auf Pflege angewiesen ist. »Wenn du das weißt, dann ist die Angst davor weg.«

Alle Gefühle können zugelassen und angenommen werden und so dazu beitragen, dass alte Verletzungen heilen und wir uns aktiv-konstruktiv den Herausforderungen des Lebens stellen können.

Abschließend bringe ich noch ein Beispiel aus der Praxis.

In diesem Beispiel geht es um meine eigene Erfahrung bezüglich des Umgangs mit meiner Ungeduld.

Die Zeit der Altersdemenz meiner Mutter bis zu ihrem Tod war eine einzige Lernaufgabe für alle Angehörigen und ein ständiger Test für meine eigene Flexibilität.

Zur Pflege meiner Mutter gehörte es auch, dass ich sie fütterte. Ich wusste, dass das länger dauern würde. Doch dann kam mir so ein Gedanke wie »Da sitz ich hier und würde doch lieber mein spannendes Buch weiterlesen«. Allein durch diesen Gedanken spürte ich eine Anspannung im Körper, ich biss die Zähne zusammen, wurde ungeduldig und begann, sie schneller zu füttern und mich darüber zu ärgern, dass sie nicht schneller essen konnte! Durch meine Gedanken hatte ich Leiden und Stress kreiert! Meine Mutter bemerkte, dass sich etwas verändert hatte, und brauchte noch viel länger, den Brei zu schlucken, beziehungsweise hielt einfach den Mund zu. Zuerst ärgerte ich mich auch darüber, doch dann bemerkte ich, dass meine Gedanken zu Ungeduld und Ärger und zum schnelleren Füttern geführt hatten. Ich atmete mehrmals tief durch, hielt einen Teil der Aufmerksamkeit weiter auf meinen Atem gerichtet und stellte mich wieder aufs Füttern ein. Dadurch entspannte ich mich – und meine Mutter auch.

In dieser Zeit konnte ich immer wieder meine Erwartungen wahrnehmen und erleben, dass diese oft durchkreuzt wurden, und ich hatte die Gelegenheit, mich von dem Bild der Mutter, das ich in mir trug, nach und nach zu verabschieden, mich auf ihre neue Welt und auch meine veränderte Rolle einzustellen und viel mit ihr zu lachen, bis auch das nicht mehr möglich war.

Auch wenn jemand im herkömmlichen Sinn nicht mehr richtig funktioniert, ist es doch möglich, den anderen zu berühren und auf der nonverbalen Fühl- und Spürebene eine tiefe Verbindung zu erleben.

Wie können wir mit diesen unterschiedlichen Gefühlen umgehen?

- Entweder kann es uns darum gehen, Gefühle überhaupt erst genauer zu erspüren.

- Oder es geht darum, einer unangenehmen Emotion ihre dominante Bedeutung zu entziehen, sodass wir sie nicht ausagieren müssen, sondern flexibler damit umgehen können.

 **Übung 1**
GEFÜHLE ZULASSEN

Ziel dieser Übung ist, Gefühle zuzulassen, dabeizubleiben und sie in Ihrem Innersten zu erfahren, sodass Sie ihnen mehr und mehr vertrauen können und wahrnehmen, dass es völlig in Ordnung ist, sie zu spüren.

- Nehmen Sie sich VIEL Zeit, und spüren Sie in sich hinein. Wie fühlen Sie sich gerade jetzt?

- Benennen Sie dieses Gefühl.

- Erkunden Sie achtsam weiter, wie sich dieses Gefühl genau anfühlt, und erlauben Sie sich wahrzunehmen, wo im Körper Sie dieses Gefühl spüren können. Bleiben Sie dabei, und spüren Sie, wie sich dieses Gefühl im Inneren Ihres Körpers anfühlt, nehmen Sie wahr, ob es sich weiter ausbreitet, und nehmen Sie es völlig an nach dem Motto »Ja, dieses Gefühl darf da sein«. Wenn Sie diese Übung oft wiederholen, können Sie Ihre Gefühle differenzierter wahrnehmen und erfahren, dass sie alle zum Leben gehören, ja, dass sie das Leben lebendiger machen.

Übung 2
UNANGENEHME GEFÜHLE REGULIEREN

Bei dieser Übung geht es darum, ein bestehendes, unliebsames Gefühlsmuster wahrzunehmen, ohne in Reaktion darauf zu gehen, das heißt, Sie agieren das Gefühl weder aus noch unterdrücken es.

- Sie nehmen nicht wertend wahr, dass in Ihrem Körper ein bestimmtes Gefühl vom Bauch ausgehend aufsteigt, und spüren, wie sich Ihr Körper dabei anfühlt. Sie lassen dieses Gefühl zu, ohne darauf zu reagieren und beobachten es weiter.

- Sie benennen das Gefühl, zum Beispiel »Wut«. Dieses Gefühl wird nun weiter beobachtet und darf da sein, ohne es zu beurteilen oder zu analysieren. Ein Gefühl ist einfach mit einer bestimmten Menge an Energie verbunden, die gerade da ist.

- Atmen Sie nun bewusst dreimal tief aus, und kehren Sie zu Ihren aktuellen Aufgaben zurück.

  Durch das Ausatmen wird die Energie vom Gefühl abgezogen, das Gefühl wird schwächer. Sodann lenken Sie Ihre Aufmerksamkeit um auf die anstehenden Aufgaben.

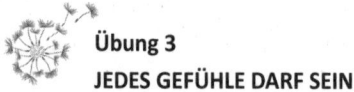

Übung 3
JEDES GEFÜHLE DARF SEIN

Ziel dieser Übung ist, dass Sie JEDES Gefühl, gleichgültig, wie angenehm oder unangenehm es ist, wahrnehmen, »aushalten« und annehmen können. Setzen Sie sich dabei aufrecht auf einen Stuhl und stellen Sie beide Füße fest auf den Boden.

• Nehmen Sie genau das Gefühl wahr, das gerade jetzt da ist, benennen Sie es, und sagen Sie: »Dieses Gefühl darf da sein.«

• Bleiben Sie bei diesem Gefühl, und spüren Sie, wie es sich im Inneren Ihres Körpers anfühlt. Beobachten Sie das Gefühl, und erlauben Sie sich gleichzeitig, zu spüren, an welchen Stellen Sie es besonders wahrnehmen. Nehmen Sie auch wahr, ob und wie sich das Gefühl verändert.

Fazit: Grunderfahrungen gehören zum Leben dazu und sind mit den tiefsten Gefühlen verbunden. Sie verändern unser Leben und lassen uns wachsen.

Zusätzliches Leiden verstärkt den Schmerz, der uns ohnehin fordert.

Das Wahrnehmen und Annehmen aller Gefühle befreit uns von Schmerz und alten Verletzungen.

Der Mensch ist ein Gewohnheitstier

Es ist anstrengend,
etwas Neues zu entdecken.
Also ziehen wir es vor zu bleiben, wie wir sind.
Und da liegt die eigentliche Schwierigkeit.

Krishnamurti

Im Laufe der Jahre haben wir vielfältige Gewohnheiten und Rituale entwickelt.

Auf dem Weg zur Gelassenheit ist es wichtig, herauszufinden, welche Vor- und Nachteile Gewohnheiten und Rituale mit sich bringen, wofür wir sie brauchen und wann sie uns stressen und wann sie Wecksignale für ein erfülltes Leben sein können.

- Was hindert uns daran, das zu tun, was wir gerne tun möchten?
- Wieso fallen wir immer wieder in alte Muster zurück, obwohl wir uns fest vorgenommen haben, dies nicht mehr zu tun?
- Wieso schieben wir manche Dinge auf die lange Bank, obwohl wir sie längst erledigen wollten?

Hierzu ein typisches Beispiel: Roman Maier war Führungskraft in einem Großunternehmen, war verheiratet und hatte sich einiges vorgenommen. In den letzten Jahren hatte er einige Pfunde zugelegt und wollte diese wieder abtrainieren. Hoch motiviert steuerte er geradewegs auf sein Ziel los, hatte sich in einem Fitnessstudio angemeldet und wollte zweimal die Woche direkt nach der Arbeit konsequent und mit vollem Einsatz Sport treiben, bevor er dann nach Hause ging. In der ersten Woche klappte es auch wunderbar, doch bereits in der zweiten Woche ließ sein Elan merklich nach, es schlich sich ein Schlendrian ein. So hatte er einmal vergessen, morgens seine Sporttasche mitzunehmen, fuhr abends fröhlich heim – und blieb dort im Kreise seiner Familie. Doch er nahm sich fest vor, am Wochenende den Sport nachholen, aber da bekam er überraschend Besuch von seiner Schwester – unter diesen Bedingungen »konnte« er ja nicht ins Fitnessstudio. Sodann beabsichtigte er, in der kommenden Woche alles nachzuholen und gleich viermal zu trainieren. Er war zwar guter Dinge, aber nach der Arbeit zu müde für den Sport, ging lieber noch mit einem Kollegen ein Bier trinken oder fuhr gleich nach Hause zur Familie, die Kinder sollten ja schließlich auch etwas von ihrem Vater haben! In diesem Stil ging es munter weiter. Hin und wieder schaffte er es ins Fitnessstudio, aber immer seltener konnte er sich dazu aufraffen. Nach einiger Zeit tauchte zwar aus dem Hintergrund noch der Gedanke an den Sport auf, er dachte an den bezahlten Jahresbeitrag, doch er konnte sich nicht mehr überwinden, gab schließlich ganz auf und meinte: »Ich sehe gar nicht ein, dass ich abnehmen soll! Es muss auch Menschen mit einer gemütlichen Figur geben!«

Kommt Ihnen das bekannt vor? Vielleicht kennen Sie das eine oder andere Verhalten von sich selbst oder von anderen:

1. Sie hatten sich zum Ziel gesetzt, nun regelmäßig früher aus dem Büro nach Hause zu gehen, doch als es so weit war, blieben Sie doch wieder länger, schließlich wollten Sie »nur noch schnell diese eine kleine Aufgabe erledigen« nach dem Motto »Was weg ist, ist weg«.

2. Sie nahmen sich wiederholt vor, sich bei einem ganz bestimmten Menschen, von dem Sie sich ausgenützt fühlen, abzugrenzen und NEIN zu sagen, doch als dieser Mensch dann wieder mit freundlichem Lächeln vor Ihnen steht und überzeugend argumentiert, tappen Sie erneut in die Falle, sagen JA, obwohl Sie NEIN sagen wollten, und ärgern sich darüber – wie schon so oft!

3. Sie wollten in Diskussionen ruhig bleiben, weil Sie wissen, dass es nichts bringt, andere lautstark übertrumpfen zu wollen, doch bei der nächsten Gelegenheit vertreten Sie Ihren Standpunkt vehement wie immer, beharren auf Ihrer Position und steigern sich richtig hinein. Es geht Ihnen immer weniger um die Sache, sondern ums Rechthaben und Rechtbehalten – um Sieg oder Niederlage. Dabei hören Sie immer schlechter zu, warten nur ab, bis Ihr »Gegner« Luft holt, werden zunehmend lauter und merken erst, als ein anderer beruhigend einschreitet und zu vermitteln beginnt, dass Sie sich im Ton vergriffen haben. Wieder einmal!

Vielleicht ist es Ihnen auch schon so ähnlich gegangen. Sie wollten etwas Bestimmtes verändern, waren zu Beginn guter Dinge und voller Elan, doch dann? Dann entschwand das Ziel allmählich im Trubel des Alltags aus den Augen, und nur noch die Ausreden daran erinnern, dass da mal etwas war.

Zunächst ist es so, dass ganz offensichtlich innere Kräfte augenblicklich stärker sind als das, was wir uns vom Verstand her vornehmen. Wir agieren immer wieder reflexhaft nach dem gleichen Schema, ohne viel darüber nachzudenken, einfach weil wir es so gewohnt sind. Wir alle haben vielerlei Eigenarten, solche, die sinnvoll, hilfreich und wohltuend sind, aber auch solche, die uns zwar im ersten Augenblick von unserer Spannung entlasten und kurzfristig befriedigend erscheinen, langfristig jedoch nicht gerade förderlich und mit Stress verbunden sind. Doch was sind Gewohnheiten eigentlich?

Als Gewohnheiten können eingeschliffene, stereotypisierte Eigenarten, Denk- und Verhaltensmuster verstanden werden, die in bestimmten Situationen automatisch zum Einsatz kommen. Wir wissen einfach, wie wir lesen, schreiben, Auto fahren, da müssen wir nichts überlegen. Unsere Gewohnheiten funktionieren wie innere Spielregeln, an die wir uns ganz selbstverständlich halten, und dominieren zum großen Teil unser Leben, gleichgültig, ob es gute oder schlechte Gewohnheiten sind, gleichgültig, ob sie uns bewusst sind oder nicht. Forscher sagen, dass mindestens 30 bis 50 Prozent unseres Tagesablaufs von automatisierten Abläufen bestimmt werden.

Denken Sie nur einmal an sich selbst – an Ihren Tagesablauf –, was machen Sie da alles von morgens bis abends routinemäßig, ganz selbstverständlich und ohne einen Gedanken daran zu verlieren? Aufstehen, duschen, Zähne putzen, Kleidung wählen, anziehen, Haare kämmen, Kinder wecken, Kaffee kochen – und das alles noch vor dem Frühstück.

Wie praktisch und arbeitserleichternd, dass wir nicht über alles nachdenken müssen! Es ist doch mehr als super, dass unsere Gewohnheiten und Rituale so praktisch sind – einfach zeitsparend und nützlich, oder? Für uns sind Gewohnheiten sehr wichtig und bringen jede Menge Vorteile mit sich. Erst mal.

Vorteile und Nachteile eingeschliffener Gewohnheiten

Wie Sie wissen, ist unsere Welt sehr komplex, unübersichtlich, widersprüchlich, bisweilen chaotisch, vielfältig, aber auch wundervoll, großartig, faszinierend. Unser Job ist es, uns in ihr zu bewegen, uns in ihr zurechtzufinden, uns in ihr auf unsere eigene Weise zu bewähren und sie in unserem Bereich mit zu gestalten. Genau dabei helfen uns unsere Gewohnheiten.

Vorteile

Im Rahmen unserer Gewohnheiten bewegen wir uns sicher und routiniert. Wir wissen ganz einfach, was wir zu tun und was wir zu lassen haben. Wir wissen (vermeintlich), was wir laut aussprechen können und was wir besser für uns behalten, wir wissen überwiegend, mit welchem Verhalten wir gut ankommen und was wir auf gar keinen Fall tun sollten.

Nun ist es so, dass wir die Welt ja nicht objektiv wahrnehmen, sondern selektiv entsprechend unserer Erfahrungen, Werte und Normen, unserer Einstellungen, Überzeugungen, Haltungen, auch entsprechend unserer Vorurteile. Je nachdem, was wir wahrnehmen und wie wir Dinge bewerten, handeln wir auch. Unser Gehirn hat im Laufe der Zeit durch positive Rückmeldung und Bestätigung neuronale Bahnen ausgebaut – und je öfter wir diese Bahnen benutzen, desto stärker und automatisierter werden sie. Wir nehmen dann selektiv einen bestimmten Reiz wahr – und reagieren sofort. Dabei reduziert sich die Komplexität der Realität auf einige Teilaspekte – eben diejenigen, die wir als Reiz erkennen, und wir antworten darauf immer wieder so, wie wir es gelernt und es uns antrainiert haben. Das ist auch gut so, denn unser Gehirn will Informationen möglichst schnell, effektiv und reibungslos einordnen und verarbeiten. Es wäre ja auch völlig überlastet mit all den Eindrücken und Einzelheiten, die täglich auf uns einstürmen, wenn wir alles bewusst wahrnehmen würden und uns über alles und jedes erst Gedanken machen müssten! Stellen Sie sich nur einmal vor, Sie müssten jedes Mal über die einfachsten Routinetätigkeiten nachdenken, wie etwa das Anziehen und Schnüren von Schuhen, das Zuknöpfen eines Mantels, die Fahrt zur

Arbeit, die Handhabung der Tastatur am PC, oder darüber sinnieren, welche Regeln es gibt, um andere Menschen zu begrüßen, bevor Sie tatsächlich zum Handeln kommen. Das würde so viel Zeit und Energie in Anspruch nehmen, dass Sie vielleicht überhaupt nicht in die Gänge kämen!

Gewohnheiten erleichtern und vereinfachen unser Leben. Wie angenehm und entspannend! Weil unsere eingeschliffenen Denk- und Verhaltensweisen nach dem immer gleichen Schema ablaufen, erhalten sie den Charakter von Quasinaturgesetzen. Sie sind uns so vertraut, so bequem, so eingespielt, dass sie uns längst in Fleisch und Blut übergegangen sind. Unsere Gewohnheiten geben unserem Denken, Fühlen, Verhalten Ordnung und Struktur, sie geben uns Halt, Sicherheit und Sinn. Sie beruhigen und entlasten uns von der Unsicherheit und Angst, nicht genau zu wissen, was auf uns zukommt. Gewohnheiten geben uns eine bestimmte Ausrichtung in unserem Leben, dienen als Orientierungshilfe, aber auch als Erfahrungsersatz und als Ersatzerkenntnis – wir wissen genau, was im Sinn der kulturell akzeptierten Normen und Werte als gut und schlecht, als richtig und falsch gilt und haben dies weitgehend verinnerlicht. Zudem ermöglichen uns unsere Gewohnheiten das Zusammenleben mit anderen. Sie festigen unsere Zugehörigkeit zu Gruppen wie Familie, Freunden, Kollegen – wir können genau unterscheiden, wer »zu uns« gehört und wer nicht. Wir wissen, wer Freund und wer Feind ist, wer es gut mit uns meint, mit wem wir uns gut austauschen können, bei wem wir vorsichtig sein und aufpassen müssen, aber auch, zu wem wir gehen können, wenn wir Unterstützung oder Trost brauchen.

Auch für die Erreichung unserer Ziele sind Gewohnheiten hilfreich und nützlich. Wir können uns auf unsere Fähigkeiten, unser Wissen und Können verlassen, sparen Energie und können diese dann in die Dinge stecken, die uns im Augenblick wichtig sind. So trainieren Leistungssportler jeden Tag, damit ganze Bewegungsabläufe automatisiert und optimiert werden. Sie wissen dann bei den Wettkämpfen, an denen sie teilnehmen, dass sie sich auf ihr Können verlassen und es sicher und automatisch abrufen können.

Letztlich bilden all unsere Erfahrungen, Einstellungen, Werte und Normen, unsere Konzepte und selbstverständlichen Kenntnisse, unsere kulturellen Gewohnheiten und Eigenheiten unsere Komfortzone, ein Begriff, der sich bei uns inzwischen eingebürgert hat und unsere gewohnheitsmäßigen Denk- und Verhaltensmuster beschreibt. Deren Aufgabe ist es, unseren Alltag so reibungs- und problemlos wie möglich zu gestalten. Unsere Gewohnheiten bilden ein solides Fundament, das uns Kraft und Energie gibt, um von dort aus zu neuen Ufern aufbrechen zu können, sie wirken stabilisierend und bestätigen immer wieder unser Selbstbild, das sich aus unseren verschiedenen privaten und beruflichen Rollenvorstellungen zusammensetzt. Je älter und erfahrener wir werden, desto routinierter denken und handeln wir, desto tiefer ist oftmals unser Wissen, desto mehr Gewohnheiten haben sich in aller Regel gebildet.

Wir teilen viele Gewohnheiten mit anderen Menschen innerhalb eines Kulturkreises, doch jeder Mensch hat zudem seine ganz individuellen Gewohnheiten und Rituale. So gab etwa Präsident Barack Obama zu, dass er viel von solchen Routinen hält. So beschloss er eines Tages, nur noch graue oder blaue Anzüge zu tragen. »Ich will mich nicht entscheiden, was ich anziehe oder esse, weil ich zu viele andere Entscheidungen treffen muss.«

So weit, so gut. Sie haben gerade gelesen, welche Vorzüge Gewohnheiten mit sich bringen, doch je länger jemand in seinen Gewohnheiten verharrt und damit in seiner Komfortzone, desto mehr Nachteile können ins Spiel kommen, desto zwanghafter kann ein Mensch denken und handeln.

Nachteile

Wahrscheinlich kennen Sie auch Menschen, die sich über die immer gleichen Themen aufregen. Sie klagen x-mal über die hohen Mietpreise, über die Regierung und die Politik oder jammern seit Jahren über die Firma, in der sie arbeiten, schimpfen über ihren Chef, ihren Ehemann, ihre Kinder oder ziehen über jeweils abwesende Freunde her. Sie gehen selbstverständlich von der objektiven Richtigkeit ihres Standpunktes aus, vertreten diesen so dickköpfig wie starr und überhören geflissentlich jedes Gegenargument. Sie meinen, alles besser zu wissen, oder fühlen sich als unschuldiges Opfer, dem Unrecht getan wurde. Es macht wenig Spaß, sich längere Zeit mit solchen Menschen zu unterhalten, denn sie erzählen immer wieder die gleiche alte Leier, berichten – und lassen sich nicht davon abbringen –, dass früher alles besser und anders war, wollen uns auf ihre Seite ziehen oder einfach nur ein Quantum Trost!

Wenn sich jemand lange in seiner Komfortzone aufhält, bewegt er sich fast immer im gleichen Trott, ist zunehmend festgefahren und strampelt sich ab im berühmten Hamsterrad. Zudem gesellen sich Langeweile und eine gewisse Lustlosigkeit hinzu, oft verbunden mit einer achselzuckenden Gleichgültigkeit oder einer immer größer werdenden Frustration, bei der derjenige nicht genau weiß, wodurch sie ausgelöst wird. Man kann sich unausgefüllt fühlen und stellt dann Fragen wie: »Was soll das Ganze?« »Wozu das alles?« Er kann zunehmend resignieren oder rasch ärgerlich werden und jede Veränderung vehement ablehnen. Je länger jemand in seiner Komfortzone verharrt, desto weniger kommen Impulse von außen bei ihm an. Vielmehr werden Teile der Wirklichkeit mehr und mehr ausgeblendet, die Augen werden trüb oder gar blind für das differenzierte Erkennen von Zusammenhängen. Denken und Handeln werden zunehmend enger, stur, starr und unflexibel. Derjenige

entwickelt unmerklich Vorurteile, kann daher nic...
voreingenommen und offen mit anderen Menschen...
und tut sich immer schwer, sich auf neue, überrasche...
ationen einzustellen und adäquat zu handeln. Kaum so...
Beispiel etwas in der Firma geändert werden, heißt es sc...
»Das wird nie was!« Oder: »Wir haben das noch nie so gemach...
»Wir sind bisher auch gut ohne X ausgekommen, das brauche...
wir nicht!« Neues wird immer mehr abgewehrt, man will ja im
sicheren Gewohnt-Vertrauten bleiben. Doch das Leben außerhalb der Komfortzone geht weiter. Es werden neue Technologien, neue Strategien und Prozesse entwickelt, Partner und Kinder verändern sich, gesellschaftliche Situationen ändern sich.
Kurzum: Es werden neue Anforderungen an uns herangetragen,
das verunsichert, führt zu Stress und macht Angst. Diese Angst
wollen wir nicht spüren, und wir wollen uns damit auch nicht
auseinandersetzen. Alles soll beim Alten bleiben, und so sagen
wir implizit oder explizit NEIN zu Veränderung und finden
1001 Begründungen dafür. Das ist so, als würden wir bei Regen-
wetter die Augen schließen und behaupten: »Die Sonne scheint!«
  Letztlich bedeutet das:

- Je starrer unsere Gewohnheiten sind, desto enger und
  beschränkter ist unser Denken, desto mechanisierter unser
  Verhalten, desto mehr isolieren wir uns und trennen uns
  von anderen Menschen ab. Erfolgreiche Zusammenarbeit
  mit anderen wird immer schwerer, unsere Beziehungen
  mit anderen werden immer weniger lebendig.

- Wir sind immer weniger kreativ, stagnieren oder machen
  Dienst nach Vorschrift und fühlen uns zunehmend
  fremdbestimmt.

- Wir leiden zunehmend unter Wahrnehmungs- und
  Realitätsverzerrung.

lernen nichts dazu, entwickeln uns nicht weiter. attdessen brauchen wir viel Energie, um Neues mit len unterschiedlichsten Strategien abzuwehren. Diese Energie fehlt uns bei unseren aktuellen Aufgaben.

- Wir sind häufig im Stress und unter Druck, gefährden unser körperliches, psychisches und geistiges Wohlbefinden – langfristig können unsere Gesundheit und Leistungsfähigkeit darunter leiden und: Wir haben immer weniger zu lachen. Das ist nicht lustig!

- Selbstwertgefühl, Selbstvertrauen und Selbstbewusstsein sinken.

Da unsere Gewohnheiten automatisiert ablaufen, haben sie wenig mit bewusstem Denken und Handeln zu tun. Viele Menschen können daher nicht erkennen, dass sie in fest verdrahteten und festgefahrenen Mustern leben. Sie können es nicht wahrnehmen, weil es ihnen nicht bewusst ist. (In unserer aufgeklärten Gesellschaft ist man oft so stolz auf das rationale Denken und den freien Willen – von wegen!). Sie identifizieren sich sehr mit den Inhalten ihres Denkens, Fühlens und Handelns, sind in einem schleichenden Prozess Gefangene ihrer mentalen Gewohnheitsmuster geworden, sind im Stress und leiden, ohne genau zu wissen, warum. Niemand macht das absichtlich, doch wenn man nicht sieht, dass es eine Tür gibt, will man weiter mit dem Kopf durch die Wand und wundert sich, dass man sich Beulen holt!

Wecksignale für ein erfülltes Leben

Woran erkennen Sie, dass Sie in gewohnten Denk- und Handlungsmustern und damit in Ihrer Komfortzone feststecken? Wenn wir in bestimmten Situationen immer wieder wütend reagieren, wehklagen, gekränkt oder beleidigt sind, uns als Opfer fühlen, ungeduldig, gereizt oder uns im Stress und unter Druck gesetzt fühlen, können wir das auch als Aufruf verstehen, genauer hinzusehen, als unbewusste Mitteilung, bewusst wahrzunehmen, was sich innerlich gerade abspielt, uns genauer damit zu beschäftigen und verschlüsselte Botschaften zu entziffern, denn diese wollen uns auf etwas aufmerksam machen und uns unterstützen, auch wenn wir das im ersten Augenblick weder verstehen noch glauben.

Die genannten Verhaltensweisen und Symptome zeigen uns, dass etwas anders läuft, als wir es uns vorgestellt haben – entweder erfüllen wir unsere eigenen Vorstellungen und Erwartungen an uns selbst nicht oder jemand hat etwas gesagt oder getan, das unseren Konzepten, Werten und Einstellungen widerspricht oder unsere Ziele infrage stellt. Dabei könnten wir dieser Person dankbar sein. Sie kann in diesem Augenblick auch als unser Lehrer dienen, der uns auf unsere starren Muster aufmerksam macht, und wir können achtsam wahrnehmen, worum es bei unserer Reaktion genau geht, können hinspüren und tief Luft holen, können uns Schritt für Schritt das altgewohnte Reiz-Reaktion-Muster bewusst machen, entzerren, unterbrechen und etwas Neues lernen. Dazu später mehr.

Wir können also unsere Gewohnheiten hinterfragen, sie verändern und damit etwas Neues in unserem Leben zulassen. Aber, um es gleich zu sagen – kein Mensch MUSS seine Gewohnheiten ändern, niemand muss einen Schritt ins Neuland tun, wenn er es nicht wirklich will. Jeder kann in seiner Komfortzone bleiben, wenn er bereit ist, die damit verbundenen Nachteile in Kauf zu nehmen.

Wie man sich aus einem stressenden Gewohnheitsmuster lösen kann, soll folgendes Beispiel zeigen.

Sabine, 51, hat nach einigen Absagen einen neuen Job als Verkäuferin in einem Haushaltswarengeschäft bekommen. Sie ist sehr froh darüber, setzt sich sehr ein, macht Überstunden und möchte dafür natürlich auch ein Lob von ihrer Chefin bekommen. Doch stattdessen bekommt sie nur zu hören, was alles noch gemacht werden muss und was wieder nicht gut genug war! Sabine strengt sich noch mehr an, will ihre Chefin zufriedenstellen, doch diese kommt grußlos ins Geschäft und nimmt nur wahr, was wieder einmal schiefgelaufen ist. Sabine fühlt sich respektlos behandelt und ausgenutzt, macht ihr innerlich Vorwürfe, ist wütend und schimpft bei ihren Freundinnen über die »schreckliche« Chefin. Sie fühlt sich als Opfer und hat immer weniger Lust, zur Arbeit zu gehen. Nach ein paar Monaten fühlt sie sich gestresst und ihr Magen verkrampft sich, wenn sie nur die Stimme ihrer Chefin hört. Am liebsten würde sie kündigen.

Wie lässt sich Sabines Verhalten erklären?

In ihrem früheren Job wurde sie für ihre Leistung anerkannt und bestätigt. Also erwartet Sabine dies in ihrem neuen Job ebenso. Auf die Zurechtweisungen ihrer Chefin hin strengt sie sich noch mehr an in dem Glauben, diese müsste doch endlich erkennen, was sie, Sabine, alles für das Geschäft tut, und sie loben. Doch das macht ihre Chefin nicht. Sabine ist deshalb zutiefst gekränkt, verärgert, fühlt sich hilflos und sagt: »Egal, was ich mache, ich kann ihr nichts recht machen.« Natürlich leidet auch ihre Laune darunter. Durch ihre Körpersprache und Mimik zeigt sie ihrer Chefin, was sie von ihr hält. Dennoch erwartet Sabine weiterhin, dass ihre Chefin sich anders verhält, damit es ihr besser geht. Für Sabine ist klar, dass ihre Chefin die Ursache für ihre Gefühle ist. Allmählich hat sich dadurch ein konditionierter Reflex entwickelt – sie hört die Stimme ihrer Chefin, wird augenblicklich wütend und spürt ihren Magen. Doch wer sagt, dass sie weiterhin automatisch wütend werden muss, wenn sie die Stimme ihrer Chefin hört? Wer sagt, dass ihre Chefin schuld daran ist, dass sie sich als Opfer fühlt und im Stress ist?

Als Sabine im Coaching ihr Reiz-Reaktion-Muster erkennt, lacht sie und kann es zuerst kaum glauben. Als Nächstes wird ihr klar, dass das Verhalten der Chefin mit ihr selbst nichts zu tun hat. »Wenn sie nur das Negative sieht und schlecht gelaunt ist, dann ist das ihr Bier und nicht meins.« Auf diese Weise kann sie bewusst das bisherige Muster unterbrechen, bei jedem Anflug eines aufkeimenden Ärgers sich innerlich davon distanzieren und sich sagen: »Das ist deren Laune.« Und damit bleibt sie in ihrer eigenen Kraft und Stärke. Im Laufe des Coachings nimmt sie wahr, dass sie dieses Muster von früher gewohnt war und dass es durch ihre Chefin wieder aktualisiert wurde. »Ich habe mich ohne Ende angestrengt, um von meiner Mutter gelobt zu werden!« Sabine lernt, sich selbst – unabhängig von anderen – mehr wertzuschätzen, zu sich und ihren Bedürfnissen zu stehen. Sie wird mutiger, kreativer, hat wieder mehr Energie, die sie nun konstruktiv nutzt. Sie entwickelt eine neue Strategie: Sie fängt an, ihre Chefin, wann immer diese mürrisch in den Laden kommt, freundlich zu grüßen. Diese stutzt zuerst, gewöhnt es sich dann aber an, auch zu grüßen, und inzwischen plaudert sie sogar mit ihr ein wenig. Schließlich lernt Sabine, bewusst und klar NEIN zu sagen und sich ihrer Chefin gegenüber erfolgreich abzugrenzen, wenn sie gegen Abend zusätzliche Aufgaben übernehmen soll. »Ich hatte beim ersten Mal wirklich Angst, dass meine Chefin sauer reagiert und ich dann unter Druck gerate, doch überraschenderweise hat sie das neutral zur Kenntnis genommen. Das hat mich darin bestätigt, dass es in Ordnung ist, wenn ich NEIN sage und mich für meine Angelegenheiten stark mache.« Mit jedem Mal, bei dem Sabine zu sich steht und ihre eigene Position vertritt, wachsen ihr Vertrauen und ihre innere Sicherheit. Sie merkt, dass sie sich auf sich verlassen und sich treu bleiben kann. Und wenn sie jetzt eine Überstunde macht, dann ist das ihre bewusste Entscheidung.

Gewohnheiten sind für uns alle wichtig, schenken sie uns doch Stabilität, Sicherheit, innere Ruhe und Vertrauen. Sie entlasten uns, sodass wir uns mit den Tagesaufgaben beschäftigen können. Doch je länger wir in unserer Komfortzone bleiben, desto mehr Nachteile entstehen. Wir denken und handeln zunehmend in automatisierten Mustern, die immer weniger Raum für Neues zulassen, und beschränken uns auf das Gewohnte, Vertraute.

 Vertiefende Fragen
Tragen Sie bitte die Antworten wieder in Ihr Logbuch ein:

1. Was verbinden Sie mit »Gewohnheiten«?

2. Welche Ihrer Gewohnheiten und Rituale schenken Ihnen Kraft und Energie?

3. Erinnern Sie sich an drei wichtige Situationen in Ihrem Leben, in denen Sie Ihre Komfortzone verlassen und etwas Neues getan haben?

   Was haben Sie daraus gelernt?

4. Gibt es in Ihrem Leben eine Gewohnheit, bei der Sie das Gefühl haben, in Ihrer Komfortzone zu stecken?

Was hat Sie an dieser Stelle bisher gehindert, Ihre Komfortzone zu verlassen?

5. Was könnte schlimmstenfalls passieren, wenn Sie anstelle
dieser EINEN Gewohnheit etwas Neues tun? Und was wäre
so schlimm dabei? Und wie realistisch ist das?

6. Was könnte bestenfalls passieren, wenn Sie diese EINE
Gewohnheit ändern und etwas Neues tun?

Das Leben bringt ständig Veränderungen mit sich. Deshalb ist
es wichtig für uns, uns immer wieder für Neues zu öffnen und
bewusst unser altes Fahrwasser zu verlassen.

Raus aus alten Gewohnheiten?

Bereits wenn wir an etwas Neues denken, können die ersten
Bedenken auftauchen. Eine innere Stimme kann sich melden
und uns so unglaublich motivierende Sätze zuflüstern wie:
»Pass bloß auf!« Oder: » Du wirst dich blamieren! Das schaffst
du nicht! Das kannst du nicht machen! Was bildest du dir ein?!«
Und spätestens wenn sich die Stimme in vorwurfsvollem Ton
meldet: »Lass das, das geht nicht«, ducken wir uns innerlich,
sind unsicher und bekommen Angst vor Neuem, glauben der
warnenden Stimme und lassen alles beim Alten, wie das folgende Beispiel zeigt.

Eine ältere Dame erzählte von ihrer Ehe: »Ich war viele
Jahre unglücklich in meiner Ehe und wollte mich immer
wieder scheiden lassen. Zuerst habe ich auf den ›richtigen‹
Zeitpunkt gewartet. Der kam aber nicht. Dann habe ich
gehofft, dass meine Ehe besser wird, wurde sie aber nicht.
Dann wollte ich mehrmals mit meinem Mann über eine

Scheidung sprechen, doch er hatte einen siebten Sinn, denn jedes Mal machte er mir ein so unglaubliches Geschenk, dass ich eingeknickt bin. Und jetzt? Jetzt bin ich zu alt und halte die paar Jahre auch noch aus.«

Tja. Dabei meint es die warnende Stimme eigentlich gut mit uns, sie will uns beschützen, uns auf mögliche Stolpersteine hinweisen und dafür sorgen, dass wir uns nicht blamieren. Sie wird dann besonders laut, bevor wir unsere Komfortzone verlassen und etwas Neues tun wollen.

Was würde sich für Sie ändern, wenn Sie wüssten, dass diese Stimme in bester Absicht handelt, aber maßlos übertreibt? Was wäre, wenn Sie erkennen würden, dass sie zumeist aus der Kinderzeit stammt? Was, wenn Sie wahrnehmen würden, dass dies die verinnerlichten Mahnungen Ihrer Eltern und Erzieher und Erzieherinnen sind, die Sie davor bewahren wollen, etwas falsch und sich lächerlich zu machen? Was wäre, wenn Sie erkennen würden, dass diese Stimmen einer Situation so eine Wichtigkeit zuschreiben, als ob es ums nackte Überleben ginge, statt sie auf ihren Realitätsgehalt zu prüfen und sich für neue, interessante Erfahrungen zu öffnen, durch die Sie mehr Denk- und Handlungsspielraum, mehr Selbstvertrauen und Gelassenheit gewinnen?

Natürlich können Sie weiterhin auf diese Stimme hören, sie mehr als ernst nehmen und in Ihrer Komfortzone bleiben. Selbstverständlich können Sie diese Stimme wörtlich nehmen, sich herunterziehen und sich verunsichern lassen. Sie können aber auch einfach der Stimme danken, dass sie zur Vorsicht mahnt, und sich dann bewusst dafür entscheiden, etwas in Ihrem Leben zu ändern, und dabei spüren, wie sich das anfühlt (vergleiche dazu das Kapitel »Stress durch Kritik und was Sie daraus lernen können«).

Neues wird häufig erst einmal skeptisch beäugt, kann es doch als Angriff auf unsere bisherigen Denk- und Verhaltensweisen und bisweilen auch auf unser Selbstbild erlebt werden. Wann immer wir an die bisherige Grenze unserer Gewohnheiten stoßen, taucht neben allen Bedenken eine grundsätzliche Frage auf, nämlich: »Lass ich alles beim Alten oder mach ich das, was ich eigentlich tun will?« Es ist ein Hin und Her, ein Abwägen der Vor- und Nachteile, oftmals verbunden mit einem »Eigentlich müsste ich, aber …«.

Beispielsweise will Maria, 25, ihrem Freund eigentlich sagen, dass sie keine Lust hat, mit ihm jedes Wochenende stundenlang zu radeln, denn Fahrradfahren macht ihr einfach keinen Spaß. Sie nimmt es sich immer wieder vor, doch jedes Mal, wenn es so weit ist, schlägt ihr Herz schneller, sie wird kurzatmig, unsicher und sagt im letzten Moment JA, obwohl sie NEIN sagen wollte. Sie hat Angst, dass er dann beleidigt ist, dass sie als unsportlich oder faul beschimpft wird und – letztlich – dass sie nicht gut genug ist. Maria könnte allerdings ihre körperlichen Stresssymptome nicht als Unsicherheit, durch die sie sich zurückhalten lässt, bewerten, sondern als Neugier auf Neues. Sie könnte wahrnehmen, dass sie gerade mehr Energie bekommt, hellwach und aufmerksam ist und sich ihr Körper auf das Neue vorbereitet. Wenn sie ihre Symptome dahingehend interpretiert, erhöht sie die Chance, ihrem Freund sagen zu können, dass sie nicht mit ihm radeln will und daran kein Vergnügen findet.

Es ist doch verständlich, dass wir, wenn wir etwas bisher noch nicht gemacht haben, aufgeregt sind und unsere Stresssymptome spüren. Die Frage ist dabei, wie wir sie bewerten. Wir haben die Wahl, die gleichen körperlichen Stresssymptome entweder als Unsicherheit, und wenn sie stärker werden, als Angst zu interpretieren, oder wir können sie umdeuten als Neugier auf Neues, als Bereitstellung von Energie, um über das Alte hinauszuwachsen und etwas dazuzulernen. Wenn wir sie als Neugier auf Neues betrachten, sind die Chance und die Motivation größer, uns in Richtung Neues zu bewegen. Damit setzen wir uns für die Befriedigung unserer ureigenen Vorstellungen und Bedürfnisse ein und gewinnen mehr Flexibilität in unserem Denken und Verhalten! Ein Spruch lautet: »Dort, wo deine Unsicherheit ist, geht deine Entwicklung lang!«

Wann immer wir tatsächlich den Schritt ins Neuland wagen, gehen wir ein kleines Risiko ein. Wir wissen nicht genau, was dabei herauskommt. Selbst wenn wir uns innerlich die Situation hundert Mal mental vorgestellt haben, wirklich wissen können wir es erst durch unser Handeln! Das ist der wirkliche Test. Doch deshalb ist das innere Probehandeln nicht sinnlos, vielmehr werden dadurch schon neue neuronale Bahnen angelegt und durch das konkrete Tun dann gefestigt. So wurden beispielsweise Sportler untersucht, die nach Verletzungen nicht trainieren konnten. Durch regelmäßiges mentales Training gelang es ihnen, einen Teil ihrer Muskelkraft zu erhalten. Und auch von Klavierspielern ist bekannt, dass sie, selbst wenn sie ohne Klavier ein Stück geübt hatten, sich dieses wesentlich schneller merken konnten.

Sinnvoll ist es natürlich, sich kleine, machbare Ziele zu setzen, sodass Sie EINEN Schritt ins Neuland tun und nicht zwanzig. Bei EINEM Schritt ist die Möglichkeit groß, erfolgreich zu sein! Und gerade bei Neuem sind Bestätigungen wichtig für das Belohnungszentrum im Gehirn, damit sich etwas Neues als gute Gewohnheit etablieren kann. Es werden Botenstoffe ausgeschüttet, wir fühlen uns wohl und wollen uns wieder so verhalten. So kann dies beispielsweise für jemanden, der den ganzen Tag keine Zeit zum Durchatmen gefunden hat, eine ganz neue Erfahrung sein, sich drei Minuten Zeit zu gönnen, eine Pause einzulegen, ohne etwas nebenbei zu tun. Oder wenn jemand bislang anderen gegenüber recht zugeknöpft war, kann er sich bewusst vornehmen, anderen Menschen mit Freundlichkeit und einem Lächeln zu begegnen, und dabei wahrnehmen, was sich dadurch für ihn verändert und wie sich seine zwischenmenschlichen Beziehungen verwandeln. Oder wenn eine Frau neben ihrer Arbeit bislang selbstverständlich für den Haushalt zuständig war, kann sie ganz bewusst beginnen, sich erst mal kleine Freiräume zu schaffen.

Was könnte denn für Sie eine kleine Änderung, EIN Schritt ins Neuland sein? Sie können sich jetzt ganz bewusst dafür entscheiden – JETZT – und dies dann auch umsetzen, wissend, dass dies zusätzliche Aufmerksamkeit und immer wieder Achtsamkeit verlangt, denn alte Gewohnheiten sind hartnäckig. Wenn Sie sich jedoch auch hartnäckig für das Neue einsetzen, sogar dann, wenn Sie gar keine Lust dazu haben, stehen Ihre Chancen gut, dass sich das Neue etabliert. Und noch etwas vorneweg: Ich lese immer wieder Ratgeber, in denen versprochen wird, dass man in fünf Minuten oder an einem einzigen Tag sein Leben völlig umkrempeln und sich selbst neu erfinden kann (wie das schon klingt!). Das sind schöne Wünsche, Geschäfte mit der Hoffnung auf schnellen Erfolg, passend zu einer Gesellschaft, in der alles schnell und ohne Mühe gehen soll. Leider, leider ist das höchst selten der Fall, doch je mehr Sie das neue Verhalten anwenden, desto leichter fällt es Ihnen, desto mehr verstärken sich diese neuronalen Bahnen im Gehirn, während die alten schwächer werden.

Fazit: Sie bekommen eine Menge Geschenke, wenn Sie sich bewusst Schritt für Schritt immer wieder aus Ihren gewohnten Denk- und Verhaltensmustern bewegen und etwas Neues tun. Sie können letztlich nur gewinnen – sogar dann, wenn das Ergebnis nicht ganz so ist, wie Sie es sich vorgestellt haben, weil Sie sich für sich selbst eingesetzt haben.

- Sie nehmen sich selbst, Ihre Bedürfnisse, Wünsche und Ziele ernst.
- Sie gewinnen Erfahrung.
- Sie trauen sich mehr zu, werden mutiger und kreativer.
- Sie nehmen Ihre Stresssymptome wahr UND bleiben bei Ihrem Ziel.
- Ihr geistiger Horizont und Ihr Handlungsspielraum nehmen zu, Sie können differenzierter agieren und sind flexibler.
- Sie stehen für sich ein und bleiben sich treu.
- Sie werden von anderen ernst genommen und geachtet.
- Sie gewinnen Selbstvertrauen, Selbstwertgefühl, Selbstsicherheit und Selbstbewusstsein, Selbstmotivation und Lebensfreude.

Das ist doch eine ganze Menge. Das Wissen um diese positiven Aussichten hilft Ihnen, immer wieder bewusst EINEN Schritt über Ihre Grenzen hinauszugehen und sich für sich einzusetzen.

Neulich erhielt ich eine Mail von einer Trainingsteilnehmerin; sie hatte alle anderen Teilnehmer und Teilnehmerinnen angeschrieben und mich auf cc gesetzt. Darin stand: »Ich möchte bei Euch mal nachfragen, ob Ihr schon aus Eurer Komfortzone gegangen seid. Wenn nicht, dann erinnere ich Euch jetzt daran! Ich hab's gemacht, und es war super! Werde dies jetzt öfters machen!«

Vertiefende Fragen

Am besten tragen Sie die Antworten in Ihr Logbuch ein:

- Gibt es etwas, was Sie schon seit Langem ändern wollen, wozu Sie aber bisher nicht gekommen sind oder was Sie sich nicht getraut haben?

- Was könnte Ihr nächster EINER kleiner Schritt ins Neuland sein?

Übung

BEWUSST ETWAS NEUES AUSPROBIEREN

Gibt es etwas in Ihrem Alltag, was Sie immer schon mal tun wollten, aber bislang noch nicht gemacht haben, weil »man so etwas nicht macht«? Es genügt schon eine kleine Änderung, um Gewohnheiten zu unterbrechen. Probieren Sie es auf der Basis von Selbstverantwortung aus! Machen Sie doch, was Sie wirklich wollen, und erlauben Sie sich dabei, sich gut zu fühlen. Machen Sie eine kleine »Challenge« daraus – und belohnen Sie sich anschließend für Ihren Mut!

Vorschläge:

Unterbrechen Sie bewusst Ihre Alltagsroutine, und gestalten Sie Ihren Alltag anders:

- Überraschen Sie jemanden – laden Sie jemanden spontan zu einem Kaffee ein, mit dem Sie noch nie Kaffeetrinken waren.

- Fahren oder gehen Sie bewusst einen anderen Weg zur Arbeit.

- Machen Sie bewusst etwas allein, vor allem wenn Sie normalerweise vieles mit Ihrer Familie zusammen machen – verabreden Sie sich mit sich selbst, und gehen Sie zum Beispiel allein in ein Restaurant.

- Wenn Sie viel allein unternehmen – treffen Sie sich mit einem Freund, und sprechen Sie wirklich über Dinge, über die Sie sonst noch nie gesprochen haben.

- Sagen Sie bewusst Ihre Meinung, und achten Sie darauf, wie es Ihnen dabei geht.

- Machen Sie jemandem unerwartet ein Kompliment.

- Verabreden Sie sich mit Ihrer Frau/Ihrem Mann, unternehmen Sie etwas Besonderes mit ihr/ihm, und sprechen Sie darüber, warum Sie gerne mit ihr/ihm zusammen sind.

- Überlegen Sie, wovor Sie ein wenig Angst haben – und tun Sie genau das!

Sie werden sehen, dass es Ihnen zunehmend Freude bereitet, aus Ihrer vertrauten Routine auszubrechen!

Hier zwei Beispiele zur Veranschaulichung:

Ein Trainingsteilnehmer hielt kürzlich in Ulm auf dem Münsterplatz eine Rede über Klimaveränderung. Diese Aufgabe wurde ihm von einem anderen Trainingsteilnehmer gegeben, als es darum ging, sich Unsicherheiten zu stellen. Er sagte: »Zu Beginn war es mir sehr unangenehm, einfach auf dem Platz zu stehen und über ein Thema, das mir wichtig ist, zu reden. Doch dann haben sich immer mehr Leute im Kreis aufgestellt und mir zugehört. Ich habe dann auch Fragen beantwortet. Ich war völlig überrascht, wie viel Spaß mir das gemacht hat. Seither traue ich mich, auch mehr in Meetings zu sagen!«

Eine andere Teilnehmerin am Führungsjahrestraining, die Schwierigkeiten hatte, NEIN zu sagen, wurde von ihrer Übungspartnerin aufgefordert, in ein Brautmodegeschäft zu gehen und Hochzeitskleider anzuprobieren und bei jedem Kleid, das sie anprobiert hatte, freundlich, aber bestimmt NEIN zu sagen. Just während der Anprobe kam zufällig ein Bekannter aus ihrem Dorf ins Geschäft. Es war ihr zuerst furchtbar peinlich. Beim nächsten Training erzählte sie lachend: »Als ich dann wieder nach Hause kam, hatte es sich schon im Dorf herumgesprochen, dass ich heiraten würde. Das hat mich sehr amüsiert!«

Sie sehen – der Fantasie sind keine Grenzen gesetzt! Ich wünsche Ihnen viel Freude dabei, Neues auszuprobieren!
Zum Bravsein haben Sie später immer noch Zeit!

No risk – no fun!

Ändere, was du ändern kannst!

Beginnen wir doch gleich mit drei Beispielen:

- Neulich beschwerte sich eine Ehefrau bitterlich darüber, dass ihr Mann NIE zu Hause sei. »Er ist mit der Firma verheiratet und muss oft ins Ausland. Da lässt er mich mit den beiden Kindern allein hängen. Das ist so ungerecht! Er müsste viel mehr zu Hause sein und …«

- »Müssen wir schon wieder umstrukturieren! Immer wieder der gleiche Zirkus! Das müsste überhaupt nicht sein – und so, wie die da oben es sich vorstellen, geht das schon gar nicht!«

- »Es ist doch unmöglich, wie viel Fleisch bei uns gegessen wird. Kein Wunder, dass alle krank werden – und wer bezahlt das alles? Wir! Jeder Veganer müsste viel weniger Krankenversicherung bezahlen.«

Es ist völlig gleichgültig, worüber sich die Menschen in den obigen Beispielen beschweren. Sie können gerne weiterklagen und jammern und dadurch ihre Spannung – zumindest kurzfristig – reduzieren. Doch ändert sich dadurch etwas?

Im ersten Fall könnte die Frau mit ihrem Mann sprechen und ihn bitten, eine andere Stelle anzunehmen, die nicht mit so vielen Reisen verbunden ist. Ob er damit einverstanden ist und wie er sich entscheidet, das liegt nicht in ihrer Macht.

Im zweiten Fall könnte derjenige akzeptieren, dass der Beschluss der Umstrukturierung und die Art der Umsetzung außerhalb seiner Kompetenz liegen. Er könnte auch die Firma verlassen, wenn ihm die Umstrukturierungen nicht behagen. Doch wie realistisch ist es, dass es in einem neuen Unternehmen keine Umstrukturierungen gibt?

Im dritten Fall kann die Person sich weiter über das System echauffieren, einen Brief an die Krankenversicherung schreiben, demonstrieren, aber alles andere liegt außerhalb ihrer Kompetenz. Manche beschweren sich darüber, dass ihr Chef sie nicht genug anerkennt, manche klagen über mangelnden Handlungsspielraum, manche über die schlechten Autofahrer, über die Kunden und, und, und.

Viele Menschen beschweren sich stundenlang über Dinge, die völlig außerhalb ihrer Macht liegen, sie zu ändern. Sie verpulvern jede Menge Energie, wenn sie sich beklagen und sich immer wieder mit denselben Angelegenheiten belasten. Es ist so, als ob das Gehirn auf Autopilot geschaltet hätte und immer wieder dieselben Runden fährt in der Hoffnung, dass die eigene Vorstellung doch noch Wirklichkeit wird. Unausgesprochen wird die gegenwärtige Realität verneint und dagegen angekämpft. Dabei entstehen Spannung, Druck und Stress. Deshalb ist die Akzeptanz dessen, was ist, so wichtig, denn wenn wir eine Situation akzeptieren, haben wir wieder Energie, um frei zu denken, zu fühlen, zu wählen und zu handeln. Akzeptanz heißt nicht, zu resignieren, heißt auch nicht, zu tolerieren, sondern eine Situation von allen Seiten wahrzunehmen und anzunehmen, gleichgültig, ob sie uns gefällt oder nicht. Im Annehmen und Einsehen, dass es gerade JETZT so ist, wie es JETZT ist, löst sich eine innere Spannung. Der Kopf wird frei, die Wahrnehmung weitet sich, Sie bekommen einen inneren Abstand zu der Situation und können nun bewusst wählen, wie Sie mit der Situation umgehen wollen.

> *Wer die Wahrheit ablehnt und bekämpft, leidet.*
> *Wer die Wahrheit akzeptiert, ist frei.*

Entscheiden, was man ändern kann

Letztlich haben wir folgende Wahlmöglichkeiten:

a) Sie sind in der Lage, etwas aktiv durch Ihr Verhalten zu ändern, und bereit, die jeweiligen Konsequenzen zu tragen – also verändern Sie das, und tun Sie, was Sie für richtig halten.

Sie können sich zum Beispiel abgrenzen, wenn eine Kollegin Sie für eine Extraarbeit einspannen will, während Sie doch gerade eine dringende und wichtige Aufgabe fertigstellen wollen. Sie können bewusst NEIN sagen und müssen abends keine E-Mail mehr lesen. Sie können auch bewusst JA sagen und sich im Sportverein Ihres Kindes engagieren oder sich für Ihren Standpunkt stark machen. Es gibt viel mehr Möglichkeiten, etwas zu verändern, als wir manchmal zunächst glauben!

b) Sie könnten etwas verändern, wollen es aber nicht, weil Sie nicht bereit sind, die daraus resultierenden Konsequenzen in Kauf zu nehmen – also lassen Sie es sein, hören Sie auf, sich zu beschweren, verlagern Sie Ihren Fokus, und schauen Sie, was an der Situation positiv ist.

Sie können sich jeden Tag über ein bestimmtes Verhalten Ihres Partners ärgern und einen Streit vom Zaun brechen. Sie haben mehrmals gesagt, dass er sich doch an diesem einen bestimmten Punkt verändern möge. Er hat es aber nicht getan. Nun liegt es an Ihnen, ob Sie sich weiterhin über sein Verhalten aufregen und täglich mit ihm streiten wollen oder ob Sie es sein lassen und akzeptieren, dass er offensichtlich andere Prioritäten hat. Sie können so etwas denken wie »Ich hätte so gerne, dass er X tut« und dies als Ihren Wunschtraum, als Ihr Ideal verstehen und dann mit der Aufmerksamkeit zurückzukehren und ihn so akzeptieren, wie er ist. Sie können ihn natürlich auch verlassen und die damit verbundenen Konsequenzen in Kauf nehmen. Die Entscheidung liegt bei Ihnen!

c) Manchmal liegt es außerhalb unseres Einflussbereiches, etwas durch unser Handeln aktiv zu verändern. Wir haben auch nicht die Wahl, etwas sein zu lassen oder die Situation zu verlassen, zum Beispiel bei Krankheit, bei dem Tod eines uns nahestehenden Menschen, bei der Entlassung aus einem Arbeitsverhältnis. In solch einer Situation geht es um das allmähliche Loslassen von Vorstellungen, Wünschen, Identifikationen und um das Annehmen der veränderten Realität. Es geht letztlich um das Abschied-nehmen dessen, was einmal war, und um die allmähliche Veränderung der inneren Einstellung.

Ein wesentlicher Schritt zur Gelassenheit ist es, wenn wir bewusst zwischen den drei verschiedenen Wahlmöglichkeiten unterscheiden können und wissen, was innerhalb unseres Einflussbereichs liegt und was außerhalb.

Fragen zur Anregung
Tragen Sie bitte die Antworten wieder in Ihr Logbuch ein:

Denken Sie an die verschiedenen Bereiche (Arbeit, Beziehungen, Gesundheit, Finanzen etc.) Ihres Lebens, und fragen Sie sich:

• Was läuft in den verschiedenen Bereichen richtig gut,
  sodass Sie nichts daran ändern wollen und sich darüber
  freuen, wenn Sie daran denken?

• Gibt es eine Situation, die Sie ändern könnten, dies aber
  nicht tun, weil Ihnen die Konsequenzen zu groß sind?
  Wählen Sie bewusst, dass Sie dann alles beim Alten belassen,
  und schauen Sie darauf, was positiv an der Situation ist.

• Gibt es eine Situation, die außerhalb Ihres Einflussbereichs
  liegt, in der es darum geht, Ihre innere Einstellung dazu zu
  verändern?

• Wenn ja, welche ist das genau? Erlauben Sie sich,
  wertschätzend und mitfühlend mit sich umzugehen und
  zu akzeptieren, dass die Dinge sind, wie sie sind.

Schmerz oder Freude – was ist Ihnen lieber?

Wann immer Sie ein altgewohntes unbefriedigendes Denk- oder Verhaltensmuster entdecken, das Sie ändern wollen, können Sie bewusst mit zwei kraftvollen Motivationen arbeiten: mit der »Weg-von-Motivation« und der »Hin-zu-Motivation«. Bei der »Weg-von-Motivation« benutzen Sie absichtlich negative Auswirkungen eines bestimmten bisherigen Verhaltens, das Sie in einer bestimmten Situation zeigen, von dem Sie wegwollen. Dadurch erzeugen Sie ungute Gefühle und Schmerz. Das ist die erste Hälfte der Motivation. Bei der zweiten Hälfte

malen Sie sich aus, wie Sie sich ab jetzt in dieser Situation verhalten wollen, und verknüpfen dies mit den zu erwartenden
positiven Konsequenzen, kreieren dadurch ein angenehmes
Gefühl wie Freude und entwickeln damit die »Hin-zu-Motivation«. Mithilfe dieser beiden Motivationen ist es leichter, das zu
erreichen, was Sie wirklich wollen.

Hierzu ein Beispiel: Ein junger Vertriebler, der mit einem
geringen Bruttogehalt auf Provisionsbasis arbeitete, hatte
große Scheu, aktiv auf alte Bestandskunden zuzugehen,
diese anzurufen und Termine mit ihnen zu vereinbaren. Er
befürchtete, Absagen zu bekommen. Telefonieren stresste
ihn und setzte ihn gehörig unter Druck. Mit flauem Gefühl
und einiger Überwindung schaffte er es dennoch, täglich
zwei bis drei Kunden anzurufen, doch wenn mit ihnen kein
Termin zustande kam, war er für den Rest des Tages damit beschäftigt, die Absagen, die er als Ablehnung seiner
Person empfand, zu verdauen. Doch dann fing er an, an
die Konsequenzen zu denken. Jedes Mal, wenn er wieder
die Flinte ins Korn werden wollte, überlegte er sich: »Was
passiert, wenn ich jetzt nicht mehr telefoniere?« Er malte
sich die negativen Folgen aus – dass er abends nicht mehr
weggehen und seine Freundin nicht mehr einladen konnte,
dass er seine Miete nicht bezahlen konnte und obdachlos
unter einer Brücke landen würde.

Diese Vorstellung puschte ihn dermaßen, dass es ihm
gelang, seine Angst vor Ablehnung zu überwinden, und
weiter zu telefonieren. Zudem hellte sich seine Stimmung
auf, denn er stellte fest, dass niemand ihn beschimpfte,
niemand nach seinem Leben trachtete und ihn niemand
persönlich verletzen wollte! Nun stellte er sich vor, dass er
mit seiner Freundin eine schöne Wohnung beziehen und

sie in den Urlaub einladen konnte. Er wurde zunehmend lockerer, es machte ihm sogar Spaß, mit fremden Menschen Kontakt aufzunehmen. Zudem entwickelte er einen hilfreichen Satz für sich, den er an seinen PC heftete. Darauf stand: »Mit jedem NEIN kommst du einem JA beim Kunden näher.«

Gewohnheiten sind also keineswegs genetisch verankert, sie können mit Aufmerksamkeit, Achtsamkeit und Konsequenz verändert werden und zu einem befriedigenden Denken und Verhalten führen.

Übung

- Fragen Sie sich bewusst:

  – Welche unangenehmen Folgen habe ich zu erwarten, wenn ich in einer bestimmten Situation weiterhin negativ denke und gestresst reagiere?

  – Was würde im Laufe der Zeit passieren, wenn ich nichts an meinem Verhalten ändere?

- Schließen Sie für die Übung zuerst die Augen, atmen Sie ein paarmal tief aus. Stellen Sie sich nun deutlich die unangenehmen Folgen dieses altvertrauten Denk- und Verhaltensmusters in düsteren Farben vor. Spüren Sie genau hin, und malen Sie sich aus, wie es sich anfühlt, so im Stress zu sein. Was passiert, wenn Sie dieses Verhaltensmuster beibehalten? Wie sieht es da mit Ihrer Zufriedenheit aus? Wie sieht es mit Ihrem Schwung, Ihrer Motivation aus? Welchen Einfluss hat dies auf Ihre Beziehung zu Ihren Liebsten und zu Ihren Kollegen/Kolleginnen? Was passiert mit Ihrer

Gesundheit? Wie ändern sich Ihr Selbstwertgefühl und Ihre Selbstsicherheit, wenn Sie in bestimmten Situationen weiterhin so im Stress sind? Nehmen Sie bewusst wahr, was Sie im Körper spüren und fühlen, wenn Sie sich plastisch vor Augen führen, was passieren könnte, wenn Sie nichts ändern?

Durch diese konkrete Vorstellung der negativen Auswirkungen, verbunden mit Gefühlen und körperlichen Empfindungen, welche die alte Gewohnheit tatsächlich mit sich bringt, drücken Sie bewusst auf Schmerzpunkte und aktivieren ganz bewusst die Weg-von Motivation, erzeugen einen großen Hebel zur Veränderung.

- Öffnen Sie nun die Augen, schütteln Sie sich, bewegen Sie sich und beginnen Sie dann mit dem zweiten Teil, in dem es um das Erzeugen der Hin-zu-Motivation geht.

- Schließen Sie wieder die Augen, und spüren Sie, wie Sie atmen. Als Nächstes malen Sie sich groß und farbig aus, dass Sie in der gleichen Ausgangssituation präsent bleiben und sich optimal verhalten, sodass Sie völlig mit sich selbst zufrieden sind und sich darüber freuen, wie Sie sich für Ihre Belange einsetzen und – wenn jemand dabei ist – wertschätzend mit ihm reden. Lassen Sie sich Zeit, sodass Sie sich gut in die Situation hineinversetzen und quasi erleben, wie es Ihnen geht, dass Sie sich voll und ganz selbst vertrauen und so kompetent handeln, wie Sie es schon lange gewollt haben. Wie geht es Ihnen bei dieser Vorstellung? Was ist jetzt mit Ihrer Zufriedenheit? Wie steht es jetzt mit Ihrer Motivation und Ihrem Elan? Wie gehen Sie jetzt mit Ihren Mitmenschen um? Was bedeutet dies für Ihr Selbstwertgefühl und Ihr Selbstvertrauen? Was ist nun mit Ihrer Gesundheit und Ihrer

Lebensfreude? Welche Auswirkungen hat dies auf Ihr Selbstbild? Was denken Sie über sich, nachdem Sie sich nun ganz selbstverständlich souverän verhalten und Ihre Emotionen sicher regulieren können?

Nun haben Sie in Anflügen erlebt, dass das alte unbefriedigende Denk- und Verhaltensmuster ein unangenehmes, schmerzvolles Gefühl nach sich zieht. Sie haben auch gefühlt und erfahren, dass das neue optimale Verhalten Sicherheit, Freude und Zufriedenheit mit sich bringt. Damit haben Sie sich eine gute Voraussetzung und Motivation für eine tatsächliche Umsetzung geschaffen und können bewusst wählen, wie Sie sich ab jetzt in einer ähnlichen Situation verhalten wollen.

Nun heißt es: Dranbleiben und umsetzen!

Und wer ist dafür verantwortlich, dass Sie dies auch wirklich tun? Rhetorische Frage – eh klar, Sie selbst. »Selbstverantwortung« und »Selbstbestimmung« sind von grundlegender Bedeutung für den konstruktiven Umgang mit Stress. Darum wird es im folgenden Kapitel gehen.

Von der Fremdbestimmung zur Selbstverantwortung

> Der Weg zum Ziel beginnt an dem Tag,
> an dem du die hundertprozentige Verantwortung
> für dein Tun übernimmst.
>
> Dante

»Natürlich bin ich für mich verantwortlich, das ist doch klar«, sagte einer der Juristen eines Unternehmens und beschwerte sich drei Minuten später über seine Chefin, die kaum mit ihm sprechen würde, seine Arbeit zu wenig schätze, und beklagte sich darüber, wie sehr er sich dadurch unter Druck fühle. »Ich kann tun, was ich will, sie nimmt mich und meine Arbeit kaum wahr. Das frustriert mich.« Er bemerkte nicht, dass zwischen seiner ersten und den nachfolgenden Aussagen eine große Diskrepanz bestand.

Es gibt täglich 1001 Möglichkeiten, äußeren Einflüssen die Macht über uns zu geben, angefangen vom ständigen ›Zwang‹, aufs Handy zu schauen, die letzten E-Mails zu checken oder im Internet zu surfen, den Zeitvorgaben blind zu folgen, sich von Kollegen oder Freunden ablenken zu lassen oder die neuesten Modetrends unreflektiert zu übernehmen, mit dem schlussendlichen Gefühl, fremdbestimmt zu sein.

Insgesamt wird in unserer Gesellschaft das Augenmerk stark auf die Außenwelt gelenkt. Das ist sinnvoll und wichtig, um in der Umwelt erfolgreich bestehen zu können, doch einseitige Außenorientierung bringt Unsicherheit und Stress mit sich. Der kritische Satz eines Kollegen, ein schräger Blick eines Freundes, ein Fehler auf der PowerPoint-Folie, 500 Gramm zu viel auf der Waage – all das kann zu Fragen wie den folgenden führen: Was denken die anderen von mir? Akzeptieren sie mich? Bin ich gut genug? Sie können ein negatives Gedankenkarussell in Bewegung setzen, das zu mentalen Blockaden führt und am Selbstwertgefühl kratzt. Andere hangeln sich, scheinbar fremdbestimmt, durch ihre täglichen Aufgaben hindurch und würden viel lieber ihr Leben selbstbestimmt gestalten, wissen aber nicht, wie das gehen soll. Weil viele Menschen so auf die Außenwelt fokussiert sind, kennen sie Zahlen, Daten, Fakten, Geschichten, haben aber nicht oder nur ansatzweise gelernt, ihre mentalen Muster, die sie unter Druck setzen, wahrzunehmen.

Weil es in unserer Kultur nicht sehr populär ist, nach innen zu schauen, unsere inneren Impulse, unsere Gedanken, Gefühle und unseren Körper wahrzunehmen, arbeiten wir zum Beispiel weiter, obwohl unser Körper längst signalisiert, dass wir müde sind. Wir kümmern uns um alles in der Außenwelt, nur nicht um uns selbst. Wir machen »noch schnell« dieses oder jenes und merken gar nicht, wodurch wir uns letztlich so gestresst fühlen. Wir bleiben stark, obwohl wir uns längst schwach fühlen, und treiben uns unermüdlich zu Hochleistung und zur Aufrechterhaltung dieser Fassade an. Wir machen das ja nicht aus bösem Willen, sondern weil wir für unsere Familien das Beste wollen, weil wir wollen, dass es anderen, aber auch uns selbst gut geht. Doch bei all unserem Tun merken wir in aller Regel nicht, dass wir eines vernachlässigen: unser Sein. Wir fühlen uns fremd in unserem eigenen Leben.

Deshalb ist es unsere dringliche Aufgabe, wieder mehr mit uns selbst in Kontakt zu kommen, uns zu spüren und zu fühlen, uns mehr und mehr in uns selbst zu verankern und daraus Sicherheit, Halt und innere Orientierung zu gewinnen, damit wir angemessen und souverän mit den raschen Veränderungen in der Außenwelt umgehen können. Und unser Job ist es auch, selbst für die notwendige Erholung zu sorgen, denn es gibt wenige Chefs, die sagen: »Sie haben jetzt so viel und so fleißig gearbeitet, gehen Sie heute früher nach Hause, und erholen Sie sich.« Außerdem wäre dies auch nur die Fortsetzung der Fremdbestimmung – es entscheidet ein anderer über unser Wohl und Wehe. Dabei geht es doch um Ihr Leben, um Ihr ganz eigenes Leben!

Letztlich ist es unsere ureigene Aufgabe, uns selbst zu führen, das heißt, wir brauchen ein Gegengewicht zu dem Gefühl der Fremdbestimmung. Und dieses Gegengewicht heißt – wen wundert's – Selbstbestimmung. Voraussetzung dafür ist »Selbstverantwortung«, denn Selbstverantwortung ist ausschlaggebend und richtungsweisend für die Qualität unseres Lebens, bildet die unverzichtbare Basis für unsere Wahlfreiheit und innere Unabhängigkeit. Deshalb schreibe ich in jedem Buch etwas darüber, und in vielen Trainings meiner Kollegin Carola Frank und mir ist »Selbstverantwortung« der grundlegende Baustein für weiteres Vorgehen. Theoretisch sind wir ja alle für Selbstverantwortung, aber praktisch? Da hören wir dann Sätze wie:

- »Ich bin ja für Veränderung, aber nicht auf diese Weise und nicht jetzt!«

- »Ich würde gern ein Entspannungstraining machen, aber ich hab keine Zeit!«

- »Ich bin den ganzen Tag fremdbestimmt, da ist es doch kein Wunder, wenn ich im Stress bin!«

- »Wenn mein Mann beruflich unterwegs ist und sich nicht wie vereinbart meldet, dann krieg ich die Krise! Wenn er etwas verspricht und nicht hält, dann verdirbt er mir den Tag!«

Am eindrucksvollsten schildern unsere Skistars immer wieder, warum sie nicht so erfolgreich waren wie erwartet. Sie erzählen etwas von »zu leichter« oder »zu schwerer Piste«, jammern über die »schlechte Sicht« und vergessen, dass bei den Siegern die Sicht auch nicht viel besser war. (Die Österreicher hingegen antworten auf die Frage des Reporters, warum sie heute nicht gewonnen haben, mit: »Ich habe mein Bestes gegeben.«) Oder neulich beim Fußball: »Wir hätten gewonnen, wenn der Schiedsrichter das Faul gesehen und uns den Elfmeter gegeben hätte.«

Wäre, hätte, könnte, müsste … alles verständliche Ausreden, alles Schutz- und Abwehrmechanismen, über die Sie in einem späteren Kapitel Genaueres erfahren können. Manche Menschen machen die Umstände, das Schicksal, die Firma, den Chef, den Freund oder die Ehefrau dafür verantwortlich, dass es ihnen nicht gut geht, dass sie im Stress sind, und beginnen dann mit Sätzen wie: »Stell dir vor, was mein Chef wieder gemacht hat.« Oder: »Er ist schuld, dass es mir jetzt so schlecht geht.« Dadurch fühlen sie sich fremdbestimmt. Doch stimmt das wirklich? Kann ein anderer für meine persönlichen Bewertungen einer Situation verantwortlich sein? Sicher nicht! Ist ein anderer für meine Gefühle oder für meine Reaktionen in einer Situation verantwortlich? Ganz sicher nicht! Das sind wir schon selbst höchstpersönlich! Zwar haben wir als Kinder gelernt, dass es sinnvoll ist, Ausreden und Entschuldigungen für alles Mögliche zu finden, doch müssen wir heute so weitermachen, wie wir es damals gelernt haben? Wir können, aber wir müssen nicht! Das Gute ist, dass wir heute ein stressendes Muster – wenn wir es erkennen – unterbrechen und uns selbst ermächtigen können, sodass wir selbstbestimmt leben können.

Dazu ist dieses eine essenzielle Prinzip notwendig: Selbstverantwortung!

Was ist Selbstverantwortung?

Das ist – in Anlehnung an Reinhard Sprenger – eine innere Einstellung, eine innere Haltung, verbunden mit der Bereitschaft zur Eigeninitiative, zum proaktivem Entscheiden und Handeln im Licht von Risiken und Chancen.

Selbstverantwortung bedeutet zunächst, sich im Klaren darüber zu sein, dass wir unser Leben aktiv gestalten und beeinflussen können, auch wenn die äußeren Rahmenbedingungen nicht optimal sind und wir nicht alles ändern können. Das bedeutet zudem, größere Kontrolle über das eigene Leben zu gewinnen, aber auch die Grenzen unseres Einflussbereiches zu würdigen. Selbstverantwortung ist die Grundlage für gesunde Selbstführung.

Buddha sagte vor über 2500 Jahren: »Mit unseren Gedanken formen wir unsere Welt.« Gleichgültig, ob es uns bewusst ist oder nicht: Mit unseren Gedanken, Gefühlen und Handlungen erschaffen wir unsere eigene, höchst subjektive Wirklichkeit.

Also sind wir für unsere Gedanken – für unsere Bewertungen, Ziele, Konzepte, Vorstellungen, Wünsche, Hoffnungen, Erwartungen, Einstellungen – selbst verantwortlich, wer sonst? Wenn jemand beispielsweise sagt: »Ich bin fremdbestimmt und deshalb im Stress«, drückt er damit unausgesprochen aus, dass andere schuld sind an seinem Stress. Weiterhin sagt er, dass er nichts dafür und demzufolge auch nichts ändern kann. Wenn er etwas ändern könnte, dann würde er es ja tun, aber weil er fremdbestimmt ist … Er gibt seine Macht an andere ab und fühlt sich als Opfer. Aber wer sich als Opfer fühlt, hat keine Wahl! Zudem ist es eine Pauschalaussage – bestimmt gibt es – von seiner Warte aus gesehen – zumindest einen Moment während des Tages, an dem er selbstbestimmt ist, wahrscheinlich mehrere, nur nimmt er diese in dem Augenblick nicht wahr. Er hat den Fokus auf »Fremdbestimmung« gerichtet und blendet alles, was da nicht hineinpasst, aus.

Sicherlich gibt es in jedem Leben Dinge, die uns nicht gefallen, die trotzdem da sind. Und ganz gewiss kann niemand erwarten, dass die Dinge immer so laufen, wie wir es gerne hätten, doch ist derjenige deshalb ein Opfer der Umstände? Natürlich wäre es schön, wenn die Dinge immer ganz nach unserem Geschmack laufen würden, wenn eine Umstrukturierung nach unseren Vorstellungen vonstattenginge, natürlich wäre es wundervoll, wenn wir in alle Prozesse einbezogen werden würden oder Kollegen, Ehemänner, Ehefrauen und Kinder sich genau so verhalten würden, wie wir es gerne hätten, doch weil das nicht so ist und andere das nicht tun, ist es unsere Aufgabe, die Verantwortung dafür zu übernehmen, wie wir mit den Gegebenheiten des Lebens umgehen wollen.

Dabei treten immer wieder folgende Fragen auf:

- Wer ist für die Bewertung einer Situation verantwortlich?
  Ich.

- Kann ich etwas durch mein Handeln verändern?

- WAS kann ich durch mein Handeln verändern und
  was nicht?

- Wer kann, wenn er will, die Bewertung ändern?
  Immer wieder – Ich.

Dazu ein Bespiel: Irma F. ist Projektleiterin in einem global agierenden Unternehmen mit Sitz in Berlin. Sie lebt dort mit ihrem Freund. Beiden gefällt die Stadt sehr gut, sie wollen dort bleiben, heiraten und Kinder bekommen. Nun hat Irma vom Leiter eines anderen Bereichs »den Traumjob« schlechthin angeboten bekommen. »Das ist der Job, der auf mich zugeschnitten ist. So einen Job bekomme ich nur einmal im Leben«, sagt sie begeistert, doch gleich darauf sackt sie in sich zusammen und berichtet mit leiser werdender Stimme, dass der Job mit einem Standortwechsel nach Stuttgart verbunden sei. Ihr Freund wolle auf gar keinen Fall weg aus Berlin. Sie selbst habe schon daran gedacht, zu pendeln, aber für ihn komme eine Trennung nicht infrage. »Na ja, dann verzichte ich halt und lasse meinen Traum sausen. Da kann ich wohl nichts ändern, wenn der Job in Stuttgart ist«, meinte sie schulterzuckend. »Dann bleibe ich halt in meinem alten Job und tue meinem Freund den Gefallen.« Nach selbstverantwortetem Entscheiden und Handeln klingt das nicht, oder?

Irma fühlte sich einerseits durch das Jobangebot in ihrem Können bestätigt und herausgefordert, andererseits wollte sie ihre Beziehung nicht aufs Spiel setzen und sah keine Möglichkeit, diesen Job anzunehmen. Tagelang war sie gedanklich damit beschäftigt, sich zu überlegen, was nun das Richtige sei, und begann schließlich, ihrem Freund Vorwürfe zu machen, dass er sie an ihrem beruflichen Vorankommen hindern würde. Dabei ging es ihm um den Erhalt und die Vertiefung ihrer Beziehung. Sie fühlte sich innerlich hin- und hergerissen, war im Dauerstress und kurz davor zu resignieren. »Können Sie den Job nicht von Berlin aus machen?«, wollte ich wissen. Manchmal helfen einfache Fragen. Zuerst wehrte sie ab, traute sich nicht, mit dem Leiter darüber zu sprechen, befürchtete, dass er ihren Vorschlag ablehnen würde. Doch dann gefiel ihr die Idee zunehmend, und schließlich erarbeitete sie eine Argumentationskette, warum gerade sie die Richtige für den Job sei, und entwickelte Möglichkeiten, wie sie den Job von Berlin aus bewerkstelligen könnte. Sie hatte sich entschieden, sich selbst aktiv für sich und ihre Belange einzusetzen. Dabei veränderten sich deutlich sichtbar ihre Körperhaltung, ihr Gesichtsausdruck, ihre Stimme und ihre Stimmung. Sie fühlte sich erleichtert. »Und wenn er meine Idee ablehnt, dann habe ich wenigstens alles von meiner Seite aus getan«, sagte sie befreit und vereinbarte einen Termin mit dem Leiter des anderen Bereichs, trug ihm ihr Konzept vor und bekam den Job. »Ich hätte nicht gedacht, dass ich den Job von Berlin aus machen kann«, meinte sie abschließend. Sie hatte Verantwortung für sich übernommen und von ihrer Warte aus alles getan, was sie in der Situation tun konnte. »Wenn er dann NEIN gesagt hätte, dann wäre ich wirklich damit einverstanden gewesen, in meinem alten Job zu bleiben. Ich hätte mir nicht vorwerfen können, dass ich nicht alles probiert habe.«

Manche Menschen verbinden mit dem Wort »Selbstverantwortung« eine lästige Pflicht, doch wie Sie an dem Beispiel von Irma sehen können, schenkt Selbstverantwortung Freiheit und Klarheit, verbunden mit dem Wissen: »Ich entscheide bewusst, wie ich mit mir selbst, mit anderen und den Dingen des Lebens umgehe und was ich tue!« Und dieses Wissen ist Gold wert! Auf diese Weise kommen wir von der Fremdbestimmung zu Selbstverantwortung und Selbstbestimmung! (Interessant in diesem Zusammenhang ist das Interview von Marina Sanavio im Download auf meiner Webseite *www.Tim-Training.de*.)

Das mag ja theoretisch recht schön klingen, doch wie geh ich mit meinen alltäglichen Problemen um? Manche Menschen wünschen sich, dass es gar keine Probleme geben sollte. Das ist eine wundervolle Idealvorstellung und als solche durchaus zu würdigen, die Realität sieht – wie jeder weiß – anders aus. Und das ist auch gut so, denn Probleme sind eine Art Hausaufgaben, die es zu machen gilt. Natürlich könnte man so tun, als ob sie gar nicht da wären, oder könnte gegen sie kämpfen, aber – was bringt's? Sie sind da – und die Frage ist, wie wir damit umgehen. Ein bekannter Spruch lautet: »Wer etwas bekämpft, macht es stärker.« Und das ist nicht der Sinn der Sache! Probleme sind immer auch Lernchancen. Fragen Sie sich bei jedem Problem: »Was kann ich lernen, wenn ich die Situation meistere?« Und: »Was gewinne ich für mich, wenn ich das Problem löse?« Wenn Sie diese Fragen beantworten, dann wissen Sie, wozu Sie ein Problem lösen wollen, wissen, was Ihnen dabei wichtig ist, und bereiten den Weg vor. Sie können obendrein aus jedem Problem ein klares smartes Ziel formulieren und dabei völlig die Perspektive wechseln. Sie gewinnen eine Hin-zu-Motivation, bündeln Ihre Aufmerksamkeit und Energie, Sie sind fokussiert und wissen, was und in welche Richtung Sie wollen.

Die grundlegende Frage bei jedem Problem aber lautet: Wer ist dafür verantwortlich, dass ich dieses Problem habe? Dabei geht es nicht um Entstehungsursachen, nicht um eventuelle Lösungs-ideen, sondern nur darum, wer die Situation als Problem be-wertet hat. Und wenn ich ein Problem mit einer Situation habe, dann bin ich dafür verantwortlich, denn ICH habe sie als Problem bezeichnet. Andere können vielleicht das gleiche Problem wie ich haben, doch um in eine Lösung zu kommen, ist es notwendig, als Erstes die Verantwortung für die eigene Bewertung der Situation zu übernehmen. Danach kann ich überlegen, was ich konkret verändern kann und will. Und auch das ist meine Verantwortung, ob, was und wie ich etwas ver-ändere! Ich habe die Wahlfreiheit – immer!

Denken Sie an die drei Wahlmöglichkeiten. Wenn ich durch mein Verhalten etwas ändern kann, dann ändere ich es aktiv. Wenn ich es ändern könnte, mir aber die Konsequenzen zu groß sind, dann lasse ich es und kann aufhören, mir jeden Tag wieder Gedanken darum zu machen. Ist mein Kollege zum Beispiel unpünktlich, so kann ich mich jeden Tag darüber ärgern. Habe ich meinem Kollegen schon Feedback gegeben, wie sein Verhalten auf mich wirkt, und hat es nichts genützt, so könnte ich zwar kündigen und die Situation ganz verlassen, aber wie sinnvoll ist das? Ich kann ihm stattdessen ein zweites Mal Feedback geben, doch was er letztendlich mit dem Feedback anfängt, liegt außerhalb meines Einflussbereichs, ich kann also aufhören, mir darüber den Kopf zu zerbrechen – es sei denn, ich will Kopfweh und leiden!

Manche Dinge kann ich nicht ändern, das gilt es zu akzeptieren, ob es mir gefällt oder nicht. Gerade bei Krankheiten, Unfällen, Umstrukturierungen, aber auch bei Verlusten ist es wichtig, dass wir liebevoll mit uns selbst umgehen und uns immer wieder daran erinnern, auch hier die Verantwortung dafür zu übernehmen, wie wir damit umgehen können (siehe das Kapitel »Ändere, was du ändern kannst«).

 Vertiefende Fragen zur Selbstverantwortung

- Was bedeutet Selbstverantwortung für Sie?

- Wer ist dafür verantwortlich, wenn Sie eine Situation als Problem bewerten?

- Wer kann daraus ein konkretes smartes Ziel formulieren und damit die Perspektive verändern?

Ziele setzen mit der SMART-Formel

Damit ein Ziel leichter erreicht werden kann, sollte es hirngerecht formuliert sein. Dazu gibt es die berühmte SMART-Formel:

S = spezifisch-konkret, selbst initiierbar und kontrollierbar

M = machbar und messbar

A = attraktiv, angemessen, »als ob jetzt«-Formulierung – in der Gegenwart formuliert

R = realistisch

T = total positiv und mit Termin

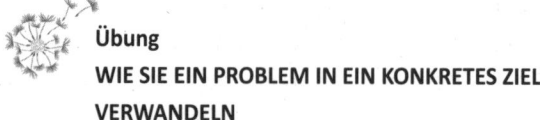

Übung

WIE SIE EIN PROBLEM IN EIN KONKRETES ZIEL VERWANDELN

- Schreiben Sie ein konkretes Problem in Ihrem Logbuch auf.

- Entwickeln Sie daraus ein konkretes smartes Ziel mit den oben genannten Kriterien.

- Stellen Sie sich vor, wie es ist, dass Sie dieses Ziel erreichen, und spüren Sie, wie es ist, dieses Ziel zu erreichen und dafür die volle Verantwortung zu übernehmen.

- Was ist Ihre erste Maßnahme innerhalb von 72 Stunden zur Umsetzung?

  (Sie kennen die berühmte 72-Stunden-Regel? – Sie besagt, dass Ziele, bei denen innerhalb von 72 Stunden mit der Umsetzung begonnen wird, leichter erreicht werden können. Der Grund dafür: Nach der Festlegung eines Ziels ist die Motivation hoch, dieses umzusetzen. Wird man in diesem Zeitraum nicht tätig, nimmt die Motivation wieder ab.)

Wir sind für den Umgang mit unseren Gefühlen verantwortlich

»Was, ich soll für meine Gefühle verantwortlich sein? So weit kommt's noch!« Diesen entrüsteten Satz höre ich manchmal im Coaching oder in Trainings. Diese Reaktion ist zwar verständlich, denn häufig werden unsere Gefühle in Verbindung mit anderen Menschen aktiviert. Deshalb glauben wir häufig, dass andere für unsere Gefühle verantwortlich sind. Ein typischer Ausdruck für solche Gefühlszuschreibungen sind: »Er/sie hat mich geärgert.« Der andere ist zwar der Auslöser für bestimmte Gefühle, doch sie entstehen in mir. Also bin ich dafür verantwortlich. Und je nachdem, welche Gefühle und Gedanken ich habe, erfolgt entsprechend meine Reaktion.

Dazu ein Beispiel:

Es geht um folgende Situation: Es ist 23 Uhr. Frau Müller sitzt abends zu Hause im Wohnzimmer. Ihr Mann ist im Fitnessstudio und wollte spätestens um 21 Uhr wieder da sein.

Nun gibt es verschiedene gefühlsmäßige Reaktionsmöglichkeiten – je nachdem, wie Frau Müller die Situation gedanklich interpretiert. Entsprechend reagiert und handelt sie, wenn er wieder nach Hause kommt.

a) Frau Müller ärgert sich und fühlt sich angespannt.
   Ihre Gedanken: Ich kann mich einfach nicht auf meinen Mann verlassen.
   Ihre Handlung: Sie macht ihm Vorwürfe, wenn er wieder zu Hause ist.

b) Frau Müller ist entspannt.

Ihre Gedanken: Er hat seinen Spaß, trinkt wahrscheinlich mit einem Kumpel noch etwas, und ich hab meine Ruhe.

Ihre Handlung: Entweder schläft sie oder reagiert freundlich.

c) Frau Müller ist misstrauisch und gestresst.

Ihre Gedanken: Ist er vielleicht gar nicht im Fitnessstudio? Er hat seine neue Jeans angezogen, bevor er gegangen ist. Ist er vielleicht bei einer anderen Frau?

Ihre Handlung: Sie fragt bohrend nach, wo er denn den ganzen Abend verbracht hat.

d) Frau Müller ist besorgt.

Ihre Gedanken: Hoffentlich ist nichts passiert!

Ihre Handlung: Sie ist erleichtert, dass er wieder da ist.

An diesem Beispiel erkennen Sie die unterschiedlichen Gefühle, die jemand in ein und derselben Situation empfinden kann, je nachdem, wie er sie zuvor bewertet hat. Weil die Bewertungen aber so schnell ablaufen, nehmen wir oft nur die Gefühle wahr, bemerken nicht, dass diese durch Gedanken ausgelöst werden, und handeln dann impulsiv! Doch einerlei, wie wir eine Situation bewerten, wir sind für unsere jeweiligen Gedanken, den damit zusammenhängenden Gefühlen und Handlungen verantwortlich. UND haben mit den jeweiligen Konsequenzen zu leben. Ob wir in Stress geraten oder nicht, hängt – wie Sie wissen – maßgeblich mit unserer Bewertung einer Situation zusammen. Letztlich sind wir selbst verantwortlich für unsere Gefühle, für unsere Freude, unsere Erfüllung, aber auch für unsere Ängste, unsere Zweifel.

Vertiefende Fragen

- Welche Gefühle nehme ich gerade jetzt, in diesem Augenblick, wahr?

- Wer ist letztlich dafür verantwortlich, dass ich diese Gefühle habe?

- Ist dies das einzige Gefühl, das in dieser Situation möglich ist?

Wir können uns auch fragen:

- Welches Gefühl will ich in Zukunft – ab jetzt – öfter erleben und weiter vertiefen? Wo habe ich dieses Gefühl schon einmal erlebt? Wie fühlt es sich konkret an?

Wir können zudem nachschauen, mit welchen Gedanken das jeweilige Gefühl in einer stressigen Situation zusammenhängt, und uns fragen:

- Wer ist dafür verantwortlich, dass ich diesen Gedanken gerade jetzt habe?

- Ist mein Gedanke der einzig mögliche in dieser Situation?

- Könnte ich die Situation auch anders bewerten, sodass ich mein System damit beruhigen kann?

- Welcher Gedanke könnte mir in dieser Situation hilfreich sein?

- Welche Gedanken führen in dieser Situation zu angenehmeren Gefühlen?

Wir können auch rückblickend unsere Handlungen reflektieren und uns fragen:

- Wer ist dafür verantwortlich, wie ich gehandelt habe?

- Wie zufrieden bin ich mit meiner Handlung?

- War meine Handlung zielführend?

- Will ich so weitermachen, oder was kann ich aus der Situation lernen?

Wir sind für den Umgang mit unserem Körper verantwortlich

Normalerweise machen wir uns keinerlei Gedanken über unseren Körper, solange wir gesund sind! Erst wenn etwas aus dem Ruder gelaufen ist, wenn wir einen Unfall oder eine Krankheit – und sei es nur Grippe – haben, merken wir, wie sehr wir auf unseren Körper angewiesen sind und für wie selbstverständlich wir es bisher gehalten haben, dass wir gesund sind und unser Körper gut funktioniert. Es ist kein Wunder, dass wir unserer Körperwahrnehmung so wenig Beachtung schenken, schließlich steckt eine lange Tradition dahinter. Erst wurde im Christentum der Körper mit der Erbsünde belastet und abgewertet, später geschah das durch den Philosophen Rene Descartes noch einmal. Der Urvater der Aufklärung proklamierte: »Cogito, ergo sum.« Ich denke, also bin ich! Er entwickelte eine Maschinentheorie des Körpers gleich einer gut gemachten Uhr und trennte die Welt in mechanische Materie, zu welcher der Körper zählte, und sprach dem Geist eine überragende Bedeutung zu. Fortan wurde der rationale Verstand zum seligmachenden Dogma erhoben. Eine Krankheit wurde als Fehler im Getriebe angesehen, als Panne des Körpers, die der Arzt wieder zu reparieren hatte. Aus diesem geschichtlichen Hintergrund heraus ist es nachvollziehbar, dass viele Menschen unbewusst glauben, der Körper habe einfach zu funktionieren. Basta! Daher nehmen sie auch Körpersignale nicht wirklich wahr oder ernst. Und wenn wir unangenehme Körpersignale doch wahrnehmen, wollen viele sie schnell wieder loswerden, werfen bedenkenlos Medikamente ein, nehmen zum Wachbleiben, für Konzentration und Leistungssteigerung oder für Stimmungsaufhellung womöglich noch Neuro-Enhancer. Menschen verausgaben sich, treiben Raubbau an ihrer Gesundheit, bis es zur chronischen Erschöpfung kommt, sie im Burn-out landen oder scheinbar urplötzlich krank werden.

Dazu ein Beispiel:

Ein früherer Coachingkunde (44), eine obere Führungskraft in einem Unternehmen, kam zu mir, nachdem ihm ein Herzschrittmacher eingesetzt worden war. Er war sowohl im Beruf als auch beim Sport sehr ehrgeizig und wollte immer der Beste sein. Täglich fuhr er nach der Arbeit mindestens eine Stunde Rennrad. Wenn er einen Berg hochradelte und ein anderer Rennradfahrer vor ihm fuhr, setzte er alles daran, ihn zu überholen. Fuhr er allein, notierte er die jeweilige Route mit der Zeit, die er gefahren war, um sie beim nächsten Mal zu unterbieten. Eines Tages fiel er vom Rad und wurde ins Krankenhaus eingeliefert. Er hatte Glück, dass er überhaupt überlebt hatte. Er konnte zu Beginn des Coachings nicht verstehen, dass ihm »so etwas« passiert war. Er hatte doch so gesund gelebt! Rückblickend, als er Körperempfindungen und Gefühle besser wahrnehmen und einordnen konnte, erinnerte er sich, dass er vor seinem Sturz schon öfter Herzstiche gespürt hatte und kurzatmig gewesen war. Außerdem hatte er sich schon bei geringsten Anstrengungen erschöpft gefühlt, dies aber konsequent der Tagesform oder Wetteränderungen zugeschrieben und war daher bedenkenlos darüber hinweggegangen.

Das Vertrackte ist, dass viele Menschen in unserer Gesellschaft Leistungsnormen so verinnerlicht haben, dass sie zunächst glauben, keine Wahl ihres Denkens und Verhaltens zu haben. Wie auch? Sie sind – ganz ohne es zu bemerken – in einer Leistungsfalle gelandet, gehen immer wieder über die Grenzen ihrer körperlichen, psychischen und mentalen Belastbarkeit hinaus und machen sich selbst Vorwürfe, weil es immer noch nicht genug ist, und treiben sich unermüdlich weiter an.

Was wir brauchen, ist ein Bewusstsein dafür, was wir uns zumuten können und was nicht. Wir brauchen ein Gespür und eine Akzeptanz für unsere körperlichen, mentalen und emotionalen Grenzen und den Mut, dafür einzustehen. Das kann niemand anders für uns tun!

Dabei kann uns unser Körper eine wertvolle Hilfe sein.

Inder sprechen immer wieder davon, dass unser Körper unser Tempel sei! Wie jeder weiß, ist ein Tempel etwas Heiliges. Er soll wertgeschätzt und sorgfältig sauber gehalten werden, sodass alle Gäste willkommen sind und sich gut fühlen. Unser Körper ist das Haus, in dem wir wohnen, und bei unserer Wohnung achten wir in aller Regel darauf, dass sie so eingerichtet ist, wie es uns gefällt, dass sie Harmonie ausstrahlt, gepflegt und aufgeräumt ist, dass sie wohl temperiert und gelüftet ist, damit wir uns wohlfühlen und zufrieden sind.

Unser Körper ist ein Mysterium der Natur. Es ist doch unglaublich, wie viele Organe nonstop und fein abgestimmt ihre Arbeit erledigen, ohne dass wir darüber nachdenken. Es ist doch phänomenal, wie alle Zellen auf ihre eigene Weise, in ihrem eigenen Rhythmus erneuert werden und harmonisch zu unserem Wohl zusammenarbeiten. Das ist für mich ein Weltwunder! Dafür können wir doch jeden Tag von Neuem dankbar sein, oder?

Jeder Mensch ist auf seine eigene Weise verkörpert, ist einmalig und einzigartig. Es kann daher kein Universalrezept für körperliches Wohlbefinden geben, jeder kann aus seinen eigenen Erfahrungen lernen, was gut für ihn ist und welches Essen ihm am besten bekommt. Manche Menschen brauchen viel Schlaf, andere weniger, manche haben das Bedürfnis, schnelle Sportarten wie Rennrad oder Abfahrt zu fahren, andere lieben es langsamer, etwa beim Yoga oder Tai-Chi oder Schwimmen. Wichtig jedoch ist bei allen, auf die Bedürfnisse und Grenzen des Körpers zu achten, sie anzuerkennen und zu spüren, wie man liebevoll damit umgehen kann. Es ist mir eine Freude, viel mit Hochleistungssportlern arbeiten zu dürfen. Sie alle wissen um die Bedeutung ihres Körpers. Dabei stelle ich immer wieder fest, wie wichtig es für sie ist, feinfühlig und sorgsam mit sich umzugehen. Sie achten sehr darauf, wie sie trainieren, was sie essen und wie sie sich mental stärken, denn das harmonische Zusammenspiel von Körper, Gefühlen und Geist macht den Erfolg aus. Nicht nur im Sport!

Und wenn der Körper sich nun meldet, weil etwas zieht oder gar schmerzt, ist das eine Erinnerung und ein Zeichen, dass er lebendig ist, sowie eine Chance, sich Zeit zu geben und genau hinzuspüren, was die Signale uns sagen wollen, und entsprechend zu handeln. Körpersignale liefern uns wichtige Informationen über unser Wohlbefinden, aber auch dafür, dass etwas nicht stimmt. Wenn wir unseren Körper besser wahrnehmen, spüren wir deutlicher, was er braucht – Aktivität oder Entspannung, Bewegung oder Ruhe, ob er an dem Tag mehr oder weniger Essen, mehr oder weniger zum Trinken braucht. So können wir immer mehr lernen, uns selbst noch besser zu regulieren, unsere Kräfte zielgerichteter und bewusster einzusetzen, UND bleiben besser in dynamischer Balance.

Unser Körper ist auch eine wichtige Informationsquelle – für uns selbst, aber auch für andere. Über unsere Haltung und Körpersprache verraten wir viel darüber, wie es uns geht, wie selbstbewusst und souverän wir sind, so spiegelt sich in unserer äußeren Haltung unsere innere Befindlichkeit wider. Unser Körper ist zu unserer Sprache ein zusätzliches Ausdrucksmittel, mit dem wir zeigen, wie wir mit anderen nonverbal kommunizieren und in welchem Maße wir auf andere eingehen. Wenn Menschen noch nicht mit der Selbstwahrnehmung begonnen haben, kann es durchaus passieren, dass ihre Körpersprache etwas ganz anderes ausdrückt als ihre Sprache und Gesprächspartner folglich irritiert reagieren.

Wenn wir unseren Körper bewusst spüren, können wir erkennen, dass körperliche Befindlichkeit und Emotionen zusammenhängen, ja dass Emotionen körperlich verortet sind. Der Volksmund hat es schon immer gewusst, wie wir an zahlreichen Redewendungen erkennen. Sie kennen sicher alle Sprüche wie »Mir schlägt das Herz vor Freude bis zum Hals«, »Das stößt mir sauer auf«. Bei Liebeskummer und Trauer heißt es: »Mir bricht das Herz«, und Angst »zieht mir den Boden unter den Füßen weg«. Beim Spüren sind Sie mit Ihrem Körper verbunden, gegenwärtig, präsent, und werden innerlich ruhiger.

Die größte Herausforderung beim Spüren des Körpers besteht jedoch darin, mental langsamer zu werden, denn wenn jemand mental sehr schnell ist, kann er weder seine Emotionen noch seine Körperempfindung genau nachspüren. Vielmehr denkt er seine Gefühle und weiß gar nicht, was er tatsächlich fühlt oder spürt. Anders ausgedrückt: Der Kopf arbeitet, während der Rest rostet beziehungsweise gar nicht wahrgenommen wird. Wenn Sie mit Ihrem Körper verbunden sind und ihn spüren, befinden sich auch Sprache und Körpersprache in Übereinstimmung, Sie senden in Gesprächen eindeutige Signale und wirken dadurch klar und sicher.

Spüren und Fühlen sind im Coaching auch sehr wichtig, kommen wir doch dadurch in Kontakt mit uns selbst, können abgespaltene Gefühle wieder integrieren und chronischen Stress aus dem Körpersystem lösen. Wenn ich zu Beginn eines Coachings frage: »Was spüren Sie gerade jetzt im Körper?«, kann es sein, dass die Person mich verwundert anschaut und antwortet: »Nichts, was soll ich denn spüren?« Bei genauerem Nachfragen kommen dann Sätze wie »Mir tut nichts weh, ich hab keine Schmerzen, ich bin nicht müde«. Wir beschreiben etwas Positives durch Negation. Kein Wunder, haben wir doch fast alle nicht gelernt, Körperwahrnehmungen positiv zu beschreiben. Ich habe auch lange gebraucht, erst mal meine Gefühle und meine körperlichen Empfindungen wahrzunehmen, dann positiv zu beschreiben und den Zusammenhang zwischen Gedanken, Gefühlen und Körper und Körperhaltungen zu begreifen.

Wer körperliche »Frühwarnsignale« von Druck und Stress deutlich wahrnimmt, kann bewusst durch tiefes Atmen oder durch seinen »Point of Power« (Übung S. 245) gegensteuern.

Und wer im Laufe des Tages immer wieder seinen Körper spürt, ändert auch leichter seine Körperhaltung, spürt zum Beispiel, dass er längere Zeit in einer ungesunden Körperhaltung dagesessen hat, und bewegt oder dehnt sich zum Ausgleich. Und ist es nicht interessant zu wissen, dass sich allein durch die Änderung der Körperhaltung die Stimmung, der Atemrhythmus und die Gedanken verändern? Also achten Sie auf Ihre Körperhaltung! Wenn Sie zum Beispiel aufrecht sitzen, Ihr Rückgrat aufgerichtet ist, atmen Sie tiefer und langsamer, bekommen mehr Sauerstoff, Sie werden gelassener, fühlen sich sicherer – Ihr Selbstvertrauen und Selbstwertgefühl wachsen. Und wer ist für Ihre Körperhaltung verantwortlich? Wenn Sie also Ihr Selbstvertrauen vertiefen wollen, dann …

Manchmal genügen kleine Veränderungen! Und es ist einfach so: Je besser Sie sich selbst regulieren können, desto wohler fühlen Sie sich, desto gelassener bleiben Sie.

An dieser Stelle sei angemerkt, dass ich hier nicht über Burn-out und die Entwicklungsphasen in Richtung Burn-out schreibe, denn das habe ich in meinem Buch »NEIN sagen will gelernt sein« bereits ausführlich getan. Nur so viel – häufig wird darunter ein geistiger, emotionaler und körperlicher Erschöpfungszustand verstanden. Das ist für mich nur die halbe Wahrheit. Ich halte es – in Anlehnung an Gunther Schmidt – für mindestens genauso wichtig, Burn-out als massive Abgrenzungskompetenz des Körpers zu verstehen, der in aller Regel mit einem »Zuviel an Arbeit« und einem »Zuwenig an Ausgleich« zu tun hat. Hier sagt der Körper auf eindeutige Weise: »So geht es nicht weiter«, und nimmt sich genau die Auszeit, die er braucht, um wieder ins Gleichgewicht zu kommen.

Es ist so wichtig, die Signale des Körpers achtsam wahrzunehmen und gut für sich zu sorgen, damit wir langfristig engagiert und lebensfroh bleiben können.

 Fragen zur Vertiefung

- Was genau spüre ich gerade jetzt in meinem Körper?

- Was tue ich heute für meine Bewegung?

- Wie bewusst nehme ich heute mein Essen zu mir?

- Wie sorgsam achte ich gerade jetzt auf die Bedürfnisse meines Körpers?

- Wie gehe ich mit inneren Spannungen um, wenn ich sie spüre?

- Wer ist letztlich dafür verantwortlich, wie ich mit meinem Körper umgehe?

- Wie ernst nehme ich die Grenzen meiner Belastbarkeit?

Fazit: Selbstverantwortung ist unabdingbar für ein aktives, engagiertes und erfülltes Leben und Grundlage für eine gesunde Selbstführung. Durch Selbstverantwortung werden Sie vom Erleider und Opfer zum aktiven, selbstbestimmten Gestalter Ihres Lebens. Erinnern Sie sich immer wieder: Sie haben die Wahl zwischen Fremdbestimmung und Selbstverantwortung.

Wir leben in einer hochkomplexen Welt, die uns ständig vor neue Herausforderungen stellt. Es ist jedoch unsere Entscheidung, wie wir mit den aktuellen Gegebenheiten des Lebens umgehen. Durch Selbstverantwortung haben wir unsere Energie zur Verfügung, können Veränderungen einleiten und immer deutlicher erkennen, wann es möglich ist, in der Außenwelt etwas zu verändern, oder ob es darum geht, die innere Einstellung zu ändern. Auch wenn wir mit vielen anderen in derselben Kultur leben und bestimmte Konzepte und Vorstellungen, bestimmte Werte und Einstellungen teilen, sind wir dennoch für die mentalen Kreationen, Konzepte und Bewertungen einer Situation selbst verantwortlich. Niemand sonst! Wir sind verantwortlich dafür, wie wir mit unseren Gefühlen und unserem Körper umgehen, sind dafür verantwortlich, was wir tun UND was wir nicht tun, und haben mit den Konsequenzen, die sich daraus ergeben, zu leben. Indem wir unsere Verantwortung annehmen, eröffnen sich uns viele neue Denk- und Handlungsmöglichkeiten, verbunden mit einem Gefühl inneren Freiraums, was ein wesentlicher Schlüssel auf dem Weg zur Gelassenheit ist.

Weil wir manchmal so schnell reagieren, merken wir im ersten Moment oft gar nicht, wodurch wir unsere Selbstverantwortung abgeben. Wir merken in dem Augenblick leider nicht, wie wir uns gelegentlich selbst sabotieren und dadurch nichts dazulernen können.

Wodurch schützen oder sabotieren wir uns?

Neulich unterhielt sich meine Freundin Ilka (48) mit einem Bekannten (52), Jochen, der seit drei Jahren als selbstständiger Gartenpfleger tätig ist. Er ist bei den Kunden sehr beliebt, bringt er doch ihre Gärten auf Vordermann. Er kennt sich in der Pflanzenwelt gut aus, hat einen grünen Daumen und ist obendrein recht erfolgreich. Doch er empfindet seine gegenwärtige Arbeit als minderwertig und träumt davon, wieder in seinem erlernten Beruf als selbstständiger Immobilienmakler zu arbeiten und in einer Villa in Südfrankreich zu leben. Das Gespräch verlief wie folgt:

Er: Die Kunden sind schuld, dass ich mein Büro aufgeben musste. Ich bin bei denen sooo in Vorleistung gegangen, habe sie tagelang durch Bayern chauffiert. Dann haben sie mich damals so lange hingehalten und nichts gekauft, sodass ich die Miete nicht mehr zahlen konnte.

Sie: Ja, ich verstehe, dass es schwer für dich war, doch das ist fünf Jahre her. Was hindert dich jetzt daran, langsam wieder ins Geschäft zu kommen?

Er: Das geht nicht, ich kann meine Gartenkunden hier nicht im Stich lassen.

Sie: Wenn du es wirklich willst, dann mach es doch! Das schaffst du schon!

Er: So einfach ist das nicht.

Sie: Wer sagt denn, dass es einfach sein soll? Du redest so oft davon, dass du wieder als Makler arbeiten möchtest, wie könntest du denn deinem Traum näher kommen?

Er (schneidend, scharf): Wird das ein Verhör? Ich habe keine Lust, mich von dir ausquetschen zu lassen.

Sie: Entschuldige, ich weiß halt, wie sehr du noch an deinem früheren Job hängst.

Er: Ja, das wäre super. Ich würde in Nizza wohnen, hätte das Meer und die französische Lebensart, würde nur die interessantesten Projekte machen, würde zwischen Deutschland und Südfrankreich pendeln, abends mit Freunden in einem gepflegten Restaurant sitzen, Fisch essen und dazu Rotwein trinken und französische Chansons im Hintergrund hören.

Sie: Das hört sich toll an. Das scheint dir ja wichtig zu sein. Mach es doch!

Er: Du bist so naiv. Du hast keine Ahnung, wie schwer es ist, so ein Business zu gründen. Es gibt inzwischen so viel Konkurrenz. Und ja, es ist zwar nach wie vor mein großer Traum, doch ich kann nicht meine Kunden und meine Gartenarbeit aufgeben. Das geht einfach nicht!

Worum geht es in diesem Beispiel?

Unser Verstand hat alle möglichen Strategien und Mechanismen parat, um unser bisheriges Selbst- und Weltbild aufrechtzuerhalten. Diese schützen uns vor der Wahrnehmung von inneren Konflikten, Angst, unbewussten Wünschen und Trieben, aber auch vor Schmerz. Mithilfe dieser Mechanismen wird Unangenehmes abgewehrt, sodass wir den Alltag möglichst konfliktfrei gestalten können. Daher heißen sie auch »Schutz- und Abwehrmechanismen«. Doch je starrer diese Mechanismen angewendet werden, desto mehr bringen sie uns in Stress. Sie wurden erstmals von dem Gründer der Psychoanalyse, Sigmund Freud, so bezeichnet und vor allem von seiner Tochter Anna und später von Stavros Mentzos weiterentwickelt.

Bei dem Gespräch der Freundin und ihrem Bekannten Jochen lassen sich gleich mehrere dieser Mechanismen entdecken. Es ist zu sehen, wie sie bei Jochen unbewusst dazu dienen, den inneren Konflikt zwischen der Enttäuschung, aber auch der

Wut über seine aktuelle Tätigkeit und seinem Traum zu vermeiden. Es wäre für ihn natürlich bitter und für sein Selbstbild sehr verletzend, sich der Realität zu stellen. Daher wendet er viel Energie auf, seine Sicht der Dinge vehement zu verteidigen, auch wenn er dadurch seine Möglichkeiten zwangsläufig einschränkt. Zudem kann er an seinem Traum festhalten und braucht sich keine Gedanken darüber zu machen, wie realitätshaltig dieser ist und mit welchen Unsicherheiten und Ängsten er konfrontiert wäre, wenn er ihn je in die Tat umsetzen wollte. Es könnte aber auch das Ziel sein, sich seiner Wut, seiner Enttäuschung zu stellen und sich Südfrankreich als schönen Idealtraum zu bewahren und sich gleichzeitig der Realität, dass er ein beliebter, guter Gartenpfleger ist, zu stellen und damit zufrieden zu sein. Auf diese Weise könnte er bewusst mit seinen Widersprüchen und inneren Konflikten umgehen.

So sind diese Schutz- und Abwehrmechanismen einerseits sinnvoll und nutzbringend, doch weil wir sie unbewusst, automatisch, reflexhaft anwenden, verhindern sie, dass wir etwas dazulernen und uns weiterentwickeln. Daher können sie auch als Selbstsabotagemechanismen bezeichnet werden. Sie halten uns in unserer Komfortzone und dienen zur Bewahrung und Aufrechterhaltung unseres Selbstbildes.

Schutz- und Abwehrmechanismen

Im Folgenden stelle ich verschiedene häufig vorkommende Schutz- und Abwehrmechanismen vor. Der eine oder andere wird Ihnen sicherlich bekannt vorkommen, entweder von sich selbst oder von Freunden, Kollegen oder anderen Menschen, mit denen Sie regelmäßig zu tun haben.

Rechtfertigung

»Ich kann doch meine Kunden nicht im Stich lassen.«

Ein sehr bekannter Mechanismus ist die Rechtfertigung, die den meisten Menschen schnell über die Lippen kommt. Fragen wir jemanden: »Warum hast du XYZ nicht gemacht?«, können wir in aller Regel Rechtfertigungen hören, warum XYZ leider nicht geklappt hat oder warum jemand einen Termin nicht einhalten konnte.

Häufig werden folgende Rechtfertigungen verwendet:

- »Ich kann das nicht!«
- »Ich bin dafür (egal wofür) zu alt!«
- »Ich bin einfach so!«
- »Ich habe keine Zeit!«
- »Wir haben das noch nie gemacht!«
- »Ich bin so im Stress!«

Trotz

Trotz kann als eine reaktive Form des Sich-selbst-behaupten-Wollens gegenüber anderen verstanden werden und ist eine Form von Regression, bei der man unbewusst auf ein kindliches Verhalten zurückgreift. Im obigen Beispiel sagt der Bekannte beispielsweise: »Ich habe keine Lust, mich von dir ausquetschen zu lassen!« An seinem Tonfall und seiner Schärfe war deutlich zu hören, dass er sich trotzig verteidigt. Implizit drückt er aus, dass er sich von niemandem dreinreden lassen will. Er pocht darauf, seine Freiheit zu bewahren, will sich von niemandem kontrollieren lassen und zeigt damit eindeutige Grenzen auf. Offensichtlich ist es ihm nicht recht, darüber zu sprechen. Das ist verständlich, legt doch Ilka den Finger in die Wunde und weist auf den inneren Konflikt hin, den er selbst erlebt. Er will einerseits nach Südfrankreich und hängt an seinem alten idealen

Beruf, andererseits arbeitet er hier als »einfacher« Gartenpfleger, eine Tätigkeit, die er als minderwertig empfindet.

Ich kannte vor Jahren einen Leistungssportler. Er war auf seinem Gebiet Trainingsweltmeister. Seine Trainer waren begeistert von ihm, hielten ihn für ein großes Talent, doch in den Weltcuprennen landete er regelmäßig auf den hinteren Plätzen. Wie sich herausstellte, hatte sein Vater ihn schon von klein auf getrimmt, diesen Sport auszuüben, obwohl er oftmals keine Lust dazu gehabt hatte. Er erinnerte sich daran, dass er sich im Alter von circa vier Jahren einmal in den Schnee geworfen und sich mit Händen und Füßen gewehrt hatte, weiter Ski zu fahren, doch sein Vater habe ihn wütend aufgehoben, ihm eine Ohrfeige verpasst und ihn angeschrien, dass er weiterfahren solle. Das war für ihn ganz schrecklich, und er hatte sich gefügt. Im Gespräch kam schließlich heraus, dass er sich an seinem Vater hatte rächen wollen und deshalb seinen Erwartungen nicht entsprochen hatte. Aus Trotz hatte er versagt und dabei nicht wirklich wahrgenommen, dass er dadurch letztlich sich selbst geschadet hatte. Dennoch ist es auch eine Form, das eigene Selbst zu bewahren und zu schützen.

Versagen aus Trotz ist eine bekannte Selbstsabotagestrategie, bei der das eigene Versagen in Kauf genommen wird.

Trotz ist ein wichtiger Mechanismus zur Selbstbehauptung im Trotzalter und in der Pubertät, um sich gegenüber Erwachsenen abzugrenzen, die eigene Identität zu gewinnen, doch wenn dieser Mechanismus im Erwachsenenalter automatisch angewendet wird, entpuppt er sich als Selbstsabotagemechanismus.

Flucht in die Fantasie

Wenn jemand eine begnadete Fantasie hat, kann er sich die alltäglichsten Dinge in wundervollen Farben ausmalen, neue Welten skizzieren, Charaktereigenschaften eines Menschen überspitzt darstellen oder sie in völlig schrägem Licht mit unglaublichem Humor aufscheinen lassen. Wie ein solcher Mensch die Umwelt und sich selbst betrachtet, ist eine besondere Gabe. Seine Fantasie ist etwas Wundervolles, er kann damit andere zum Träumen und zum Lachen bringen. Leider hat diese ausufernde Fantasie einen entscheidenden Nachteil: Sie dient einerseits als Flucht vor der Realität und macht andererseits die Realität erst erträglich. Doch kann Fantasie natürlich auch ein unglaubliches Potenzial sein, dann nämlich, wenn sie in den verschiedensten kreativen Bereichen zum Blühen kommt.

Abwertung

»Du hast keine Ahnung.« Durch den Mechanismus der Abwertung setzt man sich selbst im Vergleich mit anderen ein Stückchen höher. Dieser Mechanismus wird oftmals in sozialen Konkurrenz- oder Wettbewerbssituationen benutzt und dient der Selbstwerterhöhung und des Selbstwertausgleichs.

Ich habe einmal in der Produktion eines Unternehmens eine Untersuchung durchgeführt, um die Ursachen für den hohen Krankenstand herauszufinden. Dabei berichteten die Mitarbeiter und Mitarbeiterinnen immer wieder, dass der Produktionsleiter ihnen häufig folgende Abwertungen an den Kopf geworfen hat: »Das weiß doch ein Vierjähriger besser als Sie!« Oder: »Du hast wohl zwei linke Hände!« Die Mitarbeiter ihrerseits reagierten darauf mit Trotz: »Wir zeigen ihm, dass er nicht alles mit uns machen kann!« Sie verweigerten die Arbeit und meldeten sich krank. Und sie waren schadenfroh, wenn Abgabetermine nicht eingehalten werden konnten und der

Produktionsleiter von seinem Vorgesetzten »zusammengeschissen wurde«.

Verleugnen

Den Mechanismus kennen Sie wahrscheinlich auch. Sie können ihn jeden Tag im Fernsehen bei den Nachrichten erleben. Ein Interviewer stellt einem Politiker eine wichtige Frage. Der hört sehr wohl die Frage, und er antwortet auch, jedoch geht er überhaupt nicht auf die Frage ein. Sie bleibt nach wie vor unbeantwortet.

Bei der Verleugnung wird etwas wahrgenommen, aber so getan, als gäbe es das nicht. Vielleicht beobachten Sie das in Ihrem Leben auch immer wieder. Ihnen fällt zum Beispiel ein Verhalten an einer anderen Person auf, das Sie als unangenehm empfinden. Doch Sie tun so, als ob dieses Verhalten Ihnen völlig gleichgültig wäre. Oder Sie stellen wiederholt in Meetings fest, dass ein bestimmtes Thema, das alle angeht, ausgeklammert wird. Oder Sie vereinbaren Spielregeln, und keiner hält sich daran. Jeder tut so, als ob es diese Vereinbarung nie gegeben hätte.

Projektion

Sagt ein Kollege zum anderen: »Hast du gesehen, wie sich Herr Müller im Meeting wieder in den Vordergrund gespielt und bei dem Boss eingeschleimt hat? Es ist doch unglaublich, was der alles tut, um gesehen zu werden!« Sagt der Kollege zu ihm: »Sprichst du gerade über Herrn Müller oder über dich?«

Der Begriff »Projektion« stammt aus dem Lateinischen, »proiacere«, und bedeutet »vorwerfen«, aber auch »verschmähen, fortjagen«. Bei einer Projektion schreiben wir anderen Menschen Eigenschaften, Wünsche, Schwächen, Verhaltensweisen, Konflikte zu, die wir selbst haben, aber bei uns nicht erkennen, weil sie im Gegensatz zu eigenen oder gesellschaftlichen Normen stehen, und bekämpfen dann im anderen unsere eigenen Strebungen. Nicht selten ergehen wir uns dabei in Schuldzuweisungen. »Die blöden Kunden sind schuld«, sagte der Bekannte beispielsweise. Unausgesprochen sagt er: »Die Kunden sind schuld, dass es mir heute finanziell schlecht geht, und ich kann nichts dafür. Ich bin das arme Opfer und wasche meine Hände in Unschuld! Die hätten sich anders verhalten sollen! Dann würde es mir heute gut gehen!« Er kombiniert damit unbewusst eine Schuldzuweisung und eine Rechtfertigung.

Jedem kann die Schuld zugeschoben werden – dem Chef, den Kollegen/Kolleginnen, dem Freund, der Ehefrau, den Eltern, den Migranten, der unglaublich schwierigen Kindheit. Sogar dem Wetter, den ach so bösen Umständen, den blöden Zufällen, der schrecklichen Firma kann die Schuld daran gegeben werden, dass etwas schiefgelaufen ist und ich deshalb so leide, dass ich so benachteiligt werde, dass ich so hilflos bin und nichts dafür tun kann! Es ist dabei völlig unerheblich, gegen wen sich der Vorwurf richtet, wichtig ist zu erkennen, dass durch Schuldzuweisung niemals die Lösung eines Problems erfolgen, niemals ein Ziel erreicht werden kann.

Wenn wir uns über andere ärgern, hat das in aller Regel mehr mit uns selbst zu tun als mit den anderen.

So regte sich beispielsweise Daniela, eine junge talentierte Opernsängerin maßlos über ihren Freund, ebenfalls Opernsänger, auf, dass er so egoistisch sei. Auf meine Nachfrage, wie sie dazu komme, ihn so zu bezeichnen, antwortete sie: »Ich habe im Moment zwei Produktionen, da muss ich viel üben. Jetzt kommt er daher und will, dass ich ihm probeweise zuhöre und ihm Feedback gebe, dabei hat er nur eine kleine unbedeutende Rolle. Ich habe keine Zeit dazu. Er ist so egoistisch, nimmt überhaupt keine Rücksicht darauf, dass ich viel zu tun habe.« Wer, bitte, verhält sich hier egoistisch?

Oder ein verheirateter Mann glaubt, dass seine Assistentin ihn attraktiv findet und sexuell etwas von ihm will, obwohl diese ihn weder als attraktiv noch als anziehend empfindet, Es ist vielmehr sein unbewusster Wunsch, den er auf sie projiziert.

Es können aber auch gegensätzliche Eigenschaften, Wünsche etc. auf andere übertragen werden. So kann zum Beispiel eine sparsame Frau ihrem Mann Verschwendungssucht vorwerfen, ein tüchtiger Mann kann seiner Frau Faulheit vorwerfen, bloß weil sie sich fünf Minuten ausruhen will.

Wir können anderen aber auch ideale Wesenszüge zuschreiben. So kann beispielweise ein verliebter Mann in seiner Frau nur die wunderbarsten aller Eigenschaften sehen, während seine Freunde ihn warnen und meinen, sie würde ihn nicht lieben, sondern nur auf sein Geld scharf sein.

Projektion kommt auch häufig in Gruppen vor. Die Mitglieder einer Gruppe negieren eigene Spannungen, Ängste und Schwächen, übertragen diese auf andere Gruppen, um sich selbst zu entlasten, aber auch, um sich selbst zu erhöhen, UND bekämpfen die eigenen Schwächen dann bei den anderen. Aus unterschiedlichen Meinungen werden verhärtete Standpunkte, die zu Vorurteilen und Konflikten, schließlich zu Aggression und Gewalt führen. Dabei wird der Einzelne nicht mehr als Mensch, sondern nur noch als Mitglied der anderen Gruppe wahrgenommen, die eigene wird als »gut«, die andere als »schlecht« betrachtet und ist demzufolge minderwertig. Zahlreiche Religionskämpfe um die einzig wahre Kultur oder Religion, Konflikte und Kriege um das einzig richtige Weltbild sind das Ergebnis überstarker Projektion.

Sie sehen schon, bei der Projektion gibt es unterschiedliche Möglichkeiten, die Realität zu verzerren, sich und anderen etwas vorzumachen, was im äußersten Fall zu folgenschweren Konsequenzen führen kann.

Rationalisieren

Dies ist ein häufig benutzter Mechanismus. Dabei wird das eigene Handeln betont verstandesmäßig, sachlich beschrieben und nüchtern begründet. Emotionen werden weitgehend ausgegrenzt und unterdrückt. Eine Person, die diesen Mechanismus anwendet, tut so, als ob Situationen nur von außen, mit Abstand und ohne innere Beteiligung angeschaut werden können. Das macht Diskussionen, Gespräche mit Leuten, die sich diesen Mechanismus unbewusst zu eigen gemacht haben, merkwürdig unlebendig und langatmig. Der Mensch hinter den Worten bleibt dabei blass, es scheint so, als ob er sich hinter seinen vernunftbetonten Aussagen versteckt. Von seinen Emotionen weitgehend entfremdet, empfindet er wenig Mitgefühl für andere und trifft seine Entscheidungen rational.

- »Wenn wir die Sache nüchtern betrachten …«
- »Bleiben wir doch auf dem Boden der Tatsachen …«
- »Sachlich gesehen …«
- »Bleiben wir doch sachlich!«

Nüchtern betrachtet, identifiziert derjenige sich besonders mit seinem Intellekt und mag sich irgendwann wundern, wenn er sich innerlich leer fühlt. Dann wird's Zeit, die Gefühle wieder ins Leben zurückzuholen.

Emotionalisieren

Dies ist das Gegenstück zum Rationalisieren. Hier geht es um Emotionen, Emotionen, Emotionen. Nun sind ja Emotionen etwas sehr Wichtiges, doch beim Emotionalisieren wird in Emotionen geschwelgt und gekreist, alles andere wird ausgeklammert. Frauen beherrschen diesen Mechanismus in aller Regel besser als Männer – und in Beziehungen können wir oftmals erleben, wie zum Beispiel ein Mann das Rationalisieren anwendet und die Frau das Emotionalisieren. Leider wird auf diese Weise echte Kommunikation und Nähe verhindert, da jeder Partner aus seinen Mustern heraus agiert und damit in der Komfortzone bleibt.

- »Ich bin ja so betroffen …«
- »Ist es nicht schrecklich …«
- »Es ist ja so furchtbar, dass …«

Verschiebung

Unangenehme Gefühle, aufgestaute Spannungen werden auf andere, weniger gefährlich erscheinende Menschen, wie zum Beispiel Kinder, alte Menschen oder auf Tiere entladen.

Beispielsweise wird ein Mann in der Arbeit von seinem Chef zurechtgewiesen. Innerlich wird er wütend. Weil er aber Angst davor hat, seinem Chef gegenüber dieses Gefühl zu äußern, staut sich innerlich eine Spannung auf. Zu Hause angekommen, wird er bei einer Kleinigkeit auf sein Kind wütend, seine ganze Spannung entlädt sich bei ihm, obwohl es ursächlich gar nichts damit zu tun hat.

Verdrängung

Vielleicht kennen Sie jemanden, der von sich sagt, dass er niemals ärgerlich wird.

Ich hatte eine Grundschullehrerin im Coaching, die genau darauf stolz war. Sie hatte von sich selbst das Bild, stets freundlich und sozial zu sein. Aggression schien ihr fremd. »Andere mögen wütend sein, ich kenne das gar nicht bei mir. Ich war auch schon als Kind nie ärgerlich«, sagte sie und verstand zunächst gar nicht, warum die Kinder sie nicht als Autorität akzeptierten.

Bei der Verdrängung werden Impulse, Wünsche, schmerzliche Erfahrungen, unangenehme Gefühle wie Ängste, Scham, Ohnmacht oder Gewissenskonflikte ins Unterbewusstsein abgeschoben, sodass man sich bewusst nicht daran erinnert und sich daher nicht mehr damit beschäftigen muss. Verdrängtes hat jedoch die Tendenz, an die Oberfläche zu drängen, zum Beispiel in Form von Fehlleistungen – jemand, der überhaupt keine Lust hat, seinen Vortrag zu halten, beginnt ihn mit folgenden Worten: »Vielen Dank, dass Sie so interessiert zugehört haben. Auf Wiedersehen.« Auch Träume, körperliche Unruhe, Spannungen oder sogar Krankheit können auf Unterdrücktes aufmerksam machen, und manchmal hat ein Mensch zunächst wirklich keine Ahnung, in welchem Zusammenhang ein Symptom steht.

Ein Ehemann brachte einen Bekannten mit nach Hause. Noch ehe dieser ein einziges Wort gesagt hat, ist dieser der Ehefrau absolut unsympathisch. Sie hat überhaupt keine Lust, sich mit ihm zu unterhalten, reagiert schnell gereizt, fühlt sich von ihm schnell angegriffen und will »eigentlich« flüchten. Später stellt sich heraus, dass dieser Bekannte ihrem Lehrer aus der Schulzeit ähnlich sah, ähnliche Handbewegungen machte und sogar einen ähnlichen Tonfall hatte. Besagter Lehrer hatte sie mehrmals vor der ganzen Klasse lächerlich gemacht und abgewertet.

Natürlich gibt es noch weitere Schutz- und Abwehrmechanismen, wie etwa Ironie, Zynismus, Sarkasmus, zwanghaftes Shoppen und Schuften, Süchte aller Art. Letztlich dienen sie alle unbewusst zur kurzfristigen Spannungsreduktion. Das Wahrnehmen und Spüren von unangenehmen Gefühlen, Ängsten und Schmerz wird dabei vermieden, und innere Konflikte werden vom Bewusstsein ferngehalten, sodass wir unseren Zielen und täglichen Aufgaben nachkommen und so bleiben können, wie wir sind. Implizit geht es bei den verschiedenen Strategien auch ums Rechthaben und Rechtbehalten.

Jeder von uns hat seine Lieblingsmechanismen, die er je nach Situation automatisch anwendet. Wir machen von diesen Mechanismen besonders dann Gebrauch, wenn wir indirekt Konflikte lösen wollen. Diese Mechanismen können durchaus nützlich sein, manch einer wendet sie auch bewusst an, doch je mechanischer wir sie benutzen, desto mehr halten sie uns in unserer Komfortzone, bieten dann nur eine Scheinlösung und werden zu Selbstsabotagemechanismen. Wenn wir innerseelische Konflikte, Wünsche, unliebsame Gefühle und Ängste unterdrücken, entstehen innere Spannungen. Wir fühlen uns nicht mehr wohl, sind in unserem Denken und Handeln eingeengt und leiden zunehmend an Wahrnehmungs- und Realitätsverzerrung und allen Nachteilen, die unsere gewohnte Komfortzone so mit sich bringt, und können letztlich auch krank werden.

Übung

Beobachten Sie bewusst, in welchen Situationen Sie immer wieder nach dem gleichen Muster reagieren. So können Sie den einen oder anderen Schutz- und Abwehrmechanismus bei sich selbst entdecken. Tragen Sie ihn dann in Ihr Logbuch ein.

Manchmal erkennen Sie einen Mechanismus erst, nachdem Sie erlebt haben, wie Sie in einer bestimmten Situation reagiert haben, manchmal identifizieren Sie ihn schon mittendrin. Und nach einiger Übung merken Sie schon vorher, dass Sie kurz davor sind, wieder in die gleiche Falle zu tappen.

Wenn Sie einen Schutz- und Abwehrmechanismus bei sich bemerken – super! Gratuliere! Fragen Sie sich dann, wofür Sie ihn angewendet und was Sie möglicherweise dadurch vermieden haben. Haben Sie das herausgefunden, können Sie sich bewusst alternative Verhaltensweisen überlegen, die zu mehr Gelassenheit und innerem Frieden führen.

Damit wir unsere eigenen Mechanismen immer besser und schneller identifizieren und unseren Weg zur Gelassenheit fortsetzen können, ist eines wichtig:

Achtsamkeit.

Abstand gewinnen durch Achtsamkeit

> Wenn wir nicht gut zu uns selbst sind,
> können wir auch anderen nicht
> mit Güte begegnen.
>
> Buddha

Seit einiger Zeit boomen Bücher und Zeitschriftenartikel über Achtsamkeit und Achtsamkeitsmeditation. Bei Google gibt es inzwischen über 800.000 Einträge dazu. Immer mehr Menschen erkennen, welch wertvolle Stütze Achtsamkeitsübungen für ihren Alltag sind, und zunehmend werden achtsamkeitsbasierte Methoden in Kliniken und Unternehmen zur Stressreduktion eingesetzt. So gibt es bei der Firma Goggle bereits seit 2007 ein internes Programm mit dem Titel »Search inside yourself« zur bewussten Selbstwahrnehmung und Achtsamkeitsschulung. Im Coaching und im therapeutischen Kontext werden diese Techniken schon lange erfolgreich genutzt. Seit vielen Jahren sind Achtsamkeitsübungen in allen Trainings und Coachings, die meine Kollegin Carola Frank und ich durchführen, unabdingbarer Bestandteil. Jeder Mensch erlebt immer wieder Augenblicke der Achtsamkeit, in denen er ganz bei sich ist und gleichzeitig mit Abstand und nicht wertend auf Situationen oder auf sich selbst schaut. Aber in vielen anderen Momenten dominiert unser Alltagsbewusstsein, das uns dazu verhilft, routiniert und ohne besondere Achtsamkeit unseren Arbeitstag zu meistern.

Doch was ist Achtsamkeit eigentlich? Warum ist Achtsamkeit gerade in unserer Zeit für jeden Einzelnen so wichtig? Was gewinnen wir durch Achtsamkeit? Wie können wir unsere Achtsamkeit vertiefen?

Was ist Achtsamkeit?

Vom Wortstamm her kommt der Begriff aus dem Indogermanischen und bedeutet »beachten«, »schätzen«, aber auch »beraten« und »zaudern«. Laut Duden (1999) wird »achtsam sein« gleichgesetzt mit »aufmerksam sein, aufpassen, sich in Acht nehmen, vorsichtig sein«. Und unter »Achtsamkeit« wird »Augenmerk, Wachsamkeit, Aufmerksamkeit«, aber auch »Gründlichkeit, Interesse, Konzentration und Sorgfalt« verstanden.

Jon Kabat-Zinn, ein amerikanischer Molekularbiologe und Professor der Medizin, beschäftigte sich intensiv mit östlichem Gedankengut und Meditation. Er griff den buddhistischen Kernbegriff der Achtsamkeit auf und entwickelte ein weltanschauliches, dem Westen angepasstes, achtwöchiges Programm zur Stressreduktion und Linderung chronischer Schmerzen, das in vielen Kliniken in den USA und inzwischen auch bei uns erfolgreich angewendet wird. Er nennt es »Mindfulness-Based Stress Reduction« (MBSR) – achtsamkeitsbasierte Stressreduktion. Dieses Programm beinhaltet aufeinander abgestimmte Übungen aus Yoga, Body-Scan und Achtsamkeitsmeditationen sowie tägliche Übungen für zu Hause. Kabat-Zinn, seinen, aber auch anderen wissenschaftlichen Studien und dem zunehmenden Interesse vieler Menschen am Buddhismus haben wir es zu verdanken, dass Achtsamkeit und Achtsamkeitsmeditation so stark im Aufwind sind. Zahlreiche Forschungsergebnisse auf dem Gebiet der Psychologie und Neurobiologie belegen inzwischen den Wert von Meditation für Gesundheit und Wohlbefinden. Wurde bis vor Kurzem Meditation bei uns milde belächelt, in die esoterische Ecke gestellt und mit Realitätsflucht assoziiert, scheint diese Zeit allmählich zur Neige zu gehen, da immer mehr Menschen erkennen, dass es wichtig ist, nicht nur für ihren Körper etwas zu tun, sondern auch für ihren Geist.

Für mich ist Achtsamkeit eine Form von absichtsloser, präsenter Aufmerksamkeit, bei der bewusst und nicht wertend, nicht urteilend das wahrgenommen wird, was jetzt in diesem Augenblick ist, verbunden mit einer offenen, freundlichen und akzeptierenden Haltung. Einfach dessen gewahr zu sein, was gerade jetzt ist, ohne sich dabei in den Strudel von aufkommenden Gedanken oder Gefühlen hineinziehen zu lassen, ohne zu reagieren, einzugreifen und etwas verändern zu wollen. Das ist schon fast die Quadratur des Kreises, oder? Achtsamkeit kann als mentales Training oder Übungsmethode zur Geistesschulung verstanden werden, aber auch als innere Haltung, mit deren Hilfe wir leichter durchs Leben gehen.

In einem Training zur Persönlichkeitsentwicklung erzählte eine Teilnehmerin folgende Geschichte:

Es war einmal ein Zen-Meister. Einer seiner Schüler bat ihn, ihm etwas wirklich Weises und Wichtiges aufzuschreiben. Da notierte der Meister ein einziges Wort: »Aufmerksamkeit.«

Der Schüler starrte verwundert auf das Blatt, schaute dann den Meister an und fragte: »Aufmerksamkeit?«

Da lächelte der Meister und schrieb: »Aufmerksamkeit, Aufmerksamkeit.«

Nun schüttelte der Schüler den Kopf. »Was soll das? Ist das alles, was du mir zu sagen hast?«

Der Meister beugte sich über das Blatt und schrieb: »Aufmerksamkeit, Aufmerksamkeit, Aufmerksamkeit!«

Der Schüler war nun richtig verärgert und fragte noch einmal: »Was soll das mit der Aufmerksamkeit? Was hat das Wort denn zu bedeuten?«

Da schaute der Meister ihn mitfühlend an und sprach: »Aufmerksamkeit bedeutet Aufmerksamkeit.«

Es geht bei Achtsamkeit nicht darum, etwas zu analysieren, auch nicht darum, Ursachen zu suchen oder größere Zusammenhänge zu erforschen, tiefschürfende Gedanken zu wälzen oder den gegenwärtigen Augenblick mit früheren Erfahrungen zu verbinden, nein, es gilt einfach aufmerksam wahrzunehmen, was gegenwärtig ist – gleichgültig, ob angenehm oder unangenehm, schmerzhaft oder freudvoll. Manche Menschen meinen, Achtsamkeit sei nichts anderes, als über das Leben zu philosophieren und zu reflektieren. Doch wie aus dem Vorangegangenen ersichtlich ist, geht es bei Achtsamkeit um etwas anderes. Während bei philosophischen Reflexionen ein Thema logisch durchdacht, von rechts nach links durchleuchtet wird und tiefschürfende Gedanken gewälzt werden, werden in der Achtsamkeitspraxis Gedanken, Erinnerungen, Zukunftspläne und alles andere, was sonst noch auftaucht, lediglich nicht wertend beobachtet als das, was sie sind – Gedanken.

Die Kraft der Achtsamkeitsübungen

Was gewinnen Sie durch Achtsamkeitsübungen?

- Sie sind gegenwärtiger und wacher.
- Sie werden stressstabiler und gelassener.
- Sie können sich besser konzentrieren, sind leistungsfähiger.
- Sie können besser mit unliebsamen Emotionen umgehen und werden mitfühlender mit sich selbst.
- Sie fühlen sich wohler, können sich besser führen und vor chronischem Stress schützen.

Achtsamkeit kann unsere Lebensqualität fundamental verändern, denn wir sind in der Lage, unsere Gedanken, Gefühle, Handlungen und unser Umfeld bewusst zu beobachten, und entwickeln dabei so etwas wie den inneren Beobachter oder den inneren Zeugen. Von dieser Perspektive aus bekommen wir ein Bewusstsein darüber, wo wir im Augenblick mit unserer Aufmerksamkeit sind. Während wir inneren Abstand zu gewohnheitsbedingten Automatismen, Gedanken wie Gefühlen gewinnen, nehmen wir sie gleichzeitig wahr und behalten den Überblick. Wesentlich dabei ist die Entkoppelung, Trennung vom Beobachter und dem, was er beobachtet. So können wir verschiedene Gefühle wahrnehmen, identifizieren uns aber nicht mit ihnen. Je öfter wir aus der Beobachterperspektive wahrnehmen, desto leichter können wir uns mit dem inneren Beobachter verbinden, desto leichter fällt uns die Entkoppelung von Beobachter und Beobachtetem. UND – wir wissen zunehmen, dass wir MEHR sind als unsere Gedanken, dass wir auch MEHR sind als unsere Gefühle und unsere körperlichen Empfindungen.

Stellen Sie sich vor, Sie sitzen mit Ihrem Partner beim Abendessen. Sie haben gekocht und sich auf das gemeinsame Essen in entspannter Atmosphäre gefreut. Nun stellen Sie fest, dass Ihr Partner wieder (!) keinen Salat isst, wo doch so viele Vitamine drin sind. Darauf entspinnt sich zum wiederholten Mal eine Diskussion über gesundes Essen. Er beharrt darauf, dass er doch essen kann, was er will, während Sie beginnen, ihm einen Vortrag über die Bedeutung von Vitaminen zu halten. Sie steigern sich immer mehr in das Thema hinein, schließlich »wissen« Sie ganz genau, wie man sich »richtig« ernährt, und werfen ihm vor, wie sträflich er seine Gesundheit vernachlässigt. Dabei spannt sich Ihr Körper an, Ihr Herz schlägt schneller, Sie atmen rascher, reden wie ein Wasserfall, schwitzen und regen sich mächtig auf, während Ihr Partner immer ruhiger wird. Sie sind im Stress und völlig mit dem Thema identifiziert, wollen unbedingt recht haben und recht behalten, blenden Ihren Körper aus und registrieren kaum, wie sehr Sie Ihren Partner verbal überfahren.

Wenn Sie dieselbe Situation achtsam und vom inneren Beobachter wahrgenommen hätten, hätten Sie gleichzeitig Ihre innere Anspannung gespürt, gemerkt, dass Sie zum wiederholten Mal Ihrem Mann Ihre Ernährungsvorstellungen aufdrücken wollten, dass Sie ihn ins Unrecht setzen wollten, hätten Sie Ihre Rechthaberei sicherlich früher unterbrochen.

Wenn wir uns bewusst wahrnehmen und erkennen, was wir gerade tun, haben wir die Möglichkeit, dieses Muster zu unterbrechen und bewusst unsere Handlungsweise zu wählen. Wenn wir uns beispielsweise in einer bestimmten Situation angegriffen fühlen und bisher ärgerlich und laut geworden und zum Gegenangriff übergegangen sind, so können wir durch Achtsamkeit wahrnehmen, dass Ärger aufsteigt UND dass wir daraufhin nicht zum Gegenschlag ausholen müssen, sondern die Wahlfreiheit haben, wie wir bewusst antworten wollen.

Gedanken werden aus der Perspektive des inneren Beobachters als Gedanken wahrgenommen. »Es ist nur ein Gedanke«, und der muss nicht immer stimmen. Gefühle werden als Gefühle wahrgenommen, wir müssen uns jedoch nicht mehr in unseren Gefühlen verlieren. Der innere Beobachter hilft uns, innere Distanz auch zu unseren körperlichen Empfindungen zu gewinnen, sodass wir uns leichter beruhigen können.

Sie können aus der nicht wertenden Haltung, der freundlich-offenen und interessierten Achtsamkeit heraus den Fokus der Aufmerksamkeit bewusst und absichtlich auf Ihr Innenleben mit seinen Gedanken, Gefühlen, Körperempfindungen lenken.

Sie können sich zum Beispiel jetzt einen Augenblick Zeit nehmen und spüren, wie Sie atmen, wie sich genau in diesem
Augenblick Ihr Bauch im ganz eigenen Rhythmus hebt und
senkt. Sie können wahrnehmen, was Sie genau jetzt im Körper
spüren, wie Sie sich genau jetzt fühlen oder was Sie genau jetzt
denken. Und wenn Sie feststellen, dass Sie Ihre Gedanken oder
Gefühle gerade bewerten oder dass Ihre Gedanken mit etwas
völlig anderem beschäftigt sind, können Sie auch das nicht
wertend wahrnehmen. Achtsame Körperwahrnehmung und
achtsames Atmen bringen uns sofort in die Gegenwart und sind
daher essenzielle Anker für unser gegenwärtiges Erleben.

Sie können aber auch Ihre Wahrnehmung bewusst auf Bewegung, Gerüche, Geräusche oder auf den Geschmack richten.
Wenn Sie das nächste Mal essen, können Sie ganz bewusst darauf achten, wie die Speise aussieht, wie sie duftet, wie Sie einen
Bissen in den Mund schieben, welche Konsistenz der Bissen hat,
wie Sie kauen und die Konsistenz sich dabei verändert, welche
Geschmacksnuancen Sie dabei wahrnehmen, und schließlich
spüren, wie Sie schlucken und der Speisebrei durch die Kehle
rinnt.

Der Fokus der Aufmerksamkeit kann auf jeden einzelnen der
fünf Sinne – sehen, hören, riechen, schmecken, fühlen und
spüren – gerichtet sein, aber auch auf ganz alltägliche Situationen. Sie können zum Beispiel beobachten, wie Sie morgens
unter der Dusche stehen, die Temperatur des Wassers auf der
Haut spüren und wahrnehmen, wie das Wasser Ihren Körper
benetzt und was Sie dabei fühlen, können sich bewusst ab-
trocknen. Sie können bewusst Zähne putzen, sich rasieren oder
bewusst Geschirr abspülen, können achtsam Auto fahren,
wahrnehmen, wie Sie im Supermarkt in der Schlange stehen,
im Büro am PC sitzen, in Meetings agieren.

Die Aufmerksamkeit kann bewusst und absichtlich auf etwas gerichtet sein, sie kann aber auch absichtslos sein, sodass frei wahrgenommen wird, was gerade jetzt ist.

Sie sehen, Achtsamsein hört sich einfach an, ist nichts Besonderes, nichts Aufregendes und kann wunderbar und einfach in den Alltag integriert werden. Wenn man Achtsamkeit so leicht in den Alltag einbetten kann, warum machen das nicht alle Menschen regelmäßig? Die gute Nachricht ist, dass jeder Mensch, wenn er das will, fast überall die Möglichkeit hat, seinen Verstand zu beruhigen. Achtsamkeit ist an keinen spezifischen Ort und an kein besonderes Ritual gebunden. Die andere Nachricht ist, es kann recht herausfordernd sein, die eigene Aufmerksamkeit bewusst auf etwas gerichtet zu halten. Wenn Sie Lust haben, so probieren Sie es jetzt einfach mal aus:

• Schauen Sie auf Ihre Uhr oder sehen Sie auf die Stoppuhr Ihres Handys, und nehmen Sie bewusst und ohne Anstrengung wahr, wie eine einzige Minute vergeht.

Wie ging es Ihnen damit? Konnten Sie die ganze Minute bewusst und nicht-wertend wahrnehmen, wie die Sekunden vergangen sind? Wenn Ihnen das auf Anhieb gelungen ist – gratuliere. Meistens jedoch meldet sich nach ein paar Sekunden der Verstand mit allerlei passenden oder unpassenden Gedanken wie: »Geht die Zeit denn überhaupt nicht vorbei? Eine Minute ist ganz schön lang!« Oder der Verstand will die Zeit besonders sinnvoll nutzen und plant schon mal den Rest des Tages durch. Es ist normal, dass der Verstand abschweift, schließlich ist es ungewohnt, »nur« dazusitzen und zu beobachten, wie die Zeit vergeht, und es ist für die meisten Menschen nicht so leicht, vom schnellen Tun und Machen auf nicht wertendes Wahrnehmen umzuschalten.

Achtsamkeit ist auch vor Entscheidungen besonders sinnvoll, damit wir nicht in Aktionismus verfallen. Wenn wir wahrnehmen, dass unsere Gedanken vor einer Entscheidung hektisch kreisen, können wir ganz bewusst innehalten, die Situation nicht wertend von allen Seiten betrachten und anerkennen, dass sie gerade so ist, wie sie ist. Auf dieser Basis können wir bewusst unsere Wahl treffen, wie wir uns entscheiden und was wir tun können und wollen.

Auch in der Kommunikation ist Achtsamkeit sehr wichtig, damit wir unterscheiden können zwischen den Belangen des Partners und unseren inneren Reaktionen. Einerseits wird die Aufmerksamkeit auf den anderen gelenkt, gleichzeitig jedoch nehme ich meine eigenen inneren Gedanken, Gefühle und Körperempfindungen wahr und verbleibe in einer akzeptierenden, offenen und wohlwollenden Haltung. Achtsamkeit verbessert das Einfühlungsvermögen und das Mitgefühl. So kann ich mich verständnisvoll, wertschätzend und ergebnisoffen auf die jeweilige Kommunikation einlassen und gemeinsam mit anderen neue Ideen und Lösungen entwickeln. Und ich kann dabei meine Ansichten gradlinig und klar äußern und mich zeigen.

Hinweise für die Achtsamkeitspraxis

Bevor ich gleich vier einfache, aber wirkungsvolle Achtsamkeitsübungen vorstelle, beachten Sie folgende Hinweise:

1. Sie genießen die Wohltaten der Achtsamkeitspraxis nicht sofort und nicht nach einmaligem Anwenden. Hierzu braucht es Geduld und Übung, REGELMÄSSIGE Übung. Letztlich ist es wie beim Sport – nur wer ausdauernd ist und regelmäßig trainiert, baut Kondition auf. Das Gute daran ist, dass Sie mit dem regelmäßigen Üben ganz automatisch Ihre Ausdauer, Ihre Selbstachtung und Ihre persönliche Selbstdiszi-

plin erhöhen. Zum Glück gibt es eine ganze Reihe verschiedener klassischer und neuerer Achtsamkeitsmeditationen und Techniken, die das Gewahrsein dessen, was im Augenblick ist, fördern. Sie werden gesondert im Kapitel »Meditation – die Fülle der Stille« erläutert.

2. Um etwas achtsam wahrnehmen zu können, müssen wir langsamer werden. Das kann erst einmal eine Herausforderung sein. Eine Trainingsteilnehmerin sagte neulich: »Ich kann nicht fünf Minuten still sitzen, das ist unmöglich! Das halte ich gar nicht aus. Nur dasitzen und nichts tun, das sieht ja so aus, als ob ich nichts Besseres zu tun hätte!«

Angenommen, Sie fahren mit dem ICE. Da sieht es so aus, als ob die Landschaften an einem vorbeirasen. Einzelheiten sind kaum zu erkennen. Wenn Sie dagegen fußläufig unterwegs sind, innehalten und mit allen Sinnen die kleinen Wunder der Natur und des Alltags wahrnehmen, sehen Sie faszinierende Wolkenformationen, unterschiedliche Baumgruppen mit den verschiedensten Formen, Farben und Größen und hören die unterschiedlichsten Geräusche. Sie genießen die wärmenden Strahlen der Sonne, lächeln vielleicht einem spielenden Kind zu und spüren dabei, wie sich Ihr Brustraum weitet und Ihr Herz sich öffnet. Im ICE können Sie diese Vielfalt nicht erkennen. Da wollen Sie auf dem schnellsten Weg von A nach B. Und auch das ist wichtig! Das bedeutet in Bezug auf Achtsamkeit – immer wieder bewusst langsamer werden und das, was sich außen und innen gegenwärtig abspielt, wahrnehmen.

Übung 1

ACHTSAMKEIT IN EINER BESTIMMTEN SITUATION

Am einfachsten ist es, wenn Sie sich die Antworten in Ihrem Notizbuch aufschreiben.

- Gibt es in Ihrem Alltag eine Situation, in der Sie ab jetzt achtsamer sein wollen? Bitte beschreiben Sie diese Situation konkret.

- Stellen Sie sich als Nächstes vor, was sich konkret in dieser bestimmten Situation durch Achtsamkeit ändern würde. Wofür ist Achtsamkeit in dieser Situation besonders wichtig? Was verändert sich dadurch in Ihrem Denken, Ihren Gefühlen und Ihrem Verhalten? Wie ändert sich dadurch das Ergebnis der Situation? Visualisieren Sie ganz deutlich, wie Sie in dieser Situation achtsamer sind – stellen Sie sich das mit allen Sinnen deutlich und lebendig vor. Was fühlen Sie dabei? Was spüren Sie in Ihrem Körper? Was denken Sie über sich, nachdem Sie in der Situation achtsam gehandelt haben? – Und erlauben Sie sich, diese Vorstellung bei nächster Gelegenheit umzusetzen.

- Fragen Sie sich auch: Wie könnte diese Situation Ihnen auch in anderen, ähnlich gearteten Situationen helfen?

Übung 2

ACHTSAM ESSEN – DIE BERÜHMTE ROSINENÜBUNG

Viele Menschen verschlingen ihre Mahlzeiten in gehörigem Tempo, während sie darüber nachdenken, welche Aufgaben sie gleich erledigen werden, oder sie lesen Zeitung dabei, unterhalten sich und registrieren kaum, was genau sie da essen und wie das Essen überhaupt schmeckt. Schade, sie können das Essen dadurch nicht genießen und sind nicht wirklich präsent, sind mit ihrer Aufmerksamkeit nicht gegenwärtig. Die Rosinenübung kann Ihnen einen Geschmack davon vermitteln, wie es ist, achtsam zu essen – zur Nachahmung empfohlen!

- Nehmen Sie eine Rosine in die Hand, betrachten Sie sie von allen Seiten, sehen Sie die Farbe, die Falten, spüren Sie die Konsistenz, indem Sie sie zusammendrücken. Machen Sie das mit der rechten oder der linken Hand? Schieben Sie sich die Rosine in den Mund, spüren Sie bewusst, wie sie sich auf der Zunge anfühlt, und kauen Sie sie langsam. Nehmen Sie dabei wahr, wie Sie kauen und wie die Rosine schmeckt. Schlucken Sie den Rosinenbrei hinunter, und nehmen Sie wahr, wie er durch die Speiseröhre rinnt.

Lassen Sie sich viieeellll Zeit für das genaue Wahrnehmen.

Natürlich können Sie diese Übung auch mit jedem anderen Obst, das Sie essen wollen, durchführen – und nicht nur mit Obst!

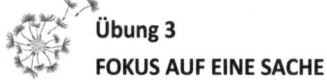

Übung 3
FOKUS AUF EINE SACHE

Vielleicht kennen Sie das – während Sie telefonieren, bearbeiten Sie zeitgleich noch ein paar Mails oder feilen an Ihrer nächsten Präsentation; während Sie fernsehen, lesen Sie Zeitung und unterhalten sich; während Sie sich mit einer Freundin beim Kaffee unterhalten, verschicken Sie ein paar SMS. Während Sie bei der Arbeit sind, träumen Sie von Ihrer Freizeit. Und in der Freizeit denken Sie schon wieder oder immer noch an die Arbeit.

Multitasking steht ja hoch im Kurs, doch wie inzwischen immer mehr Menschen klar wird, ist die Aufmerksamkeit dabei gesplittet, der Verstand zerstreut, die Resultate lassen langfristig zu wünschen übrig.

In einer Zen-Geschichte wurde ein Meister von seinem Schüler gefragt, was das Geheimnis seiner Gelassenheit sei. Da antwortete der Meister: »Wenn ich esse, dann esse ich. Wenn ich schlafe, dann schlafe ich. Und wenn ich Holz hacke, dann hacke ich Holz.«

Die folgende Übung können Sie überall und jederzeit durchführen, wann immer Sie gerade daran denken.

- Lenken Sie Ihre Aufmerksamkeit auf EINE einzige Sache, und widmen Sie sich dieser Tätigkeit voll und ganz. Wenn Sie Zeitung lesen, dann lesen Sie Zeitung. Wenn Sie telefonieren, telefonieren Sie. Wenn Sie Mails beantworten, dann beantworten Sie Mails. Wenn Sie Geschirr spülen, dann spülen Sie Geschirr. Wenn Sie Ihre Hände waschen, dann waschen Sie Ihre Hände, Wenn Sie Sport treiben, dann treiben Sie Sport.

- Sie können auch ganz bewusst Ihre Aufmerksamkeit jeden Tag auf einen der fünf Sinne lenken – auf das, was Sie sehen, was Sie hören, fühlen und spüren, riechen oder schmecken und auf diese Weise bewusst Ihre sinnliche Wahrnehmung schärfen und erweitern.

Wenn Sie regelmäßig mitten im Alltag innehalten, werden Sie im Laufe der Zeit wahrnehmen, wie viele wertvolle und wunderbare Augenblicke, die Sie vorher für selbstverständlich gehalten oder nicht registriert haben, Sie geschenkt bekommen, Augenblicke, die unmittelbar zu einer Quelle der Dankbarkeit und Freude werden.

Übung 4
EINE MINUTE AUFMERKSAMKEIT

Diese Übung ist eine Essenzübung und mein persönlicher Favorit. Sie stammt von Martin Boroson, Autor des Buches »One Moment Meditation – Stille in einer hektischen Welt«.

Sie kann nahezu überall gemacht werden, zum Beispiel wenn Sie mit Ihrem Auto im Stau stehen, wenn Sie im Büro den PC hochfahren, kurz bevor Sie eine Präsentation halten, bevor ein Meeting stattfindet, ja sogar wenn Sie auf der Toilette sind. Oder gerade jetzt. Sie können Ihr Buch weglegen und sich eine Minute Zeit nehmen.

- Schauen Sie auf die Uhr, und nehmen Sie sich EINE EINZIGE Minute Zeit – Zeit für sich, in der Sie sich bewusst aufrecht hinsetzen und Ihren Atem beobachten. Nehmen Sie wahr, wie Ihr Atem beim Einatmen durch die Nase strömt, wie warm die Luft dabei ist und wie sich Ihr Brustraum und Ihr Bauch heben. Beim Ausatmen beobachten Sie, wie sich Ihr Bauch senkt und die Atemluft durch die Nasenlöcher wieder hinausströmt. Beobachten Sie einfach Ihren Atemrhythmus, ohne ihn verändern zu wollen.

  Und wenn Sie bemerken, dass Sie gerade in Gedanken waren, kehren Sie freundlich-achtsam zum Atem zurück.

- Machen Sie das wirklich nur eine Minute!

- Erlauben Sie sich, diese Achtsamkeitsübung mehrmals am Tag zu machen. Sie werden bald feststellen, wie angenehm es ist, immer wieder innezuhalten, sich immer wieder eine kleine Pause im Alltag zu gönnen. Dabei können sich Ihre Gedanken neu ordnen, und Sie tun etwas Gutes für sich.

Für das nächste Kapitel brauchen wir besonders viel Achtsamkeit, denn da geht es um unsere meist unbewussten Einstellungen und Überzeugungen, die uns einerseits voranbringen, durch die wir uns aber andererseits unter Druck setzen und stressen.

Die Macht unbewusster Überzeugungen

Starten wir gleich zu Beginn mit einem Beispiel.

Herr Müller war immer schnell, einer der Schnellsten überhaupt. Wann immer er angesprochen wurde, reagierte er hektisch und antwortete rasch. Er drückte stets aufs Tempo, war ständig unter Druck und im Stress, bis er sich eines Tages infolge eines Skiunfalls bei einer Steilabfahrt einen Meniskusriss zuzog und mehrere Wochen außer Gefecht war. Das hätte nicht passieren dürfen! Herr Müller handelte so, wie er aufgrund seiner unbewussten Konditionierungen und Überzeugungen handeln musste. Demzufolge musste er einfach schnell sein, was ihn gehörig unter Druck gesetzt hatte!

Wir haben Unmengen solcher mentaler Muster, die wir regelhaft befolgen. Sie sind maßgeblich daran beteiligt, wie hart oder verständnisvoll wir mit uns und unseren Mitmenschen umgehen, welche Einstellung wir zu unserer Arbeit haben und welche Erwartungen wir damit verknüpfen, wie sehr wir das Leben genießen können. Letztlich sind unsere unbewussten mentalen Muster entscheidend für Misserfolg oder Erfolg, für Unzufriedenheit oder Zufriedenheit, für Stress oder Gelassenheit. Deshalb ist es wichtig, sich genauer damit zu beschäftigen.

Manchmal werden wir auf Knopfdruck wütend, manchmal ziehen wir uns blitzartig zurück und schmollen oder wir treiben uns an, immer noch schneller zu sein, oder beschimpfen uns: »Idiot! Mach endlich! Reiß dich gefälligst zusammen!« Woran liegt es, dass wir uns so stressen und dann leiden? Mithilfe dieses Kapitels werden Sie noch besser verstehen, wie Sie Ihre eigene Wirklichkeit erschaffen und aufrechterhalten. Allein das wird Ihnen möglicherweise helfen, sich mehr zu entspannen.

Wenn wir uns so pushen, anfeuern oder kritisieren, sind in aller Regel mentale Muster, die auch Glaubenssätze genannt werden, im Spiel. Wir haben Glaubenssätze, die uns einerseits voranbringen und Entwicklung ermöglichen, andererseits kann uns der gleiche Glaubenssatz einschränken, beengen und jegliche Entwicklung verhindern. Das bedeutet, dass ein Glaubenssatz Vorteile, aber auch enorme Nachteile mit sich bringen und zu Hektik, Stress, Nervosität oder Unsicherheit führen kann.

Was sind Glaubenssätze?

1. Glaubenssätze sind die unbewussten Überzeugungen, Einstellungen, Haltungen, Grundannahmen, die wir über uns, andere Menschen, unsere Rollen, unsere Arbeit, die Gesellschaft und die Welt haben. Es sind für uns quasi Gesetze, die wir von Vorbildern übernommen, durch unsere Erziehung oder durch einschneidende Erfahrungen oder im Erwachsenenleben gelernt haben. Sie sind eng mit unseren Werten verbunden, sind die Regeln und Leitlinien, die uns vorschreiben, was wir in unserer Kultur als gut und richtig zu verstehen, und die uns sagen, was wir zu tun und zu lassen haben.

2. Sie werden Glaubenssätze genannt, weil wir daran glauben, dass sie wahr sind. Deshalb hinterfragen wir sie nicht. Für

uns ist völlig klar: Es gibt nur eine mögliche Sicht der Dinge! Unsere!

3. Sie werden auch als Leitsätze bezeichnet, weil sie uns leiten.

4. Glaubenssätze können uns antreiben, deshalb werden sie auch als »innere Antreiber« betitelt. Es gibt auch Glaubenssätze, die mit innerer Kritik verbunden sind. Hier spricht dann der sogenannte »innere Kritiker« zu uns.

5. Glaubenssätze sind verallgemeinerte, eingeschliffene, mentale Muster, konditionierte Reiz-Reaktions-Muster, die mit Emotionen und Körperempfindungen verbunden sind.

Manche Glaubenssätze teilen wir mit vielen anderen in unserer Gesellschaft. Manche Glaubenssätze teilen wir nur mit unserer Familie oder unseren Freunden – etwa die gleichen Vorlieben, die Art, wie wir miteinander reden und worüber wir gemeinsam lachen. Wir wissen, welche Themen wir auf welche Weise ansprechen dürfen und welche Themen ein Tabu darstellen.

Und schließlich haben wir ganz persönliche Glaubenssätze, die wir durch Erfahrungen und einschneidende Erlebnisse entwickelt haben – wenn beispielsweise ein kleiner Junge von seinem Vater wiederholt geschlagen wurde, kann er zu folgenden Überzeugungen gelangen: »Ich bin schlecht«, denn sonst hätte der Vater ihn ja nicht geschlagen.

Wir haben Glaubenssätze, die unsere Möglichkeiten im Leben immer wieder erweitern, die uns auf unserem Weg unterstützen, wie etwa »Ich schaffe das!« oder »Ich kann das!«, und solche, die uns begrenzen, nur ein bestimmtes Verhalten erlauben und daher andere Verhaltensweisen ausklammern, zum Beispiel: »Ich *muss* stark sein.« Oder: »Andere *müssen* fair sein!« Solche Leitsätze bringen uns in Stress, setzen uns unter Druck. Daher beschäftigen wir uns ausführlich mit dieser Art von Sätzen, und später stelle ich Methoden vor, wie stressende Überzeugungen so erweitert werden können, dass sie zu mehr Souveränität und Gelassenheit führen.

Unsere Glaubenssätze haben entscheidenden Anteil daran,
wie gestresst oder zufrieden wir im Leben sind.

Je stärker ein Glaubenssatz ausgeprägt ist, desto einschränkender und zwanghafter wird er gelebt, dennoch handeln wir in jedem Augenblick immer so gut, wie wir in diesem Moment handeln können. Wie ich schon in meinem Buch »NEIN sagen will gelernt sein – erfolgreich Grenzen setzen« beschrieben habe, wird unser Verhalten für uns selbst manchmal erst nachvollziehbar, wenn wir den Zusammenhang zwischen unserem Verhalten und den dahinterliegenden mentalen Mustern erkennen und verstehen. Damit werden auch die oftmals gestellte Frage: «Wieso verhalte ich mich manchmal so, wie ich es gar nicht will?« oder eine Aussage wie: »Kaum sagt jemand etwas, gehe ich schon wie fremdgesteuert an die Decke« beantwortet.

Der Entwicklungsbiologe und Stammzellenforscher Bruce Lipton hat viel über den Einfluss des Denkens auf unsere Gene und unser Leben geforscht und gelangte zu der Erkenntnis, dass wir durch unsere Gedanken sowohl unsere Gene als auch unser Leben beeinflussen können, dass wir also keineswegs Opfer unserer Vererbung und unseres Schicksals sind. Er selbst habe sein Leben, das sich in Richtung Selbstzerstörung bewegt habe, bewusst durch neue konstruktive Überzeugungen in eine positive Richtung gelenkt.

Voraussetzung dafür ist, dass wir achtsam beobachten, was in unserem Verstand vor sich geht, und unsere Glaubenssätze und Stressmuster erkennen, bevor wir sie ändern können. Um zu verdeutlichen, was Glaubenssätze konkret sind, folgen nun prototypische Beispiele aus verschiedenen Kategorien. Vielleicht kommt Ihnen der eine oder andere Satz bekannt und vertraut vor.

Glaubenssätze über die Welt und das Leben

- Die Welt ist gut/schlecht.
- Die Welt ist so ungerecht!
- Das Leben ist ein Kampf/Geschenk.
- Das Leben ist unfair!
- Das Leben ist gut zu mir!

Wir haben Glaubenssätze zu allen möglichen Themen, angefangen von Finanzen über Umweltverschmutzung bis hin zum Alter.

- Je älter man wird, desto mehr Zipperlein bekommt man.
- Früher war alles besser.
- Ich bin zu jung, um glaubwürdig zu sein.
- Ich bin zu alt, um etwas Neues zu beginnen.

Glaubenssätze in Bezug auf unser Selbstbild oder unsere Rollen

- Ich bin ein guter/schlechter Mensch.
- Ich bin eine gute/schlechte Mutter.
- Ich bin eine gute/schlechte Führungskraft.
- Ich bin ein Weltklassesportler.
- Ich bin ein guter/schlechter Freund.
- Ich bin der Beste.
- Ich bin ein Loser.
- Ich bin ein Glückspilz/Pechvogel.

Glaubenssätze über uns selbst – positiv formuliert

- Ich muss viel leisten.
- Ich muss gewinnen.
- Ich muss stark sein.
- Ich muss perfekt sein.
- Ich muss immer erreichbar sein.
- Ich muss mich anstrengen.
- Ich muss hilfsbereit sein.
- Ich muss es anderen recht machen.
- Ich muss bescheiden sein.
- Ich muss mich durchsetzen.
- Ich muss funktionieren.
- Ich muss sachlich sein.
- Ich bin zu jung, zu alt.

Glaubenssätze über uns selbst – negativ formuliert

- Ich darf nicht nachlassen.
- Ich darf keinen Fehler machen.
- Ich darf nicht NEIN sagen.
- Ich darf andere nicht enttäuschen.
- Ich darf keine Pause machen.
- Ich kann nicht tun, was ich will.
- Ich darf nicht egoistisch sein.

Einschränkende Glaubenssätze über andere

- Andere müssen hilfsbereit, entgegenkommend, kooperativ, fair, gerecht etc. sein.
- Andere (mein Chef, mein Mann, meine Frau, meine Kollegen) müssen mich und meine Arbeit loben, anerkennen und wertschätzen.
- Andere müssen das tun, was ich von ihnen erwarte.

Vorteile von Glaubenssätzen

- Wir können Dinge rasch einordnen, zuordnen.
- Sie machen unser Leben bequemer und einfacher – erst mal!
- Sie geben uns Orientierung, Sicherheit, Halt.

Nachteile von Glaubenssätzen

- Sie sind oft mit unrealistisch hohen Ansprüchen, Ideal-vorstellungen und Erwartungen verbunden.
- Sie halten uns in unserer Komfortzone.
- Wir vergleichen uns ständig, ob wir und andere unsere Erwartungen erfüllen.
- Gefühle werden zurückgedrängt.
- Wir setzen uns mit jedem »Ich muss« unter Druck, geraten in Stress.
- Wir setzen andere unter Druck, damit diese unsere Erwartungen erfüllen.

Nun sind ja Leistungsfähigkeit, Einsatzbereitschaft, Stärke, Hilfsbereitschaft, Fürsorge und Bescheidenheit wunderbare, erstrebenswerte Qualitäten. Sie helfen uns, unser Leben aktiv und erfolgreich zu meistern und erfüllt zu leben. Wir brauchen diese Qualitäten für das Leben in und den Fortbestand unserer Gesellschaft, doch je stärker wir einen Glaubenssatz verinnerlicht haben, desto einseitiger leben wir, desto mehr führt er zu innerem Druck und Stress, wie das folgende Beispiel zeigt.

»Jedes Mal vor einem Telefonmeeting mit meinem Chef in den USA habe ich schon Tage vorher ein mulmiges Gefühl und denke: ›Ach, wer weiß, was er wieder will und was da wieder auf mich zukommt. Wenn es nur schon vorbei wäre.‹ Ich habe Angst, ihn nicht zu verstehen und etwas falsch zu machen. Ich schlafe schlecht und überlege 100

Mal, ob ich an alles gedacht habe. Ich bereite mich so gut wie möglich vor, trotzdem bin ich angespannt, kurzatmig, kann mich nicht richtig konzentrieren«, berichtet Ronald B., 35, Führungskraft. »Ich fühle mich unsicher und abhängig. Dabei will ich doch cooler reagieren.«

Welche möglichen Glaubenssätze können hier am Wirken sein?

Ronald B. ist unsicher im Hinblick darauf, was auf ihn zukommt, und will vor seinem Chef gut dastehen – ist ja verständlich, oder? Er malt sich alle möglichen Katastrophenszenarien aus, was schieflaufen könnte, er ist in der Gedankenschleife gefangen: »Was passiert, wenn ich nicht gut genug bin? Was passiert, wenn ich ihn nicht richtig verstehe und eine falsche Antwort gebe?« Er treibt sich systematisch durch sein Gedankenkreisen in Stress und fokussiert sich auf seinen inneren Katastrophenfilm, kann dabei wahrscheinlich nicht erkennen, dass seine Negativvorstellungen eigentlich eine positive Absicht enthalten, nämlich sich zu überlegen, ob er wirklich auch gut vorbereitet ist, an alles gedacht hat, ob ihm auch wirklich gute Lösungen eingefallen sind. Seine Befürchtung ist: »Wenn ich kein hundertprozentiges Ergebnis abliefere, dann verliere ich meinen Job!«

Sein ihn leitender Glaubenssatz lautet: »Ich muss perfekt sein.« Die unausgesprochene Erwartung, die daran geknüpft ist: »Dann und nur dann werde ich von meinem Chef anerkannt, und die Welt ist wieder in Ordnung.«

Wenn man noch weiter in die Tiefe gehen und zu den Ursprüngen von Ronalds Glaubenssatz gehen will, lässt sich feststellen, dass er ihn als Kind gelernt hat. Sein Vater war Professor, sehr streng und stellte hohe Anforderungen an den Jungen. Er sollte es einmal in seinem Leben – genau wie er – weit bringen. Er verlangte von Ronald schon sehr früh sehr gute Schulleistungen, ordentliches Benehmen, Zurückhaltung von Gefühlen, und wenn Ronald den Maßstäben seines Vaters nicht gerecht wurde, wurde er ausgeschimpft nach dem Motto »Aus dir wird nie was, wenn du so weitermachst«.

Ronald wollte – wie jedes Kind – von seinem Vater geliebt werden und gehorchte, um von ihm gelobt und geliebt zu werden. Er machte die väterlichen Normen zu seinen eigenen und geht JETZT so mit sich um, wie DAMALS sein Vater mit ihm umging. Nun treibt er sich selbst auf der einen Seite zu Höchstleistung an, auf der anderen Seite kritisiert er sich und wertet sich selbst ab mit dem unbewussten Ziel, nicht vom »rechten Weg« abzukommen. Er bleibt den Geboten seines Vaters gegenüber loyal und ist in seinen Mustern gefangen.

Ronald befindet sich mit seinem Perfektionismusstreben in guter Gesellschaft. Sehr viele Menschen haben diesen Glaubenssatz »Ich muss perfekt sein«. Sie glauben, dass sie, nur wenn sie perfekte Leistungen liefern, perfekte Familienmenschen sind, obendrein genug Sport treiben, sich gesund ernähren, auf der richtigen Seite des Lebens stehen. Sie sind dauernd damit zugange, sich selbst und ihr Leben zu optimieren. Dahinter lauert die Angst, vielleicht doch nicht gut genug zu sein, vielleicht doch nicht alles perfekt zu schaffen, vielleicht sogar die falsche Firma oder den falschen Standort gewählt zu haben.

Auch ist die Angst da, den Job zu verlieren – und dann womöglich beruflich abzusteigen und sozial ausgegrenzt zu werden. Damit sind innerer Druck und Stress garantiert! Wie mögen sich Menschen fühlen, die ihre Arbeit verloren haben, meist unfreiwillig »freigesetzt« wurden und nun oft in Mini-jobs landen? Welche Auswirkungen kann das langfristig auf ihr Selbstvertrauen, Selbstwertgefühl und Selbstbewusstsein haben? Und wie wird sich das alles zusammen langfristig auf ihre Selbstmotivation, Zufriedenheit und Gesundheit auswir-ken, wenn sie am Rand stehen in einer Gesellschaft, in der Perfektionismus und Leistung so hoch angesiedelt sind?

Angst ist ein starker Antreiber für höchste Ziele und Perfek-tionismus. Um diese Angst nicht spüren zu müssen, rennen und hetzen viele Menschen beflissentlich durchs Leben, immer in der Hoffnung, doch irgendwann gut genug zu sein, um mit den anderen mithalten zu können und nicht ins Abseits ge-drängt zu werden.

Ja nicht innehalten, bloß nicht tiefer über das eigene Leben reflektieren, wer weiß, was dabei zutage kommen würde! Wenn diese Menschen wüssten, dass sehr viel Potenzial und Lebens-freude in ihnen schlummert und dass Erfüllung nicht mal einen Wimpernschlag entfernt liegt. Dies alles wird unwissentlich durch unsere Konditionierungen überlagert. Glaubenssätze bestätigen uns immer wieder in unserem Denken und Handeln und halten sich auf diese Weise am Leben!

Das Vertrackte an Glaubenssätzen ist, dass sie unsere Wahr-nehmung verzerren, zu Fehlinterpretationen führen und oft-mals wie selbsterfüllende Prophezeiungen wirken, wie das Beispiel von Ronald zeigt.

Ronald setzte sich schon im Voraus unter Druck, denn er erwartete beispielsweise schon, dass sein Chef mit uner-füllbar hohen Aufgaben und Anforderungen auf ihn zu-kommen würde. Zudem glaubte er mit wahrsagerischer Sicherheit, dass sein Chef die Ergebnisse seiner Arbeit kri-tisieren würde, weil sie bestimmt nicht perfekt waren. Und wenn sein Chef dann tatsächlich eine Anmerkung machte, fühlte sich Ronald sofort darin bestätigt, dass er niemals, niemals ein tadelloses Arbeitsergebnis abliefern könnte, das seinen Chef zufriedenstellen würde. Vielmehr betrachtete er jede Anmerkung, jede Frage seines Chefs als Bestätigung seiner lausigen Leistung und verband dies mit der Befürchtung, doch »irgendwann seinen Job zu verlieren, weil er, Ronald, ja leider nicht die Erwartungen seines Chefs befriedigen konnte und daher ein Loser war!«. Es half auch nichts, dass sein Chef ihm schon mehrmals gesagt hatte, er würde ihn jederzeit wieder einstellen!

Ronald hatte Angst, irgendwann als Loser entlarvt zu werden, und glaubte, dies nur durch einen überbordenden Perfektionismus wettmachen zu können.

Interessant ist, dass Glaubenssätze auch dann wirken, wenn wir rational etwas anderes denken, kein Wunder – funktionieren sie doch nach dem Reiz-Reaktions-Prinzip.

Letztlich sind viele Glaubenssätze einseitig. Sie heben bestimmte Eigenschaften, Sichtweisen hervor und klammern andere aus. Sie treiben uns einerseits an, andererseits kritisieren sie uns. Wir haben sie als kleine Kinder über die elterlichen Ge- und Verbote gelernt und schnell begriffen, was wir tun mussten, um gelobt zu werden, und was wir auf keinen Fall tun durften, um Kritik, Tadel, Strafe und Liebesentzug zu vermeiden, und dies als unbewusste Muster abgespeichert. So sind sie nun Teil unserer automatisierten Gewohnheiten geworden. Während unser bewusster Verstand mit Analysen, Zielen, Strategien und Problemlösungen beschäftigt ist, reagieren wir durch unsere unbewussten Programme im Alltag oft per Knopfdruck und ziehen dieselben Muster aus dem Hut, die wir damals gelernt haben.

Glaubenssätze erkennen und verändern

»Ich muss«-/«Ich darf nicht«-Glaubenssätze

Wie Sie vorhin gesehen haben, fangen Glaubenssätze oft mit »Ich muss« oder »Andere müssen« an. Viele Glaubenssätze haben die Bedingungsformen »müssen« und »sollen«, manche haben Negationen wie »nicht können« oder »nicht dürfen«.

Im Folgenden werden einige häufig vorkommende Glaubenssätze genauer unter die Lupe genommen – mit ihren Vor- und Nachteilen, ihren Folgen und Lernchancen.

Ich muss alles allein machen

Vorteile: Ich manage mein Leben selbstständig und verlasse mich nur auf mich selbst. Ich bin nicht auf andere angewiesen. Ich kenne mich in verschiedenen Themen und in alltagspraktischen Dingen gut aus. Ich frage nicht lange nach, kann gut allein arbeiten und bin froh, wenn ich Einzelprojekte habe, in meinem eigenen Rhythmus arbeiten kann und auf niemanden angewiesen bin.

Nachteile: Ich verlasse mich auf niemand anderen, mache alles allein, vertraue niemandem. Ich spreche nicht über persönliche Dinge, denn ich glaube, dass andere sich ohnehin nicht für meine Belange interessieren, und komme gar nicht auf die Idee, jemanden zu fragen, selbst wenn ich mehr als genug zu tun habe. Ich muss mir beweisen, wie viel ich schaffe, lehne Hilfsangebote ab, gehe über meine Grenzen und mute mir zu viel zu. Ich arbeite nicht gerne mit anderen Menschen zusammen. Ich bin manchmal frustriert, weil mir niemand eine Last abnimmt und mich niemand für meine Tüchtigkeit lobt.

Folgen: Überlastung und Stress, wenn viel zu tun ist.

Lernchancen: Ich erlaube mir, mich in Gesprächen zu öffnen und andere um Hilfe zu bitten.

Ich muss es anderen recht machen

Vorteile: Ich bin feinfühlig und einfühlsam, diplomatisch, achte darauf, was andere denken, wollen und tun. Deshalb kann ich die unterschiedlichsten Leute verstehen, kann entsprechend auf diese eingehen und kann mit den verschiedensten Menschen harmonisch und konfliktfrei zusammenarbeiten. Da ich meine Pappenheimer im Laufe der Zeit kenne, weiß ich, was sie brauchen, und bemühe mich schon im Vorfeld, ihre Bedürfnisse und Wünsche zu erahnen und zu befriedigen. Ich bin sozial kompetent, will, dass es allen anderen gut geht, kann gut vermitteln, bin ideal als Moderator/Moderatorin oder Mediator/Mediatorin, da ich unterschiedlichste Sichtweisen zusammenbringe, sodass neue Lösungen gefunden werden können. Die gemeinsame Sache steht im Mittelpunkt. Ich kann mich gut anpassen, bin vielseitig, flexibel, beliebt, belastbar und gutmütig.

Nachteile: Der Fokus meiner Aufmerksamkeit liegt auf anderen, das kostet viel Energie. Ich kenne die Bedürfnisse und Ziele der anderen, meine eigenen aber nicht. Wie auch? Ich habe gelernt, dass andere wichtiger sind als ich, und ordne mich unter. Ich habe wenig eigenes Profil, kann meine eigene Meinung schlecht äußern und vertreten, kann eigene Ziele schlecht durchsetzen, bin konfliktscheu, sage nicht NEIN. Ich bürde mir viel zu viel auf, gehe ständig über meine Belastungsgrenzen hinaus und strapaziere meine Kräfte. Ich lasse mich leicht von eigenen Zielen ablenken, unterstütze andere und komme im Job erst spät zu meiner eigenen Arbeit, habe Mühe, rechtzeitig mit meinen Aufgaben fertig zu werden. Ich bin leicht verletzt, kann mit Aggression und Disharmonie schlecht umgehen und bin frustriert, wenn ich ausgenutzt werde. Andere wissen nicht, welche Meinung ich habe, und halten mich eher für schwach. Egozentriker, Menschen, die im Mittelpunkt stehen und ihre Meinung lautstark vertreten, bringen mich unter Druck, aber auch, wenn Menschen sehr unterschiedliche Meinungen haben, weiß ich nicht, wem ich es recht machen soll, und habe dann ein schlechtes Gewissen. Ich darf mich nicht für mich einsetzen, denn das wäre ja egoistisch!

Folgen: Überlastung, innerer Druck und Stress

Lernchancen: Ich brauche Zeit für mich. Ich achte auf meine eigenen Bedürfnisse und erkenne, dass meine Meinung zählt, erlaube mir, mich mehr und mehr selbst zu behaupten, mich abzugrenzen, und gewinne so an Selbstvertrauen, Klarheit und Profil.

Ich muss schnell sein

Vorteile: Ich bin ein Wirbelwind, arbeite zielstrebig, effizient und effektiv, kann Aufgaben zügig abarbeiten, habe dann wieder Luft für neue Aufgaben. Ich leiste viel, bin im Beruf in viele Themen eingebunden, kann mich gut organisieren und habe ein gutes Gefühl, schnell zu sein, schneller als alle anderen. Je schneller, desto besser.

Nachteile: Ich stehe ständig unter Strom, kann kaum Luft holen, bin hektisch, getrieben von den Aufgaben, werde von Langsameren ausgenutzt, komme nicht zu mir, bin ungeduldig, wenn etwas dazwischenkommt und meinen schnellen Rhythmus unterbricht. Bei Langsameren werde ich rasch sauer und habe wenig Verständnis für sie. Wenn jemand bei einem Thema nicht auf den Punkt kommt, dann unterbreche ich schon mal und sage den Satz zu Ende. Das wirkt auf andere demotivierend. Es kann schon sein, dass ich zu viele Aufgaben auf einmal erledigen will. Ich mache gelegentlich Leichtsinnsfehler, nehme mir zu viel am Tag vor und verbreite bei anderen Menschen Hektik. Ich will mein hohes Tempo halten, werde aber zunehmend erschöpft, komme nicht zur Ruhe und kann schwer abschalten. Ich habe kein Verständnis für Wartezeiten!

Folgen: Hektik, Ungeduld, Stress und die Befürchtung, nicht schnell genug zu sein

Lernchancen: Ich erlaube mir, eins nach dem anderen zu erledigen. Ich darf Pausen machen und durchatmen. Ich erlaube mir, mich zu entspannen.

Ich muss perfekt sein

Vorteile: Ich bin stets hoch motiviert, sehr ehrgeizig und stelle hohe Anforderungen an mich, will mich weiterentwickeln, hohe Ziele erreichen und setze mich total dafür ein. Das, was ich mache, muss sehr gut sein. Auf mich kann man sich verlassen, ich bin gut strukturiert und gewissenhaft, gebe immer ein sehr gutes Ergebnis ab, mit weniger bin ich nicht zufrieden. Ich kann viel erreichen. Am besten ist es deshalb, wenn ich meine Sachen allein mache. Ich kenne meine Schwachpunkte und arbeite mit Hochdruck daran. Ich kann ein Haar in der Suppe sehen, entdecke jeden Schreibfehler und bin gut im Überprüfen von Arbeiten und im Kontrollieren meiner Gefühle. Ich kann mich gut benehmen, ich habe einen guten Geschmack, lege meist auch Wert auf guten Stil. Nur das Beste ist gut genug! Ich biete wenig Angriffsfläche für Kritik!

Nachteile: Ich habe einen starken inneren Kritiker und bin nie zufrieden mit dem, was ich erreicht habe. Ich fordere immer mehr. Meine Ansprüche sind mehr als hoch – ich will mehr als das Beste, stehe unter unglaublichem Erfolgsdruck und bin frustriert, wenn ich meine Ziele nicht und nicht in vorgegebenem Rahmen erreiche. Ich schaue auf meine Schwächen und Fehler, schiebe manchmal Dinge vor mir her, habe Angst vor Ablehnung, kann Kritik anderer schlecht ertragen, kann manchmal schlecht priorisieren, mache mir schnell Vorwürfe, warum es nicht hundertprozentig gelaufen ist. Beim kleinsten Missgeschick komme ich mir dumm und inkompetent vor. Es kann durchaus sein, dass ich etwas abbreche oder mir gar kein Ziel setze, dann kann ich auch nicht als Versager dastehen! Ich habe Angst, die Kontrolle zu verlieren, kontrolliere deshalb alles immer wieder, das kostet natürlich Zeit. Unklare Anforderungen und Chaos in Arbeit und Familie verunsichern mich. Mit anderen Menschen, die weniger Ansprüche an sich stellen und weniger wollen, komme ich schlecht zurecht. Ich kann nicht loslassen, nicht delegieren, finde an jedem und allem etwas, was ich kritisieren kann. Ich bin oft verbissen, sehe rigoros nur das, was nicht hundertzwanzigprozentig ist, neige zu Minderwertigkeitsgefühlen, Pessimismus, Schuldgefühlen und ärgere mich über meine Unzulänglichkeiten.

Folgen: Innerer Druck, Stress und die Angst vor Kontrollverlust.

Lernchancen: Ich erlaube mir, so zu sein, wie ich bin. Fehler sind in Wahrheit wertvolle Erfahrungen und Entwicklungschancen! Ich erlaube mir, Arbeit abzugeben.

Ich darf nicht nachlassen

Vorteile: Ich bin stets voll einsatzfähig und belastbar. Ich packe die Dinge an und bleibe dran. Ich packe immer noch eine Schippe drauf und setze mich voll für meinen Job und auch für meine private Angelegenheiten ein. Ich *muss* mich engagieren und gebe alles, bin das Arbeitstier unter meinen Kollegen, kümmere mich darum, dass in meinem Rahmen alles läuft, und sitze schon mal bis spätabends da, damit meine Aufgaben rechtzeitig fertig werden. Ich nehme auch Zusatzaufgaben an, treibe mich täglich zu Höchstleistung an, vergleiche mich mit meiner eigenen Bestleistung und anderen, will immer »on top« sein.

Nachteile: Ich überanstrenge mich regelmäßig und komme nicht mehr zum Entspannen und Regenerieren. Ich fühle mich gehetzt, getrieben und habe immer Angst, dass meine Arbeit nicht gut genug ist, habe Angst vor Leistungsabfall. Ich bin ständig angespannt und kann schlecht NEIN sagen zu den Anforderungen, die von außen auf mich zukommen, und bin der ideale Burn-out-Kandidat.

Folgen: Innerer Druck, Stress und die Befürchtung, »nicht gut genug« zu sein.

Lernchancen: Ich erkenne meine eigenen Bedürfnisse und die Grenzen meiner Belastbarkeit. Ich erlaube mir, mich abzugrenzen und Arbeit abzugeben. Ich darf mir Pausen gönnen und mich entspannen.

Auf diese Weise lassen sich bei vielen Glaubenssätzen Vorteile, Nachteile, Konsequenzen und Lernchancen erarbeiten.

Die Frage ist:

- Wer sagt denn, dass ich etwas Bestimmtes tun muss und etwas anderes nicht tun darf?
- Welche Befürchtungen stecken dahinter, wenn ich meinen Glaubenssatz selbst nicht einhalte?
- Was könnte dann schlimmstenfalls passieren?
  Was könnte bestenfalls passieren?
- Und wozu befolgen wir unsere Glaubenssätze?

  In aller Regel: damit wir von anderen geliebt, akzeptiert, anerkannt und wertgeschätzt werden UND uns selbst für liebenswert halten, uns selbst akzeptieren, anerkennen und wertschätzen.

Struktur: Ich muss

Unbewusst lautet das vollständige Muster eines Glaubenssatzes, der mich betrifft:

- Wenn ich schnell/perfekt/freundlich/gerecht usw. bin, dann werde ich anerkannt, wertgeschätzt, geliebt und bin in Ordnung, liebenswert etc. Ich muss also XYZ sein oder tun!

Beispiel für einen stressenden Glaubenssatz

Letztes Jahr arbeitete ich mit einem Hochleistungssportler, der auf seinem Gebiet schon mehrmals einen Weltcup gewonnen hat. Vor jedem Wettkampf war er so nervös, so angespannt, dass er nicht schlafen konnte. Er war abends hellwach und morgens vor dem Wettkampf todmüde. Auf längere Sicht also kein Erfolg versprechendes Modell. Er ist sehr ehrgeizig, sonst hätte er es ja nicht bis in die Nationalmannschaft geschafft, und hatte einen Glaubenssatz, der ihn ständig zu Höchstleistung antrieb: »Ich muss der Beste sein.« Natürlich hatte er gleichzeitig Angst, dass ein Konkurrent besser sein könnte und er versagen würde. »Ich darf auf keinen Fall versagen«, war sein zweiter Glaubenssatz. Seine Aufmerksamkeit war stark auf die Konkurrenz gerichtet, sodass er allein dadurch schon sehr viel Energie verlor. Zudem war er hin- und hergerissen zwischen den Glaubenssätzen, der Beste sein zu müssen und auf keinen Fall versagen zu dürfen. Beide waren so unerbittlich, der eine trieb ihn an, der andere malte sich zukünftige Katastrophenszenarien aus, sodass er dadurch ständig unter Stress stand, sich dafür kritisierte und mental schließlich blockierte. Entweder war er ein »Winner« oder ein »Loser«, es gab nur Schwarz oder Weiß – dazwischen gab es nichts, gar nichts. Ein »Loser« zu sein war für ihn die ultimative Bedrohung und kam mit einer Ausgrenzung »aller« gleich. Niemand würde ihn mehr anerkennen, niemand würde mit ihm etwas zu tun haben wollen. Allein die Vorstellung war für ihn schon beschämend!

So können unbewusste Glaubenssätze mit der allerbesten Absicht einem das Leben schwermachen. Natürlich wäre es wunderbar, wenn jemand ausschließlich Sieger sein könnte, doch wie realistisch ist das?

Das Leben hat jedoch jede Menge Graustufen bereit. Je höher der Anspruch, desto größer die Angst zu versagen. Seine Glaubenssätze wollten zwar das Allerbeste für ihn, doch er hatte sich durch seinen extrem hohen Maßstab selbst unter Druck gesetzt. »Ich brauche mehr Gelassenheit und mentalen Freiraum«, meinte er und entwickelte einen neuen Satz für sich, nämlich: »Ich bin gut so, wie ich im Moment bin.« Für ihn war der »Moment« das Ausschlaggebende, das entspannte ihn sofort. Durch Entspannung mit Visualisierung konnte er diesen neuen Satz noch mehr spüren und verinnerlichen. Zudem führte er Atem- und Wahrnehmungsübungen durch, durch die er gegenwärtiger bleiben konnte. Sie halfen ihm auch, kurz vor den Rennen in einen optimalen Vorstartzustand zu kommen.

Im Zusammenhang mit Glaubenssätzen ist es interessant, die Interviews im Download auf meiner Webseite zu lesen *www.Tim-Training.de*, besonders die Abschnitte, in denen die Beteiligten über die Anfänge ihrer Karriere sprachen und darüber, wodurch sie in Stress und unter Druck gerieten und wie sie im Lauf der Jahre gelernt haben, konstruktiv mit Stress umzugehen.

Glaubenssätze und die Gesellschaft

Die folgende Tabelle zeigt, welche Qualitäten, Eigenschaften, Verhaltensweisen in unserer Gesellschaft herkömmlich als positiv beziehungsweise negativ bewertet werden und wodurch wir diese als Kinder erlernt und übernommen haben. Zudem sehen Sie, wie sich Kinder fühlen, wenn sie gelobt und geliebt

oder aber getadelt und bestraft werden, aber auch, welche Auswirkungen Lob und Tadel auf die Entstehung von Glaubenssätzen haben.

Positive Qualitäten im Sinne herkömmlicher gesellschaftlicher Werte und Normen – beispielhaft:	Negative Qualitäten im Sinne herkömmlicher gesellschaftlicher Werte und Normen – beispielhaft:
Leistungsfähig, zielstrebig	Aggressiv
Hilfsbereit	Egoistisch
Freundlich	Faul
Bescheiden	In den Mittelpunkt drängend
Ehrlich	Verlogen
Zuverlässig	Unzuverlässig
Brav	Rebellisch
Anständig	Brutal
Pünktlich	Unpünktlich
Sauber	Schmutzig
Ordentlich	Schlampig
Schnell	Langsam
Bei Männern:	*Bei Männern:*
Stark	Schwach
Entscheidungsfreudig	Entscheidungsschwach
Rational	Emotional
Durchsetzungsstark	Angepasst
Bei Frauen:	*Bei Frauen:*
Rücksichtsvoll	Egoistisch
Einfühlsam	Rational
Warmherzig	Kaltherzig
Harmonisch	Zickig

Wodurch haben wir gelernt, was gut ist?	Wodurch haben wir gelernt, was schlecht ist?
Durch Lob, Anerkennung, Wertschätzung ↓ Wird erlebt als: Liebe	Durch Kritik, Tadel, Bestrafung ↓ Wird erlebt als: Liebesentzug
Wie fühlt sich ein Kind, wenn es geliebt wird ?	**Wie fühlt sich ein Kind, wenn es das Gefühl hat, nicht geliebt zu werden?**
Geliebt, anerkannt, es fühlt sich wohl, entspannt, wertvoll	Ungeliebt, einsam, niedergeschlagen hilflos, ängstlich, wütend, verletzt, wertlos
Es lernt unbewusst Glaubenssätze: Wenn ich freundlich, hilfsbereit etc. bin, werde ich geliebt und bin liebenswert, und es geht mir gut.	*Es lernt unbewusst Glaubenssätze:* Ich darf nicht aggressiv, egoistisch, faul etc. sein, sonst bin ich einsam, niedergeschlagen, wertlos.
Das will ich.	Das will ich vermeiden.

Unsere Glaubenssätze über andere

Wir haben auch Glaubenssätze, die andere Menschen betreffen.

Andere haben recht

Dieser Glaubenssatz ist ziemlich fatal, denn derjenige muss tun, was andere wollen, er muss sich anpassen und unterordnen. Das entlastet zwar vor Selbstverantwortung, langfristig führt dies aber zu Frustration und Stress, weil die eigenen Bedürfnisse, die eigenen Vorstellungen bei diesem Glaubenssatz unterdrückt werden, nicht artikuliert werden können und man selbst das Nachsehen hat.

Andere müssen …

Diese Art von Glaubenssätzen führen augenblicklich zu Stress, wenn andere unsere an sie gestellten Erwartungen nicht erfüllen.

- »Mein Freund muss doch wissen, dass ich nicht gerne radle. Jetzt fährt er am Wochenende zum Radeln und lässt mich allein sitzen!«

- »Mein Chef ist so ungerecht. Warum macht er XYZ nicht? Er treibt mich mit seinem Verhalten noch in den Wahnsinn!«

- »Wie oft habe ich meiner Tochter schon gesagt, dass sie mich anrufen soll, wenn sie sich verspätet. Das macht mich noch verrückt!«

Vielleicht kennen Sie auch solche oder ähnliche Aussagen, die andere Menschen betreffen. In den obigen Beispielen wird dem Freund, dem Chef, der Tochter unterstellt, dass diese wissen müssten, wie sie sich zu verhalten haben. Weil sie das aber nicht tun, wird diesen die Schuld daran gegeben, dass es jenen schlecht geht, die solche Erwartungen hegen. Damit geben jene ihre Macht ab und fühlen sich als Opfer, dem die anderen übel mitgespielt haben.

Noch mehr »Andere müssen«-Glaubenssätze unter die Lupe genommen

Im Folgenden sind verschiedene typische Beispiele aufgelistet MIT Anregungen, wie Sie diese Sätze hinterfragen können. Dadurch können Sie die Macht solcher Glaubenssätze lockern.

Mein Freund/mein Chef/meine Kollegin etc. muss wissen, was ich will

Müssen andere das wirklich wissen? Woher sollen sie wissen, was Sie wollen? Haben Sie mit ihnen darüber gesprochen? Wenn

nein, dann verlangen Sie zu viel. Die anderen sind weder Ge-
dankenleser noch Hellseher. Reden Sie mit ihnen über die
Dinge, die Ihnen wichtig sind.

Andere müssen fair sein

Müssen sie das? Müssen andere wirklich so handeln, wie Sie
das wollen? Wozu sollten andere sich Ihren Normen entsprechend verhalten? Vielleicht handeln sie aus ihrer Sicht der Dinge
genauso fair und gerecht.

Andere müssen genauso viel leisten wie ich

So? Müssen andere das wirklich? Stimmt es wirklich, dass andere genauso viel leisten müssen wie Sie selbst? Woher wissen
Sie, dass andere genauso viel leisten müssen wie Sie?

Vielleicht haben andere eine andere Konstitution, weniger
Energie oder eine andere Vorstellung von Leistung, möglicherweise können Sie sogar von ihnen lernen, kleine Pausen einzulegen, sich abzugrenzen oder dass das Leben auch für Sie mehr
bietet als Arbeit.

Mein Partner muss doch erkennen, dass mir alles zu viel wird

Muss er das wirklich? Wie kommen Sie auf die Idee, dass er das
erkennen müsste? Und was heißt denn »Mir wird alles zu viel«
genau? Vielleicht ist er so mit seinen eigenen Gedanken beschäftigt und froh, dass Sie ihm Arbeit abnehmen. Wenn Sie
etwas ändern wollen, dann ist es wichtig, immer wieder offen
über Ihre eigenen Bedürfnisse und Wünsche zu reden.

Das, was wir von uns selbst erwarten, verlangen wir oftmals
von anderen – ein Rezept, mit dem wir garantiert in Stress geraten! Gemäß unserer eigenen verinnerlichten Glaubenssätze
und Normen glauben wir, dass andere genauso schnell, perfekt,

freundlich, gerecht, hilfsbereit, bescheiden, pünktlich, zuverlässig, fleißig, ehrlich, höflich, erfolgreich, cool, rational, zielstrebig, stark etc. sein müssen wie wir. Mit einer solchen Haltung befinden wir uns ganz sicher auf dem Holzweg!

Struktur: Andere müssen

Die unbewusste Struktur bei Glaubenssätzen, die andere betreffen, lautet:

- Andere müssen sich so verhalten, wie ich das will.
  Und wenn sie sich nicht so verhalten, wie ich das will,
  dann sind sie ignorant, arrogant, engstirnig,
  rechthaberisch, doof etc.
  und müssen von mir – völlig zu Recht natürlich –
  bestraft werden!

Wie wir andere bestrafen

Um andere zu bestrafen, gibt es ja einige erprobte Methoden:

- Wir können schimpfen.
- Wir können uns beleidigt zurückziehen.
- Wir können anderen Vorwürfe machen und ihnen
  Schuldgefühle für ihr ignorantes Verhalten einjagen.
- Wir können jammern, wehklagen und uns als armes
  Opfer darstellen, dem übel mitgespielt wurde, und damit
  zumindest auf Mitleid hoffen.
- Wir können wütend zum ultimativen Gegenschlag ausholen
  und uns rächen.

Tatsache ist, dass wir uns durch diese Glaubenssätze selbst verletzen. Erst haben wir überhöhte Erwartungen an andere, dann sind wir gekränkt und enttäuscht, wenn diese unsere Anforderungen an sie nicht erfüllen, und glauben schließlich, das Recht zu haben, sie dafür zu bestrafen getreu dém Motto »Ich habe recht, und du hast mich verletzt«.

Wir können uns natürlich tagelang über ungebührendes Verhalten der anderen ärgern und uns darüber empören. Wahrscheinlich sieht es so aus: Der andere hat dieses Verhalten nicht so schändlich bewertet wie wir und ist längst wieder zum Tagesgeschäft übergegangen. Einzig wir stecken in der Gedankenschleife fest, wir sind es, die diese Situation am Leben halten, uns weiter darüber ärgern und im Stress sind. Natürlich können wir damit weitermachen, das steht uns frei! Und selbstverständlich wäre es schön, wenn andere sich endlich so verhalten würden, wie wir es wollen. Doch werden sie es tun? Das ist eher unwahrscheinlich.

Um aus dem Negativkarussell rauszukommen, ist es wichtig zu erkennen: Wir können das Verhalten anderer nicht bestimmen: Wie andere sich verhalten, was sie tun, ist ihre Sache und liegt außerhalb unserer Kontrolle. Wir können uns fragen, ob der andere wirklich so handeln muss, wie wir es wollen. Wir können anerkennen, dass jeder von seinem Standpunkt aus in bester Absicht gehandelt hat, auch wenn wir das erst mal nicht glauben wollen! Der andere hat aufgrund seiner Glaubenssätze gehandelt und hat das Recht, so zu handeln, wir er will. Was uns dennoch verbindet, ist, dass wir alle Menschen sind und jede Menge Chancen haben, dazuzulernen!

Im folgenden Beispiel können Sie erkennen, wie Glaubenssätze jemanden in Stress bringen und wie Achtsamkeit und Veränderung der Glaubenssätze hilft, stressstabiler und souveräner zu handeln.

Jana Krüger arbeitet in einer mittelständischen Firma, ist zielstrebig, engagiert und will beruflich vorankommen. Sie kann sich in Meetings – obwohl sehr gut vorbereitet –

nicht gut für ihr jeweiliges Thema stark machen und knickt rasch ein, sobald kritische Fragen gestellt werden. »Meine Kollegen setzen mich durch ihre Fragen so unter Druck. Innerlich ärgere ich mich total über sie. Ich fange an zu stottern und komme total in Stress, werde kurzatmig, verkrampft und habe Mühe, den roten Faden zu behalten und mein Thema zum Abschluss zu bringen. Zudem ärgere ich mich über mich, dass ich wieder nicht souverän war.«

So, wie es Jana geht, geht es vielen Menschen. Sie erleben beruflich wie privat wiederholt eine Situation, in der sie in Stress geraten, sich durch äußere Bedingungen unter Druck gesetzt fühlen und andere dafür verantwortlich machen. Sie kann nicht erkennen, welche Rolle ihre eigenen unbewussten Glaubenssätze beim Zustandekommen von Stress spielen. Jana macht eine interessante Ursachen-Wirkung-Zuschreibung, indem sie unausgesprochen und überspitzt sagt: »Meine Kollegen sind schuld an meinem Stress und daran, dass ich an mir zweifle. Sie müssen sich verändern, damit es mir besser geht.« Sie erwartet, dass ihre Kollegen ihr Thema gut finden und sie bestätigen, schließlich hat sie sich gut vorbereitet und schlüssig argumentiert. Jana hatte den Glaubenssatz: »Andere müssen sich so verhalten, wie ich das will. Wenn sie das nicht tun, werde ich sauer.« Da ihre unbewusste Erwartungshaltung jedoch nicht erfüllt wird, stattdessen kritische Fragen kommen, sie zudem den Ärger über ihre Kollegen unterdrücken will, wird ihr auf einmal alles zu viel. Sie merkt, dass sie stottert, sie erkennt, dass sie im Stress ist UND dass sie gleichzeitig auf kritische Fragen antworten soll. Ihre Aufmerksamkeit ist gesplittet. Sie kämpft gegen das Stottern, gegen ihren Ärger auf die Kollegen und kommt aus dem Konzept. Ein

weiterer Glaubenssatz von Jana in dieser Situation lautet:
»Ich muss perfekt ein.«

Jana glaubt zunächst, dass sie dem Stress hilflos ausgeliefert ist und nichts daran ändern kann. Ihre unbewussten inneren Einstellungen mitsamt den dazugehörenden
Gefühlen sind ihr so vertraut, dass sie sie für die einzig
wahre Wirklichkeit und Möglichkeit hält, die Situation zu
bewerten.

Im Coaching lernt Jana im ersten Schritt über Aufmerk-
samkeits- und Achtsamkeitsübungen, sich immer wieder
zu beruhigen, bei sich zu bleiben und ihre Emotionen zu
regulieren. Durch das Erkennen und Verändern ihrer bislang unbewussten Glaubenssätze gelingt es ihr schrittweise,
die kritischen Fragen ihrer Kollegen als Interesse am Thema
zu bewerten. Ihr neu erarbeiteter Glaubenssatz »Ich kann
mich zeigen, wie ich bin« hilft Jana, sich mehr zu öffnen,
sich für ihre Themen stark zu machen und nach und nach
gelassener zu argumentieren. Allein schon das Wort »können« brachte ihr einen größeren inneren Freiraum.

Stressende Glaubenssätze in Arbeit und Partnerschaft

Im Folgenden stelle ich Ihnen geläufige Glaubenssätze, die uns
Stress bereiten, aus den Bereichen Arbeit und Partnerschaft
vor.

Glaubenssätze, die uns in der Arbeit stressen

- Ich muss heute noch fertig werden.
- Ich muss schnell sein.
- Ich muss hart und viel arbeiten.
- Ich muss perfekt sein.
- Ich muss erfolgreich sein.

- Ich muss alles im Griff und unter Kontrolle haben.
- Ich muss tun, was andere wollen.
- Ich muss Geld verdienen.
- Ich muss der Beste sein.
- Ich muss zuverlässig und pünktlich sein.
- Ich muss cool sein.
- Ich muss sachlich sein.
- Ich muss stark sein.
- Emotionen haben im Business nichts verloren!
- Ich bekomme nicht genug Anerkennung.
- Ich werde hier nur ausgenutzt.
- Ich mache das für die Familie.
- Das System ist unfair.
- Es interessiert niemanden, wie's den Mitarbeitern geht.
- Ich muss durchhalten.
- Ich kann niemandem vertrauen.
- Ich darf keinen Fehler machen.
- Ich darf nicht nachlassen.

Dazu kommen noch die Glaubenssätze mit den impliziten Erwartungen an andere: Andere müssen gerecht, zuverlässig, freundlich, fair, schnell etc. sein und mich anerkennen.

Ich will mich hier nicht auf Grundsatzdiskussionen über Gesellschaft und Unternehmen einlassen. Natürlich haben wir in unserem Gesellschafts-, Wirtschafts- und Finanzsystem vielerlei Konflikte, die durch das System weiter verstärkt werden, von dem wir alle Teil sind. Kein Unternehmen ist perfekt, jede Firma ändert sich, um sich auf dem rasch wandelnden Markt zu behaupten und Gewinne zu erwirtschaften. Selbstverständlich tragen diese äußeren Rahmenbedingungen wesentlich dazu bei, dass viele Menschen im Stress sind und unter Druck geraten. Nicht umsonst nehmen Burn-out und psychische Krankheiten seit Jahren zu. Es ist für jeden von uns wichtig, immer wieder auf Missstände hinzuweisen und alles zu tun, was in unserem Einflussbereich liegt, doch wir können nicht darauf warten, dass die Gesellschaft und Unternehmen sich so für uns ändern, wie wir das wollen. Vielmehr ist es notwendig, zu verstehen, dass äußere Bedingungen deshalb auf fruchtbaren Boden fallen, weil eine Resonanz zu den eigenen unbewussten Glaubenssätzen, den inneren Antreibern und Überzeugungen besteht. Es ist ein weltweit sich gegenseitig verstärkendes System. Wir können die Welt nicht allein retten, die Nummer ist zu groß für uns, und schon der Versuch endet im Leiden.

Was aber immer in unserer Macht liegt, ist, den Fokus der Aufmerksamkeit auf uns zu lenken, bei uns selbst zu beginnen und die eigenen stressenden Überzeugungen und Glaubenssätze herauszufinden. Wenn wir genau wissen, wodurch wir uns selbst unter Druck setzen, haben wir die Chance, aus unserem mentalen Hamsterrad auszusteigen, uns immer wieder abzugrenzen und wieder in dynamischer Balance zu leben. Wir können in unserem Beruf wie in unserem Privatleben unsere Werte leben und unseren Beitrag für eine menschliche Welt leisten, auch wenn das ein wenig nach Sozialromantik klingen mag.

Wie Sie garantiert für Stress in der Partnerschaft sorgen

Natürlich gibt es auch Glaubenssätze, durch die wir uns im Privatleben stressen. Auch hier einige typische Beispiele:

- Du bist wichtiger als ich.
- Du musst doch wissen, wie es mir geht.

- Du musst auch etwas zum Haushalt beitragen.
- Du bist nie da.
- Du gibst mir nicht, was ich brauche.
- Du hast dich so verändert.
- Du musst so sein, wie ich dich gerne hätte!
- Meine Familie geht mir über alles.
- Du musst mich glücklich machen.
- Du musst das Gleiche wollen wie ich.
- Ich muss eine gute Hausfrau, Mutter und Geliebte sein – ich muss alles unter einen Hut bringen.
- Ich muss ein Superlover sein.
- Ich muss perfekt sein.
- Wir haben keine Konflikte!

Die Liste ließe sich weiter fortsetzen. Innere Einstellungen, Antreiber, Glaubenssätze machen sich in verschiedenen Stadien einer Partnerschaft auf unterschiedliche Weise bemerkbar. Wenn wir das wissen, können wir aktiv und konstruktiv mit unserem Partner, unserer Partnerin über unsere unterschiedlichen Bedürfnisse und Vorstellungen sprechen, gemeinsame neue Spielregeln, die für unser gegenwärtiges Leben stimmig sind, vereinbaren.

Wie Glaubenssätze unsere Beziehungen beeinflussen

Glaubenssätze in einer Beziehung geben uns Aufschluss darüber, was wir von der Partnerschaft erwarten, zeigen, wie beide Partner sich verhalten sollen. Sie lassen uns wissen, welche Erwartungen wir an die Liebe, ans Glück, an uns und an den anderen haben. Unsere gesellschaftlichen Liebeserwartungen entstammen oftmals dem Ideal der romantischen Liebe, einer Liebe, bei der die Welt märchenhaft in rosarotem Schimmer erscheint, einer Liebe, in der alle Bedürfnisse und Wünsche unausgesprochen auf magische Weise in Erfüllung gehen. Seufz!

Was hier so rosarot beschrieben aufscheint, ist ja nichts anderes als die erste Phase einer Beziehung, in der es mehr um das Verliebtsein als um Liebe geht. Dies ist eine Phase, in der die Hormone tanzen und wir den Partner idealistisch verbrämen. Aus einem Mann wird ein Hero ohne Fehl und Tadel, aus einer Frau die strahlende Göttin.

Nachdem das Paar zusammengefunden hat, eine Weile zusammen ist und gegebenenfalls Kinder da sind, die das Bild der heilen Familie abrunden, flauen die Hormone allmählich ab, und das Paar kommt in die zweite Phase der Beziehung. Der Alltag mit seinen Anforderungen und seiner Routine kehrt ein. Aus dem Hero wird ein Mann mit Stärken und Schwächen, und auch die Frau wird nicht mehr in den Himmel gehoben. Genau in dieser Phase nehmen beide wahr, dass die gegenseitigen Erwartungen, Bedürfnisse und Wünsche in der Realität nicht mehr selbstverständlich erfüllt werden, die unbewussten Glaubenssätze und Überzeugungen sind jedoch weiterhin da, Konflikte und Zweifel an der Partnerschaft tauchen auf, Stress entsteht. Wo ist jetzt das harmonische ideale Zusammensein der Anfangsphase geblieben?

In dieser Phase der Enttäuschung werden aus kleinen liebevollen Neckereien ernst gemeinte Sticheleien, es kommen die ersten gegenseitigen Vorwürfe und Konflikte, und beide wissen nicht, woran das liegt. Beide fühlen sich zurückgewiesen und verletzt und sehnen sich nach der Anfangsphase zurück. Aus dem Bedürfnis nach Nähe folgt unbewusst ein Bedürfnis nach Freiraum und mehr Eigenleben. Während zum Beispiel ein Mann sich – ganz klischeehaft – diese Freiheit verschafft, indem er länger arbeitet, zum Sport geht, übers Wochenende mit seinen Kumpels Motorrad fährt oder einfach am Computer sitzt, klammert die Frau sich häufig an und unternimmt viel, um die verloren gegangene Nähe wiederherzustellen und um Zuwendung zu erheischen. Das klappt meistens nicht. Aus Verletzung weist sie ihn dann wiederum zurück, wenn er sich ihr nähert. Hier kann ein unfruchtbarer Teufelskreis beginnen. Beide haben Angst, dem Partner/ der Partnerin nicht mehr zu genügen. Zweifel an der Partnerschaft und Selbstzweifel tauchen auf. Beide beäugen sich kritisch, sind unsicher und angespannt.

In der dritten Phase kommt es zunehmend zu Konflikten, die sich zu lautstarken Streitereien steigern können oder in schmollendem, schweigendem Rückzug enden. Hier laufen die unterschiedlichen Glaubenssätze zu voller Blüte auf. Der innere Kritiker verteidigt seine Idealnorm und beschuldigt den Partner massiv. »Du bist nie da! Nie machen wir etwas gemeinsam! Du hast dich so verändert!« Implizit heißt das: »Ich möchte mehr mit dir zusammen sein und mich austauschen. Ich mag deine Veränderung nicht – kannst du nicht wieder so sein wie früher!« Unbewusst will jeder seine eigenen Glaubenssätze und Vorstellungen bewahren – es ist ein Machtkampf um Überzeugungen, wie das gemeinsame Leben aussehen soll und welche gegenseitigen Erwartungen die beiden Partner haben. Er bringt jede Menge Stress mit sich, denn es stellt sich natürlich die Frage: Trennung oder Zusammenbleiben? Wenn die beiden Partner jedoch wissen, dass es bei den Auseinandersetzungen in der Hauptsache um das Beibehalten der eigenen Glaubenssätze in Bezug auf Liebe und Partnerschaft geht, ist es möglich, diese von beiden Seiten ehrlich zu hinterfragen, herauszufinden, was beide am anderen und an der Beziehung schätzen, die unterschiedlichen Bedürfnisse aufeinander abzustimmen und neue gemeinsame Spielregeln zu entwickeln, sodass beide wieder gemeinsam nach vorne blicken können und wissen, dass sie bewusst weiterhin zusammenleben wollen – oder sich infolge zu großer Unterschiede trennen.

Ich erlebe immer wieder Menschen, die von Partnerschaften enttäuscht wurden und dann folgenden Glaubenssatz in sich tragen: »Alle Männer/Frauen verlassen mich.« Um die Phasen einer Beziehung in Verbindung mit diesem Satz, der wie eine selbsterfüllende Prophezeiung wirkt, zu veranschaulichen, stelle ich folgendes Beispiel einer jungen Frau vor.

Aline war zwei Jahre älter als ihr Bruder. Dieser kam mit einem Gendefekt zur Welt und musste gepflegt werden. Aline fühlte sich schon damals von ihrer Mutter ungeliebt, weil diese sich ja in erster Linie um den Bruder kümmern musste. Als sie vier Jahre alt war, brach ihre Welt gänzlich zusammen, denn ihr Vater, den sie sehr liebte, verließ völlig überraschend die Familie. Nun fühlte sie sich vollkommen allein. In der Schule war sie sehr strebsam, machte eine Banklehre und hatte einen Freund, der sie sang- und klanglos von heute auf morgen abservierte. Sie konzentrierte sich auf ihren Beruf und lernte dort einen netten Mann kennen, mit dem sie sich eine gemeinsame Zukunft wünschte. Dieser verließ sie abrupt, als sie im fünften Monat schwanger war. Wieder bestätigte sie sich, dass sie verlassen wurde. Sie bekam eine zauberhafte Tochter und war mehrere Jahre alleinerziehende Mutter. Dann lernte sie wieder einen Mann kennen, von dem sie sich vorstellte, mit ihm alt zu werden und einen Vater für ihre Tochter zu haben. Er wohnte in einer anderen Stadt, besuchte sie am Wochenende, sie unternahmen alles gemeinsam und sprachen stundenlang miteinander. Genau das liebte sie. Schon bald zog sie mit ihrer Tochter zu ihm und seinen drei Buben im

Alter von neun, elf und vierzehn Jahren. Sie hatte Glück, halbtags bei einer Bank arbeiten zu können. Während er unter der Woche als Unternehmensberater unterwegs war, kümmerte sie sich um die nunmehr vier Kinder, um den Haushalt, den großen Garten und war weiterhin einen Tag in der Woche berufstätig. Und wenn Udo am Wochenende nach Hause kam, kümmerte sie sich um seine Wäsche – während er müde vor dem Fernseher lag und nur noch seine Ruhe wollte. Es dauerte nicht allzu lange, und Aline wurde unzufrieden. So hatte sie sich das gemeinsame Leben nicht vorgestellt. Sie begann, daran zu zweifeln, ob es richtig war, mit Udo zusammen zu sein. Sie zweifelte an der Partnerschaft und fing an, an ihm herumzunörgeln, jammerte darüber, dass er nie da war und ihr die Kinder-erziehung überlassen hatte. Sie fühlte sich innerlich von ihm verlassen. Wenn Udo zu Hause war, unternahm er etwas mit seinen Buben, zog sich aber immer mehr von ihr zurück, während Aline ihn immer mehr bedrängte, wieder »so wie früher« mit ihr zu reden. Hin und wieder beklagte er sich dann lautstark, dass sie auch nicht mehr so attraktiv sei wie früher und dass er keine Lust auf eine keifende Frau habe. Beide fühlten sich verletzt und missverstanden. Die drei Buben spürten, dass es in der Beziehung nicht gut lief, stellten sich auf die Seite des Vaters und ließen sich von Aline nicht viel sagen, stritten viel mit ihr und ihrer Tochter und machten den beiden das Leben schwer. Aline kämpfte beständig gegen die Angst, verlassen zu werden, und strengte sich an, alles richtig zu machen, damit Udo keinen Grund zur Klage hatte! Sie fühlte sich stets angespannt, unzufrieden, gestresst und bekam Schlafstörungen. Dafür machte sie Udo und seine Buben verantwortlich. Insge-heim hoffte sie, dass sich doch alles zum Besseren wenden

würde, doch dem war nicht so. Sie fühlte sich in der Partnerschaft gefangen, doch gab sie sich immer wieder Mühe,
»den Laden am Laufen« und Udo bei Laune zu halten. Sie
schwankte eine Zeit lang zwischen Nörgeln und Überfür-
sorglichkeit, aber dann ließ beides nach. Nach vier Jahren
des Zusammenlebens hatte sie sich daran gewöhnt, dass
Udo mit ihr im Wesentlichen organisatorische Dinge be-
sprach, aus den Buben waren Jugendliche geworden, ihre
Tochter kam in die Vorpubertät, und Aline war froh, dass
sie ihren Job bei der Bank hatte und ihrem Freund nicht
auf der Tasche lag. Da kam Udo an einem Wochenende
wieder von der Arbeit nach Hause, erklärte ihr, er habe sich
schon vor Monaten verliebt, nun aber den Mut gefunden,
es ihr mitzuteilen, und bat sie, mit ihrer Tochter so bald wie
möglich auszuziehen. Wieder einmal sah sich Aline in ihrem Glaubenssatz »Alle Männer verlassen mich« bestätigt.

Ihre Lernchance: Sie besteht darin, sich klar zu werden
über ihre Gefühle, über ihren ursächlichen Schmerz, über
ihre wirklichen Bedürfnisse. Sie kann lernen, ihre tief
sitzende Angst, wertlos zu sein, wahrzunehmen und anzuerkennen, dass sie als Person wertvoll IST und es nicht erst
durch ihr Tun wird. Zudem kann sie lernen, sich selbst
mehr zu vertrauen und offen über ihre Bedürfnisse, Sorgen und Ängste zu sprechen, aber auch frühzeitig klare
Grenzen aufzuzeigen. Zudem könnte sie wahrnehmen,
dass andere Menschen anders sind, als sie es sich in ihren
Träumen immer wieder wünschte. Aber das ist leichter geschrieben als getan und ein längerer Entwicklungsprozess.

Fazit zum Thema Glaubenssätze

- Wir sind oft so mit unseren Gedanken, Glaubenssätzen, Einstellungen und Überzeugungen identifiziert, dass wir sie nicht als solche wahrnehmen. Sie haben sich so tief eingeprägt, dass wir sie für die ultimative, letztendliche Wahrheit halten.

- Glaubenssätze sind automatisierte, konditionierte mentale Muster die wir gelernt haben und heute immer noch anwenden! Wir leben nicht in der Gegenwart und haben daher nicht all unsere Fähigkeiten zur Verfügung.

- Sie dienen zur Anpassung an und Einordnung in unsere Gesellschaft mit dem Preis, dass wir einen Teil von uns unterdrücken.

- Sie klammern einen Teil der Realität aus, führen zu Wahrnehmungs- und Realitätsverzerrung und damit zu Fehlinterpretationen einer Situation und zu Selbstentfremdung.

- Sie sind häufig mit Idealvorstellungen verbunden, die uns selbst oder aber andere betreffen. Wir vergleichen uns und andere unbewusst mit unseren unrealistisch hohen Ansprüchen und Erwartungen, missachten unsere Grenzen und kommen dadurch unter Druck und in Stress, verbunden mit allen möglichen unliebsamen Gefühlen von Wut, Beleidigtsein über Neid, Eifersucht bis zu Hilflosigkeit und Minderwertigkeitsgefühlen.

- Sie haben häufig das Muster »Ich muss«, »Ich darf nicht« oder »Andere müssen« und »Andere dürfen nicht«.

- Sie treiben uns einerseits an, fordern uns zu Höchst-leistungen auf, andererseits mahnen und kritisieren sie uns in Form des inneren Kritikers.

- Wir haben die Befürchtung, nicht gut genug zu sein, kompensieren das mit vermehrter Anstrengung und verausgaben uns – manchmal bis zur Erschöpfung.
- Glaubenssätze verhindern Gelassenheit, Ruhe und inneren Frieden.

Ist es nicht unglaublich, was wir alles glauben? Ist es nicht auch leidvoll, zu sehen, wie uns diese Leitsätze geprägt haben?

Doch das Leben selbst sorgt für Ausgleich, dann nämlich, wenn wir immer wieder über die Grenzen unserer Glaubenssätze hinausgegangen sind, uns einseitig angetrieben, unsere Bedürfnisse übergangen und uns dabei überfordert haben. Dann nämlich lernen wir die andere Seite der Medaille kennen und können die Seite, die wir durch den Glaubenssatz negiert haben, in unser Leben integrieren.

Wer immer nur stark sein musste, wird irgendwann auch Schwäche erleben. Wer immer nur hart sein musste, bekommt Chancen vom Leben, seine weiche Seite zu entwickeln, und wer sich immer um andere kümmern musste, wird irgendwann die Erfahrung machen, dass er gut für sich selbst sorgen muss, damit es ihm langfristig gut geht.

Manchmal ist es mit den Glaubenssätzen, unseren inneren Antreibern, so, dass wir immer wieder mit dem Kopf durch die Wand wollen und uns dabei stets eine Beule holen. Wir können aber auch aufmerksam nach der Tür sehen und hindurchgehen. Anstatt auf unseren Glaubenssätzen zu beharren, unsere eigenen Grenzen zu missachten und uns selbst und andere Menschen zu verletzen, können wir frühzeitig lernen, sie zu erkennen und konstruktiv mit ihnen umzugehen, sodass wir ausgeglichener, gelassener und souverän handeln können. Beginnen wir deswegen jetzt damit, unseren Glaubenssätzen auf die Spur zu kommen.

Übungen
GLAUBENSSÄTZEN AUF DIE SPUR KOMMEN UND SIE
HINTERFRAGEN

 Bitte notieren Sie die Antworten wieder in Ihrem Logbuch.

 Übung 1
EINEN »ICH MUSS«-GLAUBENSSATZ ERKENNEN

Wählen Sie zuerst *eine Situation mit einer anderen Person*, bei der Sie immer wieder unter Druck geraten und sich angespannt fühlen.

- Welche Gedanken kommen Ihnen dabei über sich selbst wiederholt in den Sinn?

- Was glauben Sie, tun zu müssen, damit Sie bei dieser Person gut ankommen?

- Was vermeiden Sie, damit diese Person Sie weiterhin akzeptiert?

- Welche konkreten Gefühle und körperlichen Empfindungen nehmen Sie dabei wahr?

- Was wünschen Sie sich von dieser Person idealerweise?

- Was sollte diese Person Ihnen gegenüber unbedingt vermeiden?

- Welcher Glaubenssatz könnte in dieser Situation am Wirken sein?
  »Ich muss ...«

Übung 2
WIE SIE EINEN GLAUBENSSATZ HINTERFRAGEN

Wenn Sie einen Glaubenssatz bei sich entdeckt haben, können Sie ihn bewusst hinterfragen:

- Was gewinnen Sie durch den Glaubenssatz?

- Woran hindert Sie der Glaubenssatz?

- Woher wissen Sie, dass dieser Satz stimmt?

- Wer sagt, dass Sie sich weiterhin so verhalten müssen?

- Was könnte bestenfalls passieren, wenn Sie sich an den Glaubenssatz halten?

- Was könnte langfristig gesundheitlich passieren, wenn Sie an dem Glaubenssatz festhalten?

- Was würde sich für Sie ändern, wenn Sie diesen Glaubenssatz nicht hätten?

- Was könnte das für Sie bedeuten?

Übung 3
EINEN »ANDERE MÜSSEN«-GLAUBENSSATZ ERKENNEN

Wählen Sie eine Situation aus, bei der Sie sich immer wieder über eine Person ärgern, und beobachten Sie diese ganz genau.

- Was genau ärgert Sie an dem Verhalten der anderen Person?

- Wie sind ihre Stimme, ihr Tonfall und ihre Lautstärke?

- Was sollte diese Person Ihrer Meinung nach unterlassen?

- Welches Verhalten sollte diese Person Ihnen gegenüber zeigen?

- Woher wissen Sie, dass sich diese Person so verhalten soll?

- Wie reagieren Sie auf die Person?

- Welcher Glaubenssatz könnte dahinterstecken?
  »Andere müssen ...«

- Was vermeiden Sie durch diesen Glaubenssatz?

- Wie könnte sich die Beziehung zu dieser Person ändern, wenn Sie diesen Glaubenssatz nicht hätten?

Sie haben inzwischen den einen oder anderen Glaubenssatz, der Sie antreibt, identifiziert, kennen die Vorteile und wissen, wodurch Sie in Stress geraten. Im nächsten Schritt lernen Sie den inneren Kritiker mit seinen »eigentlich« positiven Absichten kennen und werden besser nachvollziehen können, warum äußere Kritik manchmal so kränkend ist.

Stress durch Kritik und was Sie daraus lernen können

Im Folgenden geht es um Kritik – zum einen von innen, durch unseren inneren Kritiker, zum anderen von außen, durch andere, und was daran stressend ist und wie wir damit umgehen können. Zuerst widmen wir uns unserem inneren Kritiker.

Stress durch die Macht des inneren Kritikers

»Wieso hast du dich schon wieder so dumm angestellt? Du Versager!«

»Du bist viel zu dick! Und jetzt hast du dir abends wieder den Magen vollgeschlagen!«

»Das schaffst du sowieso nicht!« »Jetzt reiß dich endlich zusammen!«

Kommt Ihnen der eine oder andere Satz bekannt vor? Und wie geht es Ihnen, wenn Sie diese Sätze lesen? Fühlen Sie sich gestärkt und ermutigt? Wohl kaum. Tatsache ist, jeder von uns hat so eine innere Stimme, die uns tagaus, tagein begleitet und bewertet und uns nicht in Ruhe lässt. Sie rügt und mahnt uns, droht und setzt uns unter Druck, sie greift uns an und wertet uns ab. Sie bezweifelt unsere Fähigkeiten, ist wütend auf unsere Unzulänglichkeiten und Schwächen, sie beschimpft, beleidigt oder verspottet uns, wenn wir einen Fehler gemacht haben, macht uns Vorwürfe, behandelt uns schlecht, verurteilt uns, bestraft uns oder reagiert zynisch. Sie zensiert alles, was wir tun, geht mit uns hart ins Gericht und bezeichnet uns abwechselnd als Versager, Idiot, Blödmann oder blöde Kuh, nennt uns faul, egoistisch, hässlich, dumm oder dick – kurz: Sie kritisiert uns auf die unterschiedlichsten Weisen. Daher wird diese Stimme auch der »innere Kritiker« genannt.

Dieser macht seinem Namen alle Ehre und beherrscht sämtliche Regeln der Kunst des Kritikübens.

Jeder von uns kann ein Lied davon singen. Manchmal ist die Stimme des inneren Kritikers leise, dann wieder laut, mal jault er auf oder brüllt, mal ist er gemein und scharf, mal hart und brutal, mal kurz angebunden, oftmals verletzend!

Egal, wo wir sind – er beobachtet uns auf Schritt und Tritt, wacht im Hintergrund und gibt bei nahezu allem, was wir tun, seinen Senf dazu, gleichgültig, ob wir das hören wollen oder nicht. Er hat höchste Maßstäbe, reichliche Ansprüche und Erwartungen an uns und führt sich auf wie ein Alleswisser und Alleskönner. Er denkt in klar definierten Polen – entweder ist etwas oder jemand gut oder schlecht. Es gibt nur Richtig oder Falsch, Schwarz oder Weiß. Entweder man ist ein Verlierer oder ein Gewinner. So einfach ist das bei ihm.

Obendrein kennt er sich selbstverständlich auf jedem Gebiet

aus – gleichgültig, ob es um unseren Beruf, unser Privatleben, unsere Ernährungsgewohnheiten, unser Alter, unseren Sport, unsere Hobbys geht. Er kennt sich in der Politik genauso aus wie in der Wirtschaft und erklärt gerne die eigenen Konzepte. Wenn es nach dem inneren Kritiker ginge, hätte er schon längst den Weltfrieden erschaffen! Er weiß einfach auf alles die einzig richtige Antwort – seine –, doof nur, dass andere Menschen nicht kapieren, wie großartig und toll er ist, und obendrein auch noch andere Vorstellungen haben! Er beurteilt vieles negativ und beschränkt sich oftmals auf das Haar in der Suppe! Die Suppe selbst, die sieht er nicht!

Er schimpft über unsere Figur oder unser Aussehen und wartet nur darauf, bis bei uns wieder etwas schiefgeht. Dann läuft er zur Hochform auf und benimmt sich wie ein Alleinherrscher, der den einzig wahren und richtigen Weg zum glücklichen und erfolgreichen Weg kennt. Er weiß einfach, wie das Leben idealerweise laufen sollte, und stellt sämtliche Unzulänglichkeiten, Schwächen, Fehler überdimensional groß und einseitig heraus. Er ärgert sich, wenn wir etwas falsch machen nach dem Motto »Hab ich dir's nicht gleich gesagt – das kannst du nicht«. Er spricht vornehmlich in der »Du-Form« und untergräbt auch gerne unsere Vorhaben: »Das wird eh nix.« Auch vergleicht er uns sehr gerne mit anderen, vor allem mit denen, die besser, schneller, intelligenter, erfolgreicher als wir sind. Diese haben mehr Geld, die netteren Kinder, das schönere Haus, fahren das größere Auto. » Warum hast du nicht so eine Karriere gemacht wie dein Schulkamerad? Warst wohl zu faul, hast dich zu wenig angestrengt, hattest nicht genug Ehrgeiz!«

Der innere Kritiker ist immer in Habachtstellung, er ist niemals zufrieden mit uns und kann daher auch nicht lachen – und Humor hat er auch keinen! Dafür nimmt er sich viel zu ernst und zu wichtig!

Genuss? – Fehlanzeige!

Ausruhen? – Never ever!

Liebe, Lust und Leidenschaft? – Ja nicht zu viel davon!

Was macht der innere Kritiker mit uns?

Manche Menschen sind so mit ihrem Alltag beschäftigt, dass sie die Stimme des inneren Kritikers gar nicht wirklich hören. Sie spüren oft nur die körperlichen, emotionalen und mentalen Auswirkungen. Sie merken, dass sie nervös sind, vielleicht dass sie Magengrummeln oder einen Kloß im Hals haben – sie spüren, dass sie im Stress sind, verstehen nicht, woran das liegt, und kritisieren sich, dass sie im Stress sind, nach dem Motto: »Wieso bin ich jetzt schon wieder im Stress? Ich müsste ruhiger, gelassener reagieren! Wieso schaffe ich das immer noch nicht?«

Andere gehen zum Gegenangriff über oder verteidigen sich vehement, wenn der innere Kritiker sie anklagt, oder machen trotzig das Gegenteil. Und wieder andere zucken innerlich zusammen, gehen in Deckung und sind starr vor Schreck. Andere können sich nicht mehr konzentrieren, zweifeln an ihren Fähigkeiten, fühlen sich schuldig, haben das Gefühl, nicht in Ordnung zu sein, und sind demotiviert. Selbstwertgefühl und Selbstvertrauen leiden. Sie glauben, dass der innere Kritiker recht hat.

Dazu ein Beispiel.

Joseph, der Sohn einer guten Freundin von mir, stand vor einer wichtigen beruflichen Prüfung, die in einzelne Fachgebiete aufgeteilt war. Obwohl er schon zwei Teilprüfungen erfolgreich bestanden hatte, quälte ihn die Angst, in der nächsten Prüfung durchzufallen. Er konnte sich »nichts« merken, fokussierte sich darauf, dass er sich nichts merken konnte, und konnte sich daher erst recht nichts merken. Er hielt sich für einen »totalen Versager«, erinnerte sich daran, dass er schon einmal in einer Prüfung ein leeres Blatt abgegeben hatte, und glaubte, dass ihm das sicher wieder passieren würde, weil er so zerstreut sei. Er malte sich einen Gruselfilm aus, was alles passieren könnte, wenn er die Prüfung nicht bestehen würde – seine Chefin wäre enttäuscht von ihm, seine Freundin würde sich von ihm trennen. Er war absolut sicher, dass er dann völlig einsam auf der Welt wäre und niemand, aber auch wirklich niemand mehr was mit ihm, dem Loser, zu tun haben wollte.

Zwei Stunden vor seiner letzten Fachprüfung rief er seine Mutter an, um ihr mitzuteilen, dass er auf keinen Fall an der bevorstehenden Prüfung teilnehmen könne. Er sei völlig fertig und sicher, dass er nur versagen könne. Gleichzeitig schämte er sich dafür, dass er sich nicht besser im Griff und unter Kontrolle hatte und dass so eine »lächerliche Prüfung« ihn derart aus der Fassung bringen könne. Er würde es »im Leben nie zu etwas bringen und sei eine einzige Enttäuschung für seine Mutter«. Joseph hielt sich für einen »schlechten Menschen«.

Sein innerer Kritiker hatte ganze Arbeit geleistet, sich durchgesetzt und Joseph eine schreckliche Zukunft prognostiziert! Er fühlte sich zutiefst verletzt, sein Selbstwertgefühl und sein Selbstvertrauen waren im Keller, seine Selbstzweifel waren so übermächtig, dass er eine mentale Blockade bekommen hatte, nahezu handlungsunfähig war und die ganze Prüfungssituation vermeiden wollte – alles Folgen übermäßiger Selbstkritik.

Meine Freundin kennt ja ihren Sohn, weiß, wie sensibel er ist und wie sehr er sich Dinge zu Herzen nimmt. Mit viel Liebe und Mamas Hilfe fokussierte sich Joseph auf seine Atmung, wurde allmählich innerlich wieder ruhiger. Seine

Mutter erinnerte ihn daran, was er im Leben schon alles geschafft hatte. Das sollte er sich noch einmal deutlich vor Augen führen und körperlich spüren. Sie zeigte ihm, wie sehr sie ihn liebte, völlig unabhängig von irgendeiner Leistung. Die Art, wie meine Freundin mit ihrem Sohn sprach, war mitfühlend, ermutigend und aufbauend. Er konnte sich so weit stabilisieren, dass er tatsächlich in die Prüfung gehen konnte – und sie erfolgreich bestand.

An diesem Beispiel sehen wir, wie wichtig es ist, nahestehende, verständnisvolle Menschen um sich zu haben, denn gute Beziehungen zu anderen wirken stressreduzierend. Josephs Mutter hatte ihm alles gegeben, was er zu seiner Stärkung brauchte und sich in dem Moment selbst nicht geben konnte. Zudem erkennen wir an diesem Beispiel, dass Joseph dem inneren Kritiker kritiklos glaubte, so wie es die meisten tun.

Der innere Kritiker überschreitet unsere Grenzen, demütigt uns und untergräbt unsere eigene innere Autorität und Stärke. Er macht aus einer Mücke einen Elefanten, fällt völlig undifferenzierte Allgemeinurteile – und wir glauben das, was er sagt, wie bei Joseph, den er als »Versager« betitelte. Wenn man dem inneren Kritiker glaubt, dann sieht man nur den Schatten, das Licht sieht man nicht! Man fokussiert sich nur auf das, was nicht gut ist, alles andere wird ausgeblendet.

Ein Kunde von mir hatte vor einem wichtigen Forum einen Vortrag gehalten, der beim Publikum gut angekommen war. Er jedoch war unzufrieden mit sich, denn er konnte eine Frage nicht vollständig beantworten und machte sich deswegen ernsthafte Vorwürfe. Er hielt sich für inkompetent und unfähig. »Ich habe mich verhalten wie ein Idiot!«

Ist das so? Stimmt es wirklich, dass er sich wie ein Idiot verhalten hat?

Von seinem ganzen Vortrag mit der anschließenden Diskussion war ihm vornehmlich diese eine Situation im Kopf geblieben! Er hatte EINE einzige Frage nicht vollständig beantwortet und hielt sich nun generell für dumm. Er hatte fast gänzlich unterschlagen, dass der gesamte Vortrag beim Publikum gut angekommen war!

Sie merken schon, wie die Sichtweise des inneren Kritikers zu Wahrnehmungsverzerrungen führt und mit Pauschalurteilen daherkommt.

- Warum kritisiert der innere Kritiker uns dermaßen?
- Was will er mit seinen Be- und Verurteilungen erreichen?
- Woher kommt er?
- Wie können wir konstruktiv mit ihm umgehen, sodass wir innerlich stark und kompetent bleiben?

Entstehung, Absicht und tatsächliche Folgen des inneren Kritikers

Seine Wurzeln reichen – Sie ahnen es schon – bis in die frühe Kindheit hinein.

Jedes Baby wird in einer bestimmten geschichtlichen Zeit in eine bestimmte Gesellschaft mit deren Werten und Normen, in eine bestimmte Familie hineingeboren und braucht vom ersten Augenblick an Liebe, Nähe, Wärme, Zuwendung, damit es wachsen und gedeihen kann. Darauf reagiert das Baby mit jeder Faser seines Wesens mit Freude, Entzücken, Glück. Es ist eine wundervolle gegenseitige Einstimmung und Kommunikation – meist mit der Mutter –, die dem Baby immer wieder nonverbal versichert, dass es willkommen ist und geliebt wird.

Auf diese Weise wird in früher Kindheit der Grundstein für Vertrauen, Nähe, Verbundenheit – für emotionale und soziale Kompetenz – gelegt. Hierbei spielt das »Kuschelhormon« Oxytocin eine große Rolle. Früher galt es nur als Schwangerschaftshormon, das die Geburt unterstützt und die Milchdrüsen anregt. Inzwischen weiß man, dass Oxytocin ein großartiges Bindungshormon ist, das soziale Nähe, Vertrauen und Einfühlungsvermögen fördert UND daher in der Lage ist, Stress zu reduzieren.

Doch schon viel früher werden die ersten Weichen gestellt. Wird eine Frau während der Schwangerschaft sehr großem Stress ausgesetzt, schüttet ihr Stresssystem übermäßig viel Adrenalin, Noradrenalin und Cortisol aus, die über ihre Blutbahn in Blut und Gehirn des ungeborenen Kindes gelangen und sich dort negativ auf das sich entwickelnde Stressverarbeitungssystem auswirken können. Solche vorgeburtlichen Bedingungen können bereits dazu führen, dass ein Kind später weniger gut mit Stress umzugehen vermag.

Wie kommt es, dass die ersten Jahre eines Kindes eine so große Rolle spielen? Bei Menschen schwingt das Gehirn auf unterschiedlichen Frequenzbereichen, je nachdem, ob jemand entspannt ist oder im Stress. Das Gehirn von Erwachsenen bewegt sich während des Tages vornehmlich im Betawellenbereich (12 bis 38 Hz), was gut ist für wache Aufmerksamkeit und Konzentration, bei wacher Entspannung treten Alphawellen (8 bis 12 Hz) auf, während sich das Gehirn von Kindern bis zu vier Jahren überwiegend im Thetabereich (4 bis 8 Hz) bewegt. Dieser Bereich ist sehr empfänglich und beeindruckbar für die Einflüsse von außen, sehr empfänglich für Suggestionen aller Art, das heißt, die Ge- und Verbote der Eltern fallen hier auf fruchtbaren Boden und werden samt den konkreten mentalen, emotionalen und physiologischen Reaktionen verankert.

Unsere Eltern waren die frühesten Vorbilder, Lehrer und Lehrerinnen sowie Autoritäten, zu denen wir aufschauten. Sie wussten, was wir tun und was wir zu lassen hatten! Sie lobten uns, wenn etwas in ihren Augen gut war. Damit sprang unser Belohnungszentrum an, Botenstoffe wurden ausgeschüttet, wir freuten uns, fühlten uns geliebt und entwickelten implizit unsere Glaubenssätze. Und wenn wir als kleine Kinder beispielsweise hinfielen und uns wehtaten, wurden wir von unseren Eltern in den Arm genommen und getröstet, und unsere kleine Welt war wieder in Ordnung.

Aber wenn wir in ihren Augen etwas falsch machten oder bei unseren neugierigen Erkundungen der Umwelt unsere Sicherheit tatsächlich oder vermeintlich gefährdet war, wurden wir ermahnt, kritisiert, getadelt, schlimmstenfalls sogar geschlagen. Wir wurden mitten in unserem lebendigen, manchmal lautstarken Selbstausdruck gestoppt, wurden starr vor Schreck, bekamen Angst, etwas falsch gemacht zu haben, und fühlten uns durch die jeweilige Bestrafung beschämt, schuldig, abgelehnt und ungeliebt. Bei weiteren Übertretungen der elterlichen Regeln oder bei der nächsten tatsächlichen Gefährdung unserer Sicherheit wiederholte sich dieses Spiel wieder und wieder.

Jedes Mal wurden unsere lebendigen Alleingänge auf die eine oder andere Weise unterbrochen, wir bekamen wieder Angst mit den einhergehenden Stresssymptomen, lernten gründlich unsere Lektionen und glaubten fälschlicherweise, etwas an uns sei nicht in Ordnung, und waren daraufhin ängstlich darauf bedacht, den Anforderungen unserer Eltern zu genügen. Im Laufe der Erziehung entwickelten wir auf diese Weise so etwas wie ein Anpassungsgebot und damit auch ein Selbstbestimmungsverbot. Beides wird aufrechterhalten – einerseits durch unser Bedürfnis nach Bestätigung und Anerkennung und andererseits durch unsere Angst, was passieren könnte, wenn wir uns exponieren und uns in unserer wahren Größe, Stärke und Kompetenz zeigen. Die Macht des inneren Kritikers zeigt sich darin, dass die meisten Menschen heute immer noch befürchten,

- etwas falsch zu machen,
- als inkompetent und dumm dazustehen,
- zu versagen,
- sich lächerlich zu machen,
- sich zu blamieren,
- verachtet zu werden,
- nicht gut genug zu sein,
- die Kontrolle zu verlieren,
- verletzt zu werden,
- hilflos zu sein,
- isoliert und allein dazustehen,
- abgelehnt und ausgegrenzt zu werden.

Und wer bitte will sich so fühlen? Niemand!

Damals konnten wir noch nicht verstehen, warum uns unsere Eltern kritisierten und mit uns schimpften – wie auch? Weil viele Menschen ihre Lektionen so gründlich gelernt haben, halten sie ihre unangepasste, rebellische, spontane, lebendige Seite, die sie ja durchaus haben, weitgehend unter Verschluss, wissend, dass der innere Kritiker nur darauf wartet, wieder aktiv werden zu können. Also beherrschen sie sich und reißen sich am Riemen, folgen ihren Glaubenssätzen und lassen andere über sich bestimmen. Sie wollen weiter von außen bestätigt und anerkannt werden und tun, was die meisten anderen auch tun – sich anpassen, im Strom mitschwimmen, um ja nicht negativ aufzufallen.

Dabei war es ganz sicher nicht die Absicht unserer Eltern, dass ihre Kritik uns in solche Bedrängnis brachte und zu solchen Schwierigkeiten führte!

Sie haben es wirklich gut mit uns gemeint. Sie wollten mit ihrer Kritik, dass wir auf den rechten Weg kommen. Sie wollten, dass es uns gut geht. Sie wollten, dass wir uns an die Regeln der Gesellschaft anpassen und uns einordnen, um uns darin zu bewähren und unser Leben aktiv und erfolgreich gestalten zu können.

So haben wir es neben unseren Glaubenssätzen dem inneren Kritiker zu verdanken, dass wir uns nicht blamieren oder lächerlich machen, dass wir in der richtigen Spur bleiben und bei anderen gut ankommen. Er spricht zu uns in allerbester Absicht, doch leider drückt er sich auf so verquere, schräge, abwertende oder übertriebene Weise aus, dass wir die ursprünglich positive Absicht nicht wahrnehmen können.

Wir haben DAMALS die kritischen Stimmen unserer Eltern verinnerlicht und kritisieren uns demzufolge heute immer noch nach dem gleichen Muster wie DAMALS unsere Eltern. Ist es nicht erstaunlich, dass wir uns – unwissentlich – nach so vielen Jahren immer noch so behandeln, wie unsere Eltern uns damals behandelt haben?

Wir reagieren heute auf die Kritik des inneren Kritikers immer noch mit den gleichen Stresssymptomen wie damals. Wir fühlen uns angegriffen, bedroht und spüren, wie unser Körper sich anspannt, wie das Herz schneller schlägt und der Atem flacher und rascher wird. Bei manchen beginnt das Gedankenrad sich zu drehen, andere werden wütend auf sich selbst oder schämen sich, dass sie – wieder mal – nicht gut genug sind, fühlen sich abgeschnitten von ihrer lebendigen Energie, von ihrer erwachsenen Kompetenz und Souveränität. Als Reaktion greifen wir den inneren Kritiker an, verheddern uns in Rechtfertigungen oder ziehen uns innerlich zurück.

In uns tobt ein innerer Kampf – und wir behandeln uns selbst so schlecht, wie wir niemals einen anderen Menschen behandeln würden und wie wir es nicht zulassen würden, von anderen so behandelt zu werden! Ist es nicht interessant zu wissen, dass wir, obwohl unsere Kindheit doch längst vorbei ist, immer noch nach den gleichen Mustern reagieren?

Die Frage ist, wer sich da so angegriffen und verletzt fühlt.

Zur Erläuterung dient mir das Modell der Transaktionsanalyse, das der amerikanische Psychiater Eric Berne Mitte der 70er-Jahre des letzten Jahrhunderts entwickelte und von verschiedenen Psychologen weiter ausgebaut wurde. Er beobachtete, dass Menschen je nach Situation verschiedene Ich-Zustände erleben, die er in drei Hauptzustände einteilte. Er beschrieb sie als »Eltern-Ich«, »Erwachsenen-Ich« und »Kindheits-Ich.«

Das Eltern-Ich unterteilt er in das »fürsorgliche Eltern-Ich« und in das »kritische Eltern-Ich«, das mit seinen klar definierten Regeln, Ge- und Verboten streng-maßstäblich ist. Gerade wenn wir den Ansprüchen des verinnerlichten kritischen Teils nicht gerecht werden oder wenn etwas schiefgelaufen ist, identifiziert sich ein Teil von uns mit dem Zustand des Eltern-Ichs, der andere Teil von uns rutscht ins Kindheits-Ich und reagiert daher wie ein verletztes Kind, das Angst hat, die Liebe der Eltern zu verlieren, weil es einen Fehler gemacht hat! Aber auch prophylaktisch passiert es, um Fehler von vornherein zu vermeiden!

Das bedeutet, dass wir uns in dem Augenblick so verhalten, wie unsere Eltern sich uns gegenüber verhalten haben. In diesem Moment erkennen wir nicht, dass wir inzwischen älter als drei Jahre sind, längst selbst entscheiden können, was für uns gut ist und was nicht! Wir merken in solchen Zuständen nicht, dass wir jetzt erwachsen sind, und verwechseln DAMALS mit HEUTE und reagieren auf die übernommenen Maßstäbe von damals, anstatt uns mit den Erfordernissen der Gegenwart zu beschäftigen. Wir sind schlichtweg nicht gegenwärtig, sondern reagieren auf die Vergangenheit, geraten durch die Verurteilungen unseres inneren kritischen Anteils in Stress und reagieren auf uns selbst! Die Verurteilungen unseres inneren Kritikers können uns nur deshalb treffen, weil wir uns heute immer noch mit ihm identifizieren und glauben, dass sie stimmen! Wir brauchen also nicht einmal eine äußere Situation, um in Stress zu geraten! Das schaffen wir schon selbst!

Manchen Menschen hilft allein das Verstehen dieses Zusammenhangs und genügt, dass sie gelassener mit der Kritik des inneren Kritikers umgehen und gelegentlich sogar darüber lächeln können, was er schon wieder erzählt! Sie nehmen ihn nicht mehr so wichtig und seine Aussagen nicht mehr wörtlich und können ihn immer mehr erkennen als das, was er wirklich ist: ein Echo aus längst vergangenen Tagen! Sobald wir den inneren Kritiker als solchen achtsam wahrnehmen und seine Funktion verstehen, können wir uns bewusst mit unserem »Erwachsenen-Ich« verbinden, zu unserer inneren Kraft und Stärke zurückfinden und angemessen mit dem inneren Kritiker umgehen.

Nun ist ja der innere Kritiker durchaus nützlich – er macht uns auf Dinge aufmerksam und kommt möglicher Kritik durch andere zuvor, er unterstützt uns gelegentlich dabei, mit der Arbeit aufzuhören, nach dem Motto: »Das packst du heute nicht mehr, geh heim!« Er mahnt uns zur Vorsicht und Umsicht: »Pass auf, schau dir die Folien noch mal an, ob keine Schreibfehler drin sind.« Oder im Straßenverkehr: »Schau nach rechts und nach links, bevor du die Straße überquerst.« Mein innerer Kritiker meldete sich beim Schreiben dieses Buches, wenn ich mal mit einer Freundin beim Kaffee am Deininger Weiher saß, mit den Worten: »Jetzt hast du genug Freizeit gehabt, mach jetzt weiter, damit das Buch termingerecht fertig wird.« Er unterstützt uns auch dabei, aus Fehlern zu lernen: »Das nächste

Mal machst du es anders!« So kann er mehr und mehr zu einem unterstützenden Berater mutieren.

Was sagt Ihr innerer Kritiker zu folgendem Satz, der von Paul Stieger stammt:

Du kannst jetzt gar keinen Fehler machen!

Stimmt der Satz?

Auf welches Wort kommt es bei diesem Satz besonders an?

Ja, denn JETZT können Sie gar keinen Fehler machen. Jetzt handeln Sie immer nach bestem Wissen und Gewissen, JETZT machen Sie eine Erfahrung. Erst im Nachhinein können Sie etwas als Fehler bezeichnen, niemals während der Erfahrung selbst. Geben Sie sich eine Fehlererlaubnis, und erinnern Sie sich daran, dass Sie *immer* so gut handeln, wie Sie gerade JETZT handeln können! Das Wissen in Verbindung mit Ihrem Gefühl, dass Sie immer Ihr Bestes geben, kann zu sofortigem tiefem Ausatmen und damit zu einer Mikrostresslösung führen.

Fazit: Die Stimmen des inneren Kritikers sind die verinnerlichten Stimmen unserer Eltern und Erzieher/Erzieherinnen.

Unser innerer Kritiker hat die Maßstäbe und Überzeugungen der Eltern und Erzieher/Erzieherinnen übernommen und behandelt uns heute so, wie DAMALS unsere Eltern uns behandelt haben.

Wir rutschen dabei in die Rolle des Kindes von damals, geraten in Stress und unter Druck und fühlen uns »nicht gut genug«.

Wenn wir als Erwachsene dieses bislang unbewusste Muster erkennen und verstehen, können wir zu unserer inneren Stärke und Kompetenz zurückfinden und uns dem inneren Kritiker gegenüber angemessen abgrenzen.

Wir sind Menschen – es passieren manchmal Missgeschicke. Manchmal machen wir unwissentlich Fehler und können zunehmend erkennen, dass Fehler in Wahrheit wertvolle Erfahrungen sind, aus denen wir lernen können. Sie dienen unserem ganz persönlichen Wachstum, unserer ganz persönlichen Entwicklung!

 Unterstützende Fragen
Notieren Sie die Antworten in Ihrem Logbuch

Achten Sie *eine Woche* lang besonders auf die unterschiedlichen Stimmen in Ihrem Inneren, sodass Sie Ihren inneren Kritiker immer deutlicher heraushören und wahrnehmen können, was er sagt und wie er zu Ihnen spricht.

Führen Sie eine Strichliste, und fügen Sie jedes Mal einen Strich hinzu, wann immer Ihr innerer Kritiker sich zu Wort meldet.

Beachten Sie zudem Folgendes in dieser Woche:

1. In welchen konkreten Situationen wird Ihr innerer Kritiker besonders aktiv?

2. In welchem Tonfall drückt er sich aus, um sich Gehör zu verschaffen?

3. Gibt es bestimmte Lieblingsausdrücke und Lieblingssätze, die er Ihnen an den Kopf wirft? Bitte schreiben Sie diese auf!

4. Wie reagieren Sie auf die Stimme und die Worte Ihres inneren Kritikers?

5. Durch welche konkreten Verhaltensweisen wollen Sie vermeiden, dass Sie kritisiert werden?

Nach einer Woche lesen Sie sich alles noch einmal durch und spüren genau hin, wie es Ihnen mit den Worten Ihres kritischen Anteils geht.

Das Erkennen und Benennen, was der Kritiker zu Ihnen sagt, ist der wichtigste Schritt, um in Situationen, in denen er besonders aktiv ist, in Ihrer Stärke und Kraft bleiben zu können.

Wie können wir konstruktiv mit unserem inneren Kritiker umgehen?

Wenn Sie nun angemessen und auf neue Weise mit Ihrem inneren Kritiker umgehen wollen, bedeutet das, dass Sie gegen die Maßstäbe Ihrer Eltern, denen Sie bislang loyal und treu geblieben sind, verstoßen, das heißt, Sie müssen damit rechnen, dass Ihr innerer Kritiker erst mal besonders laut, unwirsch auf Ihr neues Denken und Verhalten reagiert, dass er auf seinen altvertrauten Mustern beharrt und Sie mehr als skeptisch begutachtet. Das ist doch verständlich, schließlich hatte er ja lange Zeit die Macht – und weiß jetzt nicht, was auf ihn zukommt, wenn Sie sich anders verhalten. Gut, sich daran zu erinnern, dass Sie nun erwachsen sind und sich gegenüber dem inneren Kritiker abgrenzen können und dürfen, dass Sie nun eigene Maßstäbe, flexiblere Leitlinien und Regeln entwickeln und immer mehr aus dem Bewusstsein innerer Stärke und Sicherheit leben können.

Die folgenden Übungen dienen dazu, konstruktiv mit dem inneren Kritiker umzugehen.

Übung 1
DIE ÄUSSERUNGEN DES INNEREN KRITIKERS
HINTERFRAGEN

Sie können Ihren inneren Kritiker ganz allgemein hinterfragen:

- Bewahrt er mich davor, dass ich nie mehr etwas falsch mache?

- Ist es hilfreich für mich, wenn er mich abwertet und beschimpft?

- Tröstet mich mein innerer Kritiker, wenn ich einen Fehler gemacht habe?

- Hilft er mir, wenn er mich angreift, mich kraftvoll, kompetent zu fühlen und souverän zu handeln?

- Was passiert mit meinem Selbstvertrauen und meinem Selbstwertgefühl, wenn er mich be- und verurteilt?

- Wann ist er als Berater hilfreich und nützlich für mich?

Wenn Ihr innerer Kritiker beispielsweise Pauschalurteile fällt wie »Du Loser« oder »Du blöde Kuh«, stellen Sie ihm folgende Fragen:

- Was genau meinst du jetzt damit?

- Wie kommst du auf diese Idee?

- Bezieht sich deine Aussage auf ein konkretes Verhalten?

- Woher weißt du, dass deine Annahme stimmt?

- Gibt es eine Ausnahme? Eine einzige oder mehrere?

- Was willst du »eigentlich« mit dem Ausdruck erreichen?

- Welche anderen Bewertungen könnte es in der Situation noch geben?

Stellen Sie konstruktive Detailfragen, dem inneren Kritiker fällt es schwer, zu differenzieren und konkrete Antworten zu geben. Auf diese Weise können Sie wahrnehmen, dass es zwischen Schwarz und Weiß unzählige Grautöne gibt, und erkennen, dass es einfach nur wieder ein Pauschalurteil war, das er gefällt hat, an das Sie nicht länger glauben müssen! Spätestens bei der Frage nach der

Ausnahme wird deutlich, dass es gar nicht stimmen kann, was der innere Kritiker einem da vorgaukelt. Denn kein Mensch, keine einziger Mensch kann zum Beispiel immer ein Loser sein – im Gegenteil! Die meisten Menschen machen das meiste richtig, und hin und wieder passiert ein Fehler, aus dem sie lernen können.

Noch ein Beispiel. Wenn Ihr innerer Kritiker vergleichende Aussagen macht wie »Das war nicht gut genug«, fragen Sie zum Beispiel:

- Wer sagt das?

- Was genau war nicht gut genug?

- Was heißt konkret »nicht gut genug«?

- Im Vergleich womit?

- Worauf willst du mich mit diesem Satz aufmerksam machen?

- Welche positive Absicht könnte in dem Satz stecken?

Allein durch genaues Nachfragen entlarven Sie seine überzogenen, unrealistischen und einengenden Vorstellungen, können sich innerlich mehr und mehr davon distanzieren, erkennen seine positive Absicht und gewinnen an innerer Freiheit!

Übung 2
DANKEN SIE IHREM INNEREN KRITIKER

Viele Menschen haben die Tendenz, auf die Stimme des inneren Kritikers zu reagieren, sich zu rechtfertigen, trotzig in Widerstand dagegen zu gehen etc. Dadurch bleibt man in einem reaktiven Modus.

Eine einfache, aber wirkungsvolle Möglichkeit ist, sich gar nicht auf die Stimme des inneren Kritikers einzulassen. Auf diese Weise können Sie in Ihrer Stärke bleiben, sich wertschätzend abgrenzen und verschwenden keinerlei Energie in aufreibenden Selbstgesprächen. Wenn Ihr innerer Kritiker wieder eine seiner Standardformeln bringt, können Sie – je nach Situation – freundlich, aber klar sagen:

- »Danke«, und gehen mit Ihrer Aufmerksamkeit zu dem zurück, womit Sie sich gerade jetzt beschäftigen.

- »Danke, ich weiß, dass du es gut meinst, doch jetzt ist ein anderes Programm dran.«

- »Danke für deine Hilfe.« Dann fokussieren Sie sich wieder darauf, was für Sie gerade wichtig ist.

Auf diese Weise verliert der innere Kritiker immer mehr an Macht über Sie. SIE entscheiden, was für Sie richtig und falsch ist, was plausibel und stimmig ist.

Übung 3

PERSPEKTIVENWECHSEL – WAS RATEN SIE EINEM FREUND?

Mithilfe dieser Visualisierungsübung lernen Sie, wertschätzend und liebevoll mit sich selbst umzugehen, wenn Ihnen ein Fehler unterlaufen ist.

1. Stellen Sie sich vor, dass Sie einen Fehler gemacht haben.

2. Das ist ein Moment, in dem Ihr innerer Kritiker in aller Regel aktiv wird. Was sagt er zu Ihnen? In welchem Ton spricht er mit Ihnen? Fühlen Sie sich dabei unterstützt und angenommen? Werden Sie größer oder kleiner? Was spüren Sie in Ihrem Körper? Gehen Sie eher hart mit sich ins Gericht, oder zeigen Sie Verständnis?

3. Als Nächstes stellen Sie sich vor, dass derselbe Fehler gerade
   eben einem guten Freund/einer guten Freundin passiert ist.
   Was braucht derjenige/diejenige in einem solchen Augenblick
   wirklich? Mit welcher inneren Haltung schauen Sie auf
   Ihren guten Freund/Ihre gute Freundin? Machen Sie Ihren
   Freund/Ihre Freundin jetzt fertig, oder reagieren Sie
   verständnisvoll und wertschätzend? Was genau sagen Sie
   ihm/ihr zur Unterstützung? In welchem Ton reden Sie?
   Wie fühlen Sie sich dabei?

4. Sprechen Sie nun wohlwollend, mitfühlend, freundlich und
   verständnisvoll und wertschätzend mit dem guten Freund/
   der guten Freundin, sodass er/sie sich verstanden und
   unterstützt fühlt und die missliche Situation ins richtige Licht
   gerückt werden kann.

5. Nun bitte ich Sie, die beiden Situationen und Reaktionen
   miteinander zu vergleichen. Waren Sie sich selbst gegenüber
   genauso mitfühlend wie bei Ihrem Freund/Ihrer Freundin?

6. Zum Abschluss stellen Sie sich wieder vor, dass Sie
   einen Fehler gemacht haben. Dieses Mal sprechen Sie
   wertschätzend, liebevoll und so mitfühlend mit sich,
   wie Sie es bei Ihrem Freund/Ihrer Freundin tun würden,
   und spüren, wie es Ihnen dabei geht, wenn Sie fürsorglich
   und liebevoll mit sich umgehen!

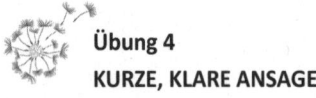

Übung 4
KURZE, KLARE ANSAGE

Wenn Ihr innerer Kritiker Sie schlecht behandelt, ist es ebenso
möglich, ihn aus Ihrer Haltung von innerer Stärke mit klarer, ein-
deutiger und entschiedener Stimme in Schranken zu weisen!

Unterbrechen Sie ihn kompromisslos. Erlauben Sie ihm nicht, dass er sich weiter auf Ihre Kosten austobt. Dabei sagen Sie nur wenige Worte, diese aber so direkt, dass er versteht, dass Sie es ernst meinen.

1. Sagen Sie zum Beispiel: »Stopp!« Oder sagen Sie einfach: »Nein!«

2. Nehmen Sie sich anschließend einen Augenblick Zeit, und nehmen Sie wahr, wie Sie sich fühlen, wie Sie atmen, nachdem Sie das gesagt haben.

3. Gratulieren Sie sich selbst, dass Sie es sich erlauben, sich auch auf radikale Weise Ihrem inneren Kritiker gegenüber abzugrenzen und sich ihm gegenüber durchzusetzen!

Dialog mit dem inneren Kritiker

Abschließend folgt ein Beispiel aus einem Improvisationstheater, das die Teilnehmer und Teilnehmerinnen eines Workshops zum Thema »Stressmanagement und Ressourcenentwicklung« in Berlin entwickelt und mir freundlicherweise zur Verfügung gestellt haben.

Es ist ein Dialog zwischen dem Teil, der Veränderung (**V**) anstrebt, und dem inneren Kritiker (**iK**):

iK (besserwisserisch): Vergiss den ganzen Psychokram – er hilft eh nicht.
V (zuversichtlich): Neee, ich lass mich jetzt doch darauf ein ... es hat mir zwar schon geholfen, und es hilft mir auch weiterhin.
iK (zynisch): Äääh. Vertane Zeit, bringt doch nichts, was willst du denn!
V (entschieden): Ich probier's jetzt trotzdem ... in kleinen Schritten.

iK (drohend): Hahaha! Warte nur bis morgen, wenn die Realität und der Alltag wieder da sind. Dann sprechen wir uns wieder!

V (versöhnlich): Komm, wir machen es gemeinsam: Du hältst die Klappe, und ich mach, weil ich es will – Veränderung in kleinen, machbaren Schritten!

iK (höhnisch): Haha! Papperlapapp!

V (entschieden und keinerlei Widerspruch duldend): Schnauze!

Nun haben wir viel über Selbstkritik gesprochen. Wie verhält es sich denn, wenn wir von anderen kritisiert werden? Warum kann uns die Kritik anderer so treffen? Mit dieser Thematik beschäftigen wir uns im folgenden Kapitel.

Konstruktiver Umgang mit der Kritik anderer

Der Umgang mit Kritik ist ja eine Sache für sich. Viele Menschen fühlen sich bei der geringsten Kritik persönlich angegriffen und reagieren entsprechend, Manch einer teilt von vornherein aus und kommt sich toll vor, wenn er so gradlinig und unverblümt Kritik übt, und ein anderer verzichtet ganz darauf, Kritik zu äußern, weil er befürchtet, den anderen zu verletzen, was er vermeiden will. Daraus ergeben sich folgende Fragen:

- Worauf kann uns Kritik von einem anderen Menschen aufmerksam machen?
- Wie können wir konstruktiv mit Kritik umgehen?
- Wie können wir einem anderen wertschätzend Feedback geben?

Neulich traf ich eine Freundin, Lisa, zum Kaffee. Sie ist eine gefragte Psychotherapeutin. Ich gebe unser Gespräch – mit ihrer Erlaubnis – verkürzt wieder.

»Ich bin im Moment angespannt und so sauer auf eine gute Kollegin. Sie hat mir an den Kopf geworfen, dass ich mein Geld unnötig zum Fenster rauswerfe«, klagte Lisa.

»Worum geht es denn genau?«, fragte ich interessiert.

»Ich habe der Kollegin gesagt, dass ich mir überlege, ob ich zu einem fünftägigen Seminar in die Schweiz fahre oder das Geld spare und zu Hause bleibe. Da ist sie an die Decke gegangen, hat mich nach allen Regeln der Kunst beschimpft. ›Du hast in den letzten 20 Jahren so viele Trainings und Ausbildungen gemacht, und was hat es gebracht – nichts!‹, kläffte diese Kollegin. ›Jetzt rennst du schon wieder zu einem Training, um dir bestätigen zu lassen, wie gut du bist! Wie viele Trainings willst du denn noch machen?‹ Ich war im ersten Augenblick völlig perplex, in welchem Ton sie mit mir geredet hat, dann habe ich mich schuldig gefühlt und mich schließlich über ihre Äußerungen geärgert!«

»Worüber hast du dich konkret geärgert?«, hakte ich nach.

Pause.

»Eigentlich über zwei Dinge: erst mal, dass sie mich vom Inhalt her so angegriffen hat. Zum zweiten über ihren Tonfall. Diesen Punkt habe ich auch gleich mit ihr geklärt, aber den anderen nicht.«

»Und – stimmt es denn, dass du in den letzten 20 Jahren nichts gelernt hast?«

»Das frage ich mich zurzeit auch. Ich habe ein schlechtes Gewissen und das Gefühl, dass ich mein Potenzial nicht richtig entfalte. Ich müsste doch inzwischen wissen, was ich will und was ich kann – nach all den Ausbildungen!«

»Nach landläufigen Maßstäben bist du doch erfolgreich.«

»Ja, schon, aber eigentlich müsste ich besser sein.«

»Besser, als du gerade jetzt bist?«

»Ja«, lachte sie. »Ja, ja, ich weiß, dass das nicht geht. Trotzdem will ich das! Ich merke gerade, wie sehr ich verletzt bin, weil ich das Gefühl habe, es stimmt, was sie sagt.«

»Du ärgerst dich, weil sie einen Punkt erwischt hat, an dem du dich selber kritisierst?«

»Ja, genau – und ich merke gerade, dass ich immer Angst habe, nicht gut genug zu sein.«

An diesem Beispiel können wir Folgendes wahrnehmen: Lisa hat einen äußeren Konflikt mit ihrer Kollegin und will ihren eigenen Anteil daran näher beleuchten. Sie gab ihrer Kollegin Feedback zwar wegen des Tonfalls, worauf diese sich entschuldigte. Doch über die inhaltlich kränkende Bemerkung, dass sie in den letzten 20 Jahren nichts gelernt habe, hat Lisa nicht gesprochen. Obwohl sie nach außen erfolgreich ist, befürchtet sie, nicht gut genug zu sein. Sie hat einen inneren Konflikt, und ihre Kollegin hat mit ihrer Aussage einen wunden Punkt bei Lisa getroffen. Sie hat sich nun vorgenommen, sich diese Verletzung im Zusammenhang mit der Angst, nicht gut genug zu sein, genauer anzuschauen, sodass sie im Licht des Bewusstseins heilen kann. Natürlich könnte jetzt spekuliert werden, wieso diese Kollegin Lisa in dem Ton angegriffen hat und welche Beziehungsdynamik zwischen beiden besteht, aber das ist ein anderes Thema.

Die Kritik eines anderen trifft uns dann, wenn sie einen wunden Punkt in uns berührt. Dann ist der äußere Kritiker der Auslöser, nicht jedoch die eigentliche Ursache für eine Verletzung. Insofern kann ein äußerer Kritiker auch als Lehrer verstanden werden, der uns hilft, einen blinden Fleck bei uns zu erkennen, der uns auffordert, unsere Kränkung bewusst wahrzunehmen und an diesem wunden Punkt dazuzulernen.

Was Kritik von anderen bei uns bewirken kann

Die Kritik eines anderen Menschen

- kann uns zutiefst kränken,
- kann uns auf eine eigene seelische Verletzung aufmerksam machen,
- kann uns helfen, bewusster zu werden,
- kann zu Negativität und Zerstörung führen,
- kann uns unglaublich motivieren.

Häufige Kritik, früh erlittene Demütigungen und Wunden können im höchsten Maße anspornend wirken und zu einem Glaubenssatz führen wie: »Ich zeig's euch allen!« Menschen mit solchen Überzeugungen wollen nie wieder so gedemütigt werden, sich nie wieder so verletzt, schwach oder hilflos fühlen. Sie entwickeln sich zu Kämpfernaturen, haben oft einen scharfen, schnellen Verstand und sind dauernd im Wettbewerb mit anderen. Sie müssen jedem beweisen, dass sie besser sind als andere, sogar dann, wenn es wirklich um nichts geht. Sie müssen im Supermarkt in der schnelleren Schlange an der Kasse stehen, bei der Ampel, wenn sie denn auf Grün schaltet, am schnellsten wegfahren, umgeben sich mit den raffiniertesten neuen High-tech-Geräten, müssen anderen zeigen, wie schlau sie sind, und stehen dauernd unter Leistungsdruck. Tatsächlich sind sie oft interessante Gesprächspartner und können sehr erfolgreich sein.

So ist zum Beispiel in der Biografie von Warren Buffett, einem amerikanischen Großinvestor, Unternehmer und Mäzen mit einem geschätzten Privatvermögen von über 70 Milliarden US-Dollar, nachzulesen, dass er eine gefühlskalte Mutter hatte, die schnell explodierte, ihn ständig kritisierte und dem kleinen Jungen niemals das Gefühl gab, geliebt zu werden. Er war als

Junge ein kontaktarmes und sehr verletzliches Kind, das seinem Vater, einem Broker, nachstrebte und diesen übertrumpfen wollte! Was ihm auch gründlich gelungen ist!

Diese Menschen, so viel sie auch erreichen, sind oftmals nicht frei von der Meinung anderer, sie mögen von sich glauben, dass sie unabhängig sind, dabei sollen andere sie für ihre Tatkraft und ihre Leistung bewundern und so das Loch des Ungeliebtseins stopfen. Das erweist sich als Fass ohne Boden. Sie sind oft abhängig von der Beachtung und dem Applaus anderer, auch wenn sie so tun, als ob sie das alles nicht brauchen würden! Sie sind – zumindest in frühen Jahren – mit dem TUN, dem MACHEN und dem HABEN identifiziert, dass sie ihr SEIN kaum beachten. Das kann sich mit zunehmender Erfahrung und Reife ändern.

Übermäßige Kritik kann auch als Zeichen mangelnder Wertschätzung gewertet werden und zu indirekter oder gar direkter Rache führen wie bereits in Kapitel »Wodurch schützen oder sabotieren wir uns?« im Abschnitt »Abwertung« aufgezeigt.

Wie können wir mit Kritik umgehen?

Wir haben, wenn wir von anderen kritisiert werden, verschiedene Möglichkeiten, damit umzugehen.

- Wir können Kritik als Geschenk betrachten und nachschauen, was dieses Geschenk für uns bereithält. Wir erfahren etwas darüber, wie wir auf den anderen wirken, und haben dann die Wahl, wie wir uns in Zukunft ihm gegenüber verhalten wollen.

- Wir können Kritik als Lernchance verstehen und uns fragen, ob uns die Kritik weiterhilft und was wir daraus lernen können. Immerhin sind wir demjenigen so wichtig, dass er uns eine Rückmeldung gibt.

- Wir können uns auch überlegen, ob die Kritik tatsächlich etwas über uns aussagt oder mehr über die Person, die uns kritisiert.

  Beispielsweise ist eine Kundin von mir Drehbuchautorin. Eines ihrer Drehbücher wurde prämiert. Seither spricht ein Kollege von ihr, ebenfalls Drehbuchautor, mit dem sie früher viel zusammen war, kaum noch mit ihr. Er hat fast nie mehr Zeit und wenn doch, so schimpft er über die schlechten Drehbücher im Allgemeinen und dass nur noch Schrott verfilmt wird, der nichts mit Können, Esprit und Intelligenz zu tun hat. Zu Beginn des Coachings nahm meine Kundin die Aussagen ihres Kollegen persönlich, fühlte sich persönlich angegriffen und verstand nicht, was mit ihrem sonst so humorvollen Kollegen los war. Sie fühlte sich von ihm abgelehnt und war daher verletzt. Nach und nach wurde ihr bewusst, dass dieser Kollege neidisch auf ihren Erfolg war. Er wertete Drehbuchschreiber ab und wertete sich selbst damit auf. Im Grunde zeigte er damit auch, wie sehr er selbst verletzt war, weil seine Bücher in der Zeit von den Sendern abgelehnt wurden, und wie sehr er sich Anerkennung für seine Arbeit wünschte.

- Wichtig ist, dass Sie achtsam zuhören und nachfragen, wenn für Sie etwas unklar ist, und sich am Schluss für die Offenheit bedanken, denn es ist keine Selbstverständlichkeit, dass sich jemand die Mühe macht, über einen kritischen Punkt mit Ihnen zu sprechen. Geben Sie keine Rechtfertigungen für Ihr Verhalten ab!

- Wenn Sie achtsam wahrnehmen, wie andere mit Ihnen sprechen – aber auch, wie Sie selbst mit anderen reden –, können Sie mehr und mehr unterscheiden, wenn andere in ihrer Kritik Sie auf etwas aufmerksam machen wollen oder mehr über sich selbst reden, und wahrnehmen, wann Sie verletzt sind, weil ein anderer einen Ihrer wunden Punkte getroffen hat.

Manchmal ist es so, dass jemand sauer auf Sie ist, seinen Ärger bei Ihnen abladen will, weil Sie einen Fehler gemacht haben. In dem Moment ist es wichtig, dass Sie erkennen, dies ist der Ärger der anderen Person!

Es gibt eine einfache Technik, mit der Sie konstruktiv mit solchen Situationen umgehen können. Sie nennt sich »das sanfte Prinzip«. Ich habe es vor Jahren bei meiner Kollegin Angelika Koppitz kennen- und wertschätzen gelernt. Die Vorgehensweise ist sehr einfach:

1. Zuerst spielen Sie den »Blitzableiter«, indem Sie aufmerksam sind und Interesse zeigen. Das Motto lautet »Zuhören, während der Sturm tobt«.

2. Als Nächstes zeigen Sie Verständnis: »Ich kann verstehen, dass du ärgerlich bist.«

3. Danach greifen Sie das Ärgernis auf, lassen es sich erklären: »Was hat dich denn so sauer gemacht?« »Was war denn genau?«

4. Danach gehen Sie kritisch auf eigene Fehler ein: »Es tut mir leid, dass ...«

5. Sie bauen eine positive Stimmung auf: »Wir kennen uns ja schon so lange, und es ist gut, dass du mir das sagst.« »Du bist mir wichtig ...«

6. Und streben eine gemeinsame Lösung an.

7. Nun holen Sie das Einverständnis des Gesprächspartners ein und schließen positiv ab: »Ist es für dich in Ordnung, dass wir ...«

»Ich bin froh, dass wir das jetzt klären konnten, und ich danke dir dafür.«

Manche Menschen streichen das Wort Kritik völlig aus ihrem Wortschatz und ersetzen es durch Feedback oder Rückmeldung. Die Änderung der Wortwahl macht es vielen Menschen leichter, einem anderen wegen eines auffälligen, störenden oder unangemessenen Verhaltens, bei Fehlern oder Missgeschicken Feedback zu geben, damit auch er die Chance hat, sein Verhalten zu ändern, wenn er es will.

Es ist aber auch wichtig, jemandem Feedback zu geben, wenn er etwas Positives gemacht hat, sodass derjenige in seinem Denken und Handeln bestätigt wird.

Was bewirkt ein Feedback?

- Feedback schafft ein Wir-Gefühl und verstärkt das gegenseitige Vertrauen.
- Feedback erweitert unsere Selbst- und Fremdwahrnehmung.
- Feedback erweitert auch unser Selbst- und Fremdbild.
- Es räumt Missverständnisse aus dem Weg und fördert einen konstruktiven Umgang mit Fehlern.
- Sie drücken das aus, was für Sie wichtig ist, gewinnen an Klarheit und Selbstachtung.

Wie geben Sie gezielt Feedback?

- Zeitnah – konstruktiv – ermutigend.
- Nennen Sie genaue Daten, Fakten, Verhaltensweisen.
- Sprechen Sie dabei von sich, von Ihren konkreten Beobachtungen.

Übung

WERTSCHÄTZEND FEEDBACK GEBEN

Fragen Sie als Erstes den anderen, ob Sie ihm Feedback geben dürfen.

Weil die Beziehungsebene in der Kommunikation so wichtig ist, beginnen und schließen Sie mit dieser Ebene ab. Sprechen Sie dabei in allen Punkten von sich, und beginnen Sie die Sätze mit: »ICH ...« So merkt der andere, dass Sie ihm Ihre eigene Sichtweise beschreiben, und er hat die Wahl, wie er anschließend mit dem Feedback umgehen möchte. Auf die Beziehungsebene folgt die Sachebene mit den 3 W – Wahrnehmung, Wirkung, Wunsch.

Und das ist der konkrete Ablauf:

- *Anfang:* Beginnen Sie mit einem positiven Detail, mit etwas, das Sie am anderen wertschätzen: »Ich bin froh, dass ...«

- *Wahrnehmung:* Sie beschreiben das, was der andere gesagt hat, oder sein Verhalten: »Ich habe wahrgenommen, gesehen, bemerkt, dass ...«

- *Wirkung:* Sie beschreiben, wie das Verhalten auf Sie gewirkt hat: »Das hat mich erstaunt, verwundert, geärgert etc.«

- *Wunsch:* Sie beschreiben das Verhalten, das Sie sich in Zukunft wünschen: »Mir ist XXX wichtig, und deshalb bitte ich dich, dass du ab jetzt ...«

- *Abschluss:* Sie sagen demjenigen, wie wichtig die Beziehung zu ihm für Sie ist: »Weil mir die Beziehung zu dir viel bedeutet, ...«

Vertiefende Fragen,
wenn Sie von anderen kritisiert werden

Wenn Sie sich durch eine Kritik persönlich verletzt fühlen, fragen Sie sich:

- Wodurch genau fühle ich mich verletzt?

- Worauf macht mich die Kritik aufmerksam?

- Trifft der andere womöglich gerade einen Punkt, an dem ich mich selbst kritisiere? Womit könnte das genau zusammenhängen?

- Was kann ich daraus lernen?

Wir haben ausführlich über Glaubenssätze – die inneren Antreiber –, den inneren Kritiker und äußere Kritik gesprochen und darüber, wie wir uns damit selbst unter Druck setzen und stressen. Nun geht es darum, durch neue Gedanken alten Stress lösen zu können.

Stress lösen – Glaubenssätze verändern

- Wodurch haben Sie sich letztlich gestresst?
  Durch alte Denkmuster.

- Womit beginnt Gelassenheit?
  Mit neuen Gedanken.

Inzwischen kennen Sie ja schon einige Methoden, mit Ihren inneren Antreibern und dem inneren Kritiker konstruktiv umzugehen. Im nächsten Schritt erfahren Sie, wie Sie einen Glaubenssatz verändern, sodass Sie gelassen bleiben, wenn's »heiß« wird, und souverän handeln können.

Manche Menschen haben die Vorstellung, dass man doch einfach anstelle des alten Glaubenssatzes das Gegenteil wählen könne. Anstatt beispielsweise zu glauben: »Ich bin ein Pechvogel«, könne man doch einfach mental das Gegenteil: »Ich bin ein Glückspilz«, wählen. Nun – würden Sie einen solchen abrupten Wechsel selbst glauben? Wohl kaum.

Glaubenssatzveränderung ist ein Prozess, bei dem Denken, Fühlen und Spüren zusammenwirken, eine Initialzündung, die uns unterstützt, etwas Neues ins Leben zu rufen. Es ist ein Weg, der von der alten Ordnung über mentale Überlegungen und Vorstrukturierungen eines neuen Satzes zu einer neuen inneren Ordnung führt, die Ihnen ein Mehr an Klarheit und Handlungskraft ermöglicht. Auch wenn ich nachher von neuen Glaubenssätzen spreche, ist mir bewusst, dass die neuen Sätze erst mal nur Sätze sind, die durch intensive Visualisierung in Verbindung mit tiefen Gefühlen und starken körperlichen Empfindungen mehr Gewicht bekommen und durch aktive Umsetzung tatsächlich zur inneren Gewissheit werden. Das Gute ist – und ich wiederhole es gerne immer wieder –, dass unser Gehirn in der Lage ist, immer wieder dazuzulernen. Wir alle haben unterschiedliche Erfahrungen im Leben gemacht, so vieles gelernt und so wertvolle, konstruktive Einstellungen, Überzeugungen und Glaubenssätze entwickelt, die uns geholfen haben und uns weiterhelfen, unser Leben zu meistern, UND wir können einschränkende, stressauslösende Glaubenssätze so verändern, dass wir unser persönliches Denk- und Handlungsrepertoire erweitern und vergrößern. Der Entwicklungsbiologe und Stammzellforscher Bruce Lipton sprach in einem Interview (YouTube-Video: »Die Macht des Unterbewusstseins«) davon, dass man einschränkende und entmachtende Glaubenssätze und innere Überzeugungen aus der Kindheit so verwandeln könne, dass sich das ganze Leben zum Positiven verändere. Als

Beispiel führt er an, dass wir eine ganz andere Körperchemie haben, wenn wir negative Gedanken und Angst haben und gestresst sind oder – im Gegensatz dazu – wenn wir verliebt sind. Ist klar, oder?

Na gut, wir müssen nicht gleich das Verliebtsein heranziehen, obwohl das definitiv zu einer anderen Körperchemie, zu anderem Fühlen und zu einem anderen Gesamtzustand führt. Mir reicht hier konstruktives Denken verbunden mit Zuversicht auch schon, damit das Gehirn in einen angenehmen Modus umschalten kann, in dem Regenerationsprozesse im Körper wieder stattfinden können und das Immunsystem seiner Arbeit nachgehen kann. Unsere Glaubenssätze sind also keineswegs alternativlos!

Neue Glaubenssätze formulieren

Damit ein neuer Glaubenssatz effektiv umgesetzt und ins Alltagsleben integriert werden kann, sind einige wenige Bedingungen zu beachten. Neue Glaubenssätze sollen

- kurz
- klar
- konstruktiv formuliert – ohne Negation
- selbst initiierbar und kontrollierbar
- in der Gegenwartsform

ausgedrückt werden. Ziel ist es, dass Sie sich diesen neuen Satz leicht merken und für Ihr persönliches Wohlbefinden stark machen können.

Formulierungshilfen

Manchmal genügt schon die Änderung eines einzigen kleinen Wortes, um eine entspannende Wirkung zu erzielen. Anstelle des Bedingungswortes «müssen» können Sie ein Möglichkeitswort wie »können« verwenden.

Anstatt »Ich MUSS schnell sein«, können Sie sagen: »Ich KANN schnell sein«, oder: »Es ist möglich, schnell zu sein.«

Allein damit können Sie den bisherigen Zwang aus dem Satz lösen und gewinnen mehr innere Freiheit.

Weil Glaubenssätze aber meist tief eingeprägt sind, ist es nützlich, für den Übergang vom alten zum neuen Glaubenssatz weiche Formulierungen zu wählen, zum Beispiel:

- Ich erlaube mir …

- Ich habe das Recht …

- Ich darf …

- Ich kann …

Hierzu einige ausformulierte Beispiele:

Alter Glaubenssatz	Neuer Glaubenssatz
Ich muss schnell sein.	Ich habe das Recht, in meinem Tempo zu arbeiten.
Ich muss es anderen recht machen.	Ich erlaube mir, auf meine eigenen Bedürfnisse zu achten.
Ich bin im Stress.	Ich erlaube mir, durchzuatmen.
Ich darf nicht nachlassen.	Ich darf Pausen machen.
Ich habe keine Zeit.	Ich erlaube mir, mir Zeit zu nehmen.
Ich muss hilfsbereit sein.	Ich erlaube mir, NEIN zu sagen.

Wenn Sie einen neuen Glaubenssatz, eine neue innere Überzeugung formulieren, dann ist es essenziell, dass Sie mit dem Satz einverstanden sind, ein gutes Gefühl mit dem Satz verbinden und sicher sind, dass Sie ihn auch wirklich umsetzen. Das heißt, der Satz muss zu Ihnen passen – dann können Sie sich bewusst und mit allen Sinnen vorstellen, in welchen Situationen Sie ihn anwenden und wie kraftvoll und gut Sie sich dabei fühlen.

Übung

IN NEUN SCHRITTEN ZU MEHR WOHLBEFINDEN UND GELASSENHEIT

Nehmen Sie sich wirklich viel Zeit für diese Übung!

1. Nehmen Sie sich einen stressenden Glaubenssatz (GS) vor, und stellen Sie sich zunächst folgende Fragen:

   - Warum wollen Sie ihn verändern?
   - Was versprechen Sie sich davon?
   - Wollen Sie wirklich diesen Glaubenssatz ändern?
   - Sind Sie bereit, sich für sich und Ihre ureigenen Belange, für Ihre ureigene innere Wahrheit einzusetzen?

2. Welche positive Absicht könnte der Glaubenssatz haben? Erlauben Sie sich zu spüren, was sich allein durch das Wissen, dass der Glaubenssatz eigentlich etwas Gutes für Sie bewirken will, verändert.

3. Gegenbeispiel finden: Gab es schon mindestens einmal in Ihrem Leben eine Situation, in der Sie NICHT diesem Glaubenssatz gefolgt sind, sondern spontan etwas ganz anderes gemacht haben? Was genau war dabei anders? Wie haben Sie sich dabei gefühlt?

4. Bezweifeln:

   - Können Sie wahrnehmen, dass der GS also gar nicht immer stimmt? Dass es bisher auch schon Ausnahmen gab?
   - Welche Bedürfnisse konnten Sie durch Ihren bisherigen GS erfüllen?

- Welche Bedürfnisse konnten Sie dadurch nicht befriedigen?
- Was haben Sie davon, wenn Sie an den alte GS weiterhin glauben?
- Ist es sinnvoll, weiterhin an den bisherigen GS zu glauben?

5. Wählen Sie einen neuen GS, der Ihrem jetzigen Leben eher entspricht, der Ihnen mehr Denk- und Handlungsmöglichkeiten schenkt. Beachten Sie dabei die Bedingungen für einen neuen GS, und nutzen Sie die Formulierungshilfen.

6. Inneres Probehandeln: Stellen Sie sich groß, farbig und lebendig vor, wie Sie diesen neuen Glaubenssatz leben.

- In welchen konkreten Situationen unterstützt Sie der neue GS?
- Wie ändert sich durch den neuen GS Ihr Umgang mit anderen?
- Wie reagieren andere Menschen jetzt auf Sie?
- Wie erweitern sich dabei Ihre Fähigkeiten?
- Welche Einstellungen und Werte unterstützen Sie dabei, Ihren neuen GS zu leben?
- Wie fühlen Sie sich jetzt, wo Sie den neuen GS leben und sich so ausdrücken, wie es für Sie stimmig ist?
- Was sagen Sie zu sich selbst, weil Sie sich jetzt Ihren eigenen Bedürfnissen entsprechend verhalten?
- Was ändert sich in Ihrem Selbstvertrauen und Ihrem Selbstbewusstsein?
- Wie erweitert der neue GS Ihr Selbstbild?

7. Was müssen Sie loslassen, um den neuen GS leben zu können? Sind Sie bereit dazu?

8. Stolpersteine einbauen: Rückfälle in altes Verhalten, in alte Muster sind möglich und ein Motivationstest für Sie,

indem Sie die Gelegenheit bekommen, nachzudenken, wie wichtig der neue GS in Verbindung mit neuem Denken und Verhalten für Sie ist. Nehmen Sie wahr, was genau Sie daran gehindert hat, Ihren neuen GS zu leben. Durch welche konkreten Maßnahmen kommen Sie auf den neuen Weg zurück? Stellen Sie sich nun mit allen Sinnen vor, wie Sie diese Stolpersteine aus dem Weg geräumt haben und Ihren neuen GS beherzt in die Tat umsetzen.

9. Überprüfen und Üben: Überprüfen Sie, ob Sie sich sicher sind, den neuen Glaubenssatz in den Alltag zu integrieren. Und dann lassen Sie sich überraschen, wie motivierend es sein kann, diesen GS ab jetzt zu leben und dabei Ihre Fähigkeiten und Kompetenzen zu erweitern!

Effektive Glaubenssatzveränderung

Im Dickens-Prozess werden die negativen Konsequenzen eines zwanghaften Glaubenssatzes bewusst gemacht, ebenso die positiven Auswirkungen eines neuen Glaubenssatzes, der mehr Wahlfreiheit, Handlungsspielraum und Selbstbestimmung eröffnet.

Dies ist eine effektive Methode, die auf die Weihnachtsgeschichte von Charles Dickens zurückgeht. Die Hauptfigur dieser Geschichte ist Scrooge, ein alter Geizhals, der die Menschen in seiner Umgebung ausnutzt und schlecht behandelt. In der Weihnachtsnacht erscheinen ihm drei Geister. Der erste Geist warnt ihn vor einem schrecklichen Schicksal, das auf ihn zukommen würde, wenn er seine Mitmenschen weiterhin so traktieren würde. Der zweite Geist zeigt ihm auf, wie unbefriedigend seine gegenwärtige Situation ist, der dritte schließlich signalisiert, was sich verändern würde, wenn er die Menschen von nun an liebevoll und wertschätzend behandeln würde. Nun hat Scrooge die Wahl, wie er in Zukunft handeln wollte! Daher wird diese Glaubenssatzänderung auch »Dickens-Prozess« genannt. Ich habe die Methode erstmals bei Anthony Robbins kennengelernt.

Zuerst ein Beispiel zur Veranschaulichung:

Eine junge Frau ist Sachbearbeiterin in einer kleinen Firma. Ihr innerer Hauptantreiber lautet »Ich muss hilfsbereit sein«.

Beim Dickens-Prozess stellt sie sich nun wie in einem Film szenisch vor, wie sich dieser Glaubenssatz auswirkt, welche Konsequenzen er mit sich bringt – sie macht öfters Überstunden und meldet sich für die Urlaubsvertretung für ihre Kolleginnen. Doch sie findet kaum jemanden, der sie mal vertritt. Wenn wenig los ist, wischt sie Staub oder räumt auf. Während sie sich diese Szenen vorstellt, spürt sie, wie sich ihr Körper an- und verspannt, wie sie erst sauer auf ihren Chef wird, der sie in der Arbeit immer wieder hin- und herschiebt. Schließlich wird sie wütend auf sich.

Als sie sich vorstellt, dass sie mit diesem Glaubenssatz ein, dann noch fünf Jahre lebt, sagt sie plötzlich: »Nein, den Stress halte ich nicht aus. So will ich auf keinen Fall leben!«

Das muss ja auch nicht sein, denn schließlich entsprang dieses Szenario ihrer FANTASIE! Nachdem sie die negativen Konsequenzen, die mit diesem Glaubenssatz verbunden sind, erkannte und spürte, kann sie bewusst einen neuen Satz wählen, der ihr mehr Selbstbestimmung und Gelassenheit in ihrem Berufsalltag ermöglicht. »Ich erlaube mir, klar und freundlich NEIN zu sagen.« Mit diesem neuen Satz hat sie die Chance, sich abzugrenzen, wenn es für sie sinnvoll erscheint.

Nun stellt sie sich vor, wie sich dieser Satz in Zukunft auf ihre Arbeit auswirkt. Sie sieht deutlich vor sich, wie sie sich auf Anfrage ihres Chefs freundlich und selbstbestimmt abgrenzt, als er sie ganz selbstverständlich bittet, abends länger zu bleiben, und spürt, wie gut ihr es tut, sich jetzt für ihre Bedürfnisse einzusetzen. Sie spürt körperlich, wie sie gelassener wird, bessere Laune hat, freundlicher mit Kunden und Kollegen spricht und sich abends weniger bei ihrem Freund über ihren Chef beschwert. Sie spürt, dass sie in ihrer Arbeit zufriedener wird und sich ihre Lebensqualität insgesamt verbessert. Sie stellt sich weiter vor, dass sie sich immer wieder daran erinnert, dass sie sich für sich einsetzen und zu sich stehen darf!

Sodann malt sie sich Situationen aus, wie sie ein Jahr, dann fünf Jahre ganz selbstverständlich mit diesem Satz lebt, und spürt dabei, wie entspannt sie wird und wie sich ihr Selbstwertgefühl steigert und wie zufrieden sie mit sich ist.

Tatsächlich hat sie nach dem Dickens-Prozess spürbare Veränderungen in ihrem Leben erzielt. Ihr Chef hatte ihre Verhaltensänderung zuerst verwundert zur Kenntnis genommen, ebenso ihre Kollegen und Kolleginnen, doch – zu ihrem Erstaunen – wurde das von allen akzeptiert.

Gut, nun wissen Sie fast alles, um den Dickens-Prozess selbst erfolgreich durchführen zu können.

Der Dickens-Prozess

1. Als Erstes identifizieren Sie einen Glaubenssatz, den Sie verändern wollen.

2. Nun geht es um Nachteile und den Preis des bisherigen Glaubenssatzes.

   Schließen Sie die Augen, und stellen Sie sich mit allen Sinnen vor, wie der Glaubenssatz sich gegenwärtig und in einem Jahr auswirkt, führen Sie sich die Nachteile des Glaubenssatzes drastisch vor Augen. Welchen Preis haben Sie bislang bezahlt, dass Sie an diesem Satz festgehalten haben? Wodurch hat der Satz Sie gestresst? Erlauben Sie sich zu fühlen, wie sehr Sie dadurch unter Druck kamen und wie stressend der Glaubenssatz letztendlich war.

3. Stellen Sie sich nun wieder mit allen Sinnen vor, wie es wäre, wenn Sie den Glaubenssatz in fünf Jahren immer noch hätten. Welche Auswirkungen hat er auf Ihr Wohlbefinden und Ihre Gesundheit? Auf Ihre beruflichen wie privaten Beziehungen? Auf Ihre Lebensfreude?

   Durch diese düsteren Zukunftsvorstellungen wird Ihnen immer klarer, welche negativen Auswirkungen dieser Glaubenssatz mit sich bringt und dass Sie das nicht mehr wollen! Öffnen Sie nun die Augen in dem Wissen: Diese Vorstellungen waren bislang nur FANTASIE.

4. JETZT liegt es an Ihnen, bewusst eine neue Richtung einzuschlagen und einen neuen Glaubenssatz zu entwickeln, der Ihnen mehr innere Freiheit, Handlungsspielraum und Gelassenheit ermöglicht.

Verbinden Sie nun alle möglichen positiven Konsequenzen mit dem neuen Satz.

- Wie souverän und gelassen agieren Sie jetzt?
- Wie wirkt er sich auf Ihre Energie aus?
- Wie gehen Sie jetzt mit Ihren Mitmenschen um?
- Welche Auswirkungen hat Ihr neuer Glaubenssatz auf Ihre Arbeit, auf Ihr Privatleben?
- Wie ändern sich Ihre Gefühle durch den neuen Glaubenssatz?
- Wie wirkt er sich auf Ihre Gesundheit, auf Ihre Zufriedenheit und Ihre Selbstachtung aus?
- Wie wirkt sich dieser Satz auf Ihr Selbstwertgefühl und Ihre Lebensqualität insgesamt aus?

Sodann stellen Sie sich vor, dass Sie den Glaubenssatz schon ein Jahr leben – stellen Sie sich das mit allen Sinnen vor – sehen, fühlen, spüren Sie, wie sich Ihr Leben dadurch verändert, hören Sie, was Sie sich selbst und was andere zu Ihnen sagen.

Stellen Sie sich nun vor, wie Sie Ihren Glaubenssatz nun schon fünf Jahre ganz selbstverständlich leben.

Nun kennen Sie die negativen beziehungsweise positiven Auswirkungen beider Glaubenssätze. Sie haben es jetzt in der Hand, welchen der beiden Glaubenssätze Sie für die Zukunft wählen. Die Entscheidung liegt bei Ihnen!

Überlegen Sie sich, wie und bei welcher Gelegenheit Sie Ihren neuen Glaubenssatz konkret umsetzen – und dann tun Sie es! Auch wenn Sie die ersten Male Herzklopfen bekommen, so wissen Sie doch: Herzklopfen kann der Auftakt zu beflügelnder Veränderung sein und Ihrem Leben neuen Schwung geben!

Achtsames einfaches Umlenken der Aufmerksamkeit

Diese Methode ist einfach, wirkungsvoll und praktisch. Mit dem Umlenken der Aufmerksamkeit verlangsamen Sie Ihren schnellen Verstand und bleiben in Ihrer Stärke.

Wenn Sie bemerken, dass Sie sich von einem Glaubenssatz antreiben oder von Ihrem inneren Kritiker niedermachen lassen, nehmen Sie dies achtsam, nicht wertend und wohlwollend wahr. Dann lenken Sie Ihre Aufmerksamkeit auf etwas anderes um, OHNE den Glaubenssatz zu ändern oder auf ihn einzugehen.

Um dies nachvollziehbar zu machen, sei hier ein Beispiel aus der Praxis gewählt.

Ich arbeitete einmal mit einem erfolgreichen Golfspieler. Er kam bei den letzten Schlägen vor dem Ziel zunehmend in Stress und setzte sich selbst maßlos unter Druck. Er schilderte die Situation folgendermaßen: »Da steh ich und will mich konzentrieren. Bis zu dem Zeitpunkt ist alles in Ordnung. Ich will zum Schlag ausholen, doch dann schießt mir der Gedanke an das Preisgeld durch den Kopf: ›Mach bloß nichts falsch.‹ Ich reiße mich zusammen, und mitten im Ausholen kommt der nächste Gedanke: ›Pass jetzt bloß auf!‹ Ich spüre, dass ich unter Druck gerate, will das nicht, kämpfe darum, wieder ruhig zu sein, doch meine Konzentration ist weg.«

Um sich wieder konzentrieren zu können, übte er im Coaching, auf die verschiedenen Grüntöne in seiner Umgebung zu achten, und dies mit sehr angenehmen Gefühlen zu verbinden. Er atmete dabei durch und spürte wieder seine innere Kraft und Klarheit. Dadurch konnte er sich erneut konzentrieren.

Wenn Sie merken, dass Sie immer hektischer werden, können Sie Ihre Aufmerksamkeit behutsam umlenken.

a) Sie können Ihre Aufmerksamkeit bewusst auf den Atem lenken.

   Beobachten Sie für ein paar Augenblicke bewusst den Atem, und spüren Sie dabei, wie sich Ihr Bauch hebt und senkt.

b) Sie können Ihre Aufmerksamkeit bewusst auf Ihre aktuelle Tätigkeit lenken.

   Nehmen Sie genau wahr, was Sie gerade tun, ohne Wertung, ohne Urteil – und machen Sie eins nach dem anderen, während Sie auch beispielsweise den Gedanken »Mach schneller« nicht wertend wahrnehmen können, sich aber nicht darauf einlassen.

c) Sie können sich bewegen.

   Sie können kurz aufstehen, sich achtsam dehnen, strecken und dabei bewusst wahrnehmen, wie sich Ihre Atmung und Ihr Körper durch die Bewegungen verändern. Ganz nebenbei bemerken Sie, dass Sie sofort etwas entspannter sind.

Im nächsten Abschnitt geht es ums Lernen und um Übung, Übung, Übung – auch wenn die meisten von uns rasch Ergebnisse erzielen wollen! Nur durch stetes Üben verinnerlichen wir unsere neuen Glaubenssätze und können unsere Wirklichkeit effektiv verändern.

Lernen, lernen, lernen –
Übung macht den Meister!

Wir haben uns in diesem Buch implizit immer wieder mit dem Thema »Lernen« und »Veränderung« beschäftigt. Sie haben verschiedene Techniken angewendet und geübt – und wissen, dass Lernen mit Training und Wiederholung verbunden ist, doch viele Menschen hätten alle gerne, dass sie etwas ein einziges Mal umsetzen und fortan sicher anwenden können. Leider funktioniert Verhaltensänderung und Lernen höchst selten so.

Der britische Anthropologe Gregory Bateson hat sich intensiv mit dem Thema Veränderung und Lernen beschäftigt, definiert Lernen als »irgendeine Art von Veränderung« und betont, dass nachhaltiges Lernen den ganzen Menschen einbeziehen muss – den Verstand, Gefühle, Körper und Verhalten.

Das Lernmodell nach Gregory Bateson

Er entwickelte im vergangenen Jahrhundert ein einfaches Modell, mit dem er anschaulich vier Ebenen des persönlichen Lernens beschreibt.

Ebene 1 – unbewusste Inkompetenz

Auf dieser Stufe kann das Verhalten gar nicht geändert werden, denn hier weiß man noch gar nicht, dass man etwas nicht weiß. Man lebt in seinen Gewohnheiten, in seinen automatischen Denk- und Verhaltensmustern, merkt die eigenen Begrenzungen nicht und überschätzt die eigene Kompetenz.

Motto: »Ich bin so und ich bleib so!«

Man projiziert seine eigenen Probleme nach außen auf andere, benutzt automatisch Rechtfertigungsstrategien oder andere

Schutz- und Abwehrmechanismen und sieht gar keinen Grund, etwas zu verändern, weil man den eigenen blinden Fleck ja nicht sieht. Woher soll man denn wissen, was man nicht weiß? Es ist eine ungeheure Herausforderung, den eigenen blinden Fleck zu entdecken!

Der kann über Feedback und Kritik von anderen bewusst gemacht werden, oder eine unangenehme Erfahrung »zwingt« zum Innehalten und zur Umkehr des Denkens und Handelns. Der Wunsch nach Entwicklung kann aber auch aus einer plötzlichen Einsicht erwachsen, bei der völlig klar ist: »So geht es nicht weiter!« Oder es wird eine tiefe Sehnsucht nach Wachstum im Inneren geweckt, die wie ein Sog wirkt und den Menschen auffordert, sich auf den Weg zu machen. Für all diese Gelegenheiten können wir dankbar sein, sind sie es doch, die Veränderung und persönliche Entwicklung anstoßen.

Ebene 2 – bewusste Inkompetenz

Auf dieser Stufe weiß man, dass man etwas nicht weiß, und registriert, dass man an bestimmten Stellen immer wieder in Stress gerät, und kann sich dann bewusst entscheiden, ob man das alte Verhalten beibehalten und die Konsequenzen in Kauf nehmen oder etwas Neues lernen will, das einem mehr Freiraum und Gelassenheit gibt. Auf dieser Ebene informiert man sich, welche Möglichkeiten es gibt, ein unbefriedigendes Verhalten zu ändern oder etwas gänzlich Neues zu lernen.

Hier ist die Motivation groß, über die bisherigen inneren Grenzen hinauszuwachsen und sich neugierig auf Neues zuzubewegen.

Motto: »Ich weiß, dass ich etwas nicht kann und dass ich es lernen kann, wenn ich das will.«

Ebene 3 – bewusste Kompetenz

Hier wächst man tatsächlich über die früheren Begrenzungen hinaus, lernt neue Denk- und Verhaltensweisen kennen, die dann geübt, geübt, geübt werden müssen. Zuerst bilden sich schwache neuronale Bahnen, die nur durch vielfaches Wiederholen und Üben gefestigt werden. In dieser Phase braucht es immer wieder Entschlossenheit, Aufmerksamkeit, Ausdauer, um das neue Verhalten beizubehalten, denn wer nicht lange genug trainiert, bei dem bilden sich die Nervenbahnen wieder zurück. Jeder kennt das aus dem Sport – um wirklich in einer Disziplin gut zu sein, ist regelmäßiges Training das A und O.

Motto: »Ich will es, ich kann es, und ich übe es!«

Ebene 4 – unbewusste Kompetenz

Hier ist das neue Verhalten so oft geübt und trainiert worden, dass man gar nicht mehr darüber nachzudenken braucht. Es hat sich stabilisiert, gehört zur automatischen Routine, ist Gewohnheit geworden.

Motto: »Alles ist reine Routine.«

Denken Sie nur mal an Ihre allererste Fahrstunde. Damals lernten Sie, wie man Gas und Bremse bedient, schaltet, in den Rückspiegel schaut, anfährt, lenkt, dazu kam noch der Verkehr! Ein einziger Stress! Alles war neu – und jetzt? Sie denken gar nicht mehr darüber nach. Erinnern Sie sich an das erste Mal, als Sie Fahrrad gefahren sind – wie schwierig war das – und heute? Sie schnappen sich Ihr Rad und fahren los. Basta! Oder wenn Sie sich ins Gedächtnis rufen, wie Sie damals Lesen und Schreiben gelernt haben, wie lange das gedauert hat! Und heute? Sie machen es ganz selbstverständlich, verschwenden keinen einzigen Gedanken mehr daran – alles längst Routine!

Die Geschichte vom Loch in der Straße

Wie Lernen und Veränderung funktionieren, schildert auch die berühmten Geschichte vom Loch in der Straße. Ich habe die Geschichte in den unterschiedlichsten Versionen gehört. Als Originalquelle wird Sogyal Rinpoche angegeben.

Es war einmal ein Mann, der Johann hieß. Jeden Morgen ging Johann auf dem gleichen Fußweg zur Arbeit. Der Weg war ihm vertraut, er war ihn so gewohnt, dass er beim Gehen an andere Dinge denken und schon mal den kommenden Tagesablauf vorstrukturieren konnte.

Eines Tages war ein tiefes Loch mitten im Fußweg gegraben worden. Es war – aus welchen Gründen auch immer – nicht abgesperrt, und Johann, ganz in Gedanken versunken, fiel hinein. Er war erschrocken und erstaunt, das Loch hätte nicht da sein dürfen! Unverschämtheit! Wer hatte das Loch gebuddelt? Wieso war keine Absperrung da? Diese Deppen vom Straßenbauamt sind schuld, dass mein Anzug jetzt dreckig ist ! Vorsichtig streckte er nacheinander seine Glieder – nein, es war nichts gebrochen! Er hatte überlebt! Er schaute, wie er am besten aus dem Loch klettern konnte, was ihm dann auch mit viel Mühe gelang. Schließlich war er es nicht gewohnt, sich aus tiefen Löchern zu hieven! Er war stolz auf sich, dass er es aus eigener Kraft geschafft hatte, wischte den Schmutz so gut es ging von seiner Kleidung und ging zur Arbeit.

Am nächsten Morgen ging Johann wieder zur Arbeit. Als er aus dem Haus ging, dachte er noch an das Loch, ging munter den Fußweg entlang, dachte an alles Mögliche – und schwups! – lag er wieder in dem tiefen Loch. Mist! Wieder reingefallen! Zu blöd! Das nächste Mal – besser achtgeben! Vom Vortag wusste er noch, wie er am besten aus dem Loch klettern konnte. Daher ging es dieses Mal schneller. Oben wischte er wieder den Schmutz von seiner Kleidung und setzte seinen Weg zur Arbeit fort.

Am dritten Morgen ging Johann aus dem Haus und dachte wieder an das Loch. Dieses Mal schweifte er mit seiner Aufmerksamkeit nicht ab. Er dachte: »Ich weiß, dass das Loch gleich kommen wird. Ich bleibe achtsam und schau auf den Weg.« Und siehe da – er fiel nicht hinein, sondern ging frohen Mutes und mit einem Lächeln am Loch vorbei.

Am vierten Morgen dachte er an das Loch, wechselte die Straßenseite und ging auf dem anderen Fußweg zur Arbeit. Als er an dem Loch vorbeiging, hielt er kurz an und dachte: »Jetzt sehe ich das Loch und muss nicht mehr reinfallen!«

Am fünften Morgen ging Johann aus dem Haus und wählte einen anderen Fußweg zur Arbeit.

Hinweis: Kalkulieren Sie auf dem Weg zur Gelassenheit Rückfälle ein!

Selbstverständlich wäre es schön, wenn wir direkt und ohne Umweg auf Gelassenheit zusteuern würden. Doch Tatsache ist – Rückfälle in altes Denken und Verhalten gehören dazu, sie sind in Wahrheit ein Fortschritt im Lernen. Sie sind der ultimative Test und zeigen uns, wie motiviert wir sind, wie wichtig es uns ist, etwas Neues lernen zu wollen. Natürlich hätten wir alle gerne die ultimative und ultraschnelle Einbahnstraße zum Erfolg, doch: «Old habits die hard!«

Also immer wieder: Geduld, Ausdauer, Achtsamkeit – und »dranbleiben«! Und manchmal hat man keine Lust zu lernen – na und? Dann machen Sie am nächsten Tag weiter und bleiben wieder für sich selbst »am Ball«, auch wenn es nicht immer leicht ist. Aber wer sagt denn, dass es leicht sein soll? Tatsache ist dennoch, je mehr Sie wissen, wozu Sie etwas Neues lernen wollen, desto motivierter sind Sie, desto leichter fällt es Ihnen, es in die Tat umzusetzen!

Fragen
Notieren Sie wieder die Antworten in Ihrem Logbuch:

1. Welche wirklich wichtigen Dinge haben Sie gelernt, die längere Zeit in Anspruch genommen haben?

2. Durch welche Gedanken haben Sie es geschafft, motiviert und ausdauernd »am Ball« zu bleiben, auch wenn Sie mal keine Lust dazu hatten?

3. Wie haben Sie sich gefühlt und was haben Sie körperlich empfunden, als Sie diese Dinge konnten oder etwas erfolgreich abgeschlossen haben? Was haben Sie da zu sich gesagt?

Erinnern Sie sich immer wieder daran, was Sie alles schon gelernt und gemeistert haben. Diese Gedanken und Gefühle unterstützen Sie dabei, für Ihre Entwicklung »am Ball« zu bleiben.

Sie haben auf Ihrem Weg zur Gelassenheit schon einige Stolpersteine aus dem Weg geräumt. Sie wissen, dass Selbstverantwortung die Grundlage für ein erfülltes Leben ist, und wissen auch, welche Mechanismen Sie in der Komfortzone halten. Sie haben neue Glaubenssätze entwickelt, kennen Methoden, wie Sie mit Ihrem inneren Kritiker umgehen können, und wissen um die Macht der Ausdauer.

Im nächsten Kapitel geht es um etwas, das wir alle brauchen, etwas, das uns mit dem Leben versöhnt und jede Menge Stress auflöst. Jeder von uns hat in seinem Leben gute, kraftspendende Erfahrungen gemacht. Hier erfahren Sie nun, wie Sie Ihre Kraftquellen gezielt aktivieren und an Ihre innere Stärke andocken können.

Aus inneren Kraftquellen schöpfen

> Wenn du am Morgen erwachst,
> denke daran,
> was für ein köstlicher Schatz es ist,
> zu leben,
> zu atmen
> und sich freuen zu können.
>
> Marc Aurel

Gerade wenn wir unter Druck geraten oder vor einem wichtigen Gespräch stehen und nervös sind, können wir uns bewusst mit unseren Kraftquellen verbinden.

- Was wird unter Kraftquellen verstanden?
- Was haben Kraftquellen mit Stress und innerem Druck zu tun?
- Wie können Sie Kraftquellen gezielt einsetzen?

Vorab drei Beispiele, wie sie unterschiedlicher nicht sein könnten, zur Verdeutlichung:

1. »Vor jedem wichtigen Meeting nehme ich mir etwas Zeit und stelle mir vor, wie ich auf dem Berg auf der Bank vor einer Hütte sitze. Dabei lehne ich mich an, die Sonne ist angenehm warm. Ich fühle mich sicher und gelassen. Ich schaue ins Tal und behalte den Überblick.« Diese Szene schilderte der Bereichsleiter eines Unternehmens im Coaching. »Diese Vorstellung gibt mir Kraft und Vertrauen, sodass ich gestärkt in die Besprechung gehe.«

2. Ein sehr erfolgreicher Hochleistungssportler, mit dem ich zu meiner Freude zusammenarbeiten konnte, erzählte von seinen aktuellen Kraftquellen: »Am Abend vor einem Weltcup denke ich daran, dass ich mich optimal vorbereitet habe. Ich habe alles getan, was ich in der mir zur Verfügung stehenden Zeit tun konnte. Das gibt mir ein gutes und starkes Gefühl. Dann stelle ich mir noch mal vor, wie ich bei einem der letzten Rennen auf dem Treppchen gestanden bin, und höre innerlich die Nationalhymne. Ich spüre in meinem ganzen Körper die Gewissheit, dass ich kompetent bin und ›es‹ kann. So eingestellt, bin ich gut gerüstet und freue mich auf den Wettkampf.«

3. Als ich vor Jahren meine mündliche Doktoratsprüfung in Sozialpsychologie hatte, wollte ich wissen, ob die Technik mit den inneren Kraftquellen tatsächlich so erfolgreich war, wie ich gelesen hatte. Ich hatte nicht viel Zeit zum Lernen gehabt, und der mich prüfende Professor bevorzugte andere Forschungsmethoden als die, nach der ich meine Doktorarbeit verfasst hatte. Ich wusste, dass es nicht einfach sein würde. Daher bereitete ich mich mental gut vor. Ich stellte mir drei Wochen VOR der Prüfung bis zu dem Tag täglich mehrmals im Geist vor, wie der Professor und ich uns die Hand reichten. Dabei fühlte ich mich sicher, kompetent und klar. Am Tag der Prüfung erschien der Professor mit einer anderen Professorin mit einer Stunde Verspätung. Ich hatte die Wartezeit noch einmal genutzt, um zu visualisieren, wie wir uns die Hand reichten. Während der Prüfung machten die beiden Professoren abwechselnd abwertende Bemerkungen zu dem, was ich gesagt hatte, zum Beispiel: »Das weiß doch eine Studentin im ersten Semester.« Ich schaute die beiden an, sah wäh-

renddessen im Geiste immer wieder das Bild, dass wir einander die Hand gaben. Auf diese Weise prallten die Bemerkungen an mir ab, ich blieb konzentriert und fokussiert. Gleichgültig, welche Kommentare zu meinen Argumenten abgegeben wurden, ich blieb motiviert und guter Laune, sodass wir uns zum Schluss die Hand reichten – ich hatte meine Prüfung gut bestanden.

Als Kraftquellen oder Ressourcen können unsere Werte, unsere Fähigkeiten, Fertigkeiten, persönliche Stärken und Erfolge, positive Erlebnisse, Einsichten und Erinnerungen, wichtige Erfahrungen dienen ebenso wie alles, was Freude und Vergnügen bereitet und guttut – unsere Hobbys, Urlaube, interessante, lehrreiche Geschichten oder Weisheitssprüche, bestimmte Bücher, aber auch Sauna, Tai-Chi oder Qigong. Ressourcen sind eine wesentliche Quelle zu einem ausgeglichenen Geist und innerem Frieden und helfen uns, das Leben zu meistern. Sie sind bewusste und unbewusste Potenziale, über die JEDER von uns verfügt. Denken Sie zum Beispiel an sich selbst – allein dass Sie jetzt dieses Buch in den Händen halten und darin lesen, ist schon ein Beweis dafür, dass Sie über beachtliche Ressourcen verfügen – Sie können lesen, sich konzentrieren und sich auf einen Text einlassen, dabei reflektieren, Zusammenhänge erkennen, verstehen und zuordnen. UND letztlich haben alle Ihre Ressourcen Ihnen auf Ihrem Lebensweg bisher geholfen zu überleben. Das ist doch eine ganze Menge, oder?

Durch unsere Kraftquellen kommen wir wieder in Verbindung mit wohltuenden, heilsamen Gefühlen und spüren die Wirkung im Körper in Form von innerem Halt, Sicherheit, unmittelbarer Entspannung und gewinnen sofort wieder Boden unter den Füßen. Wir fühlen uns den Herausforderungen des Lebens gewachsen, werden gelassener, erfüllter und nehmen manche Situationen, die wir vorher persönlich genommen haben, mit mehr Humor wahr.

Für manche Menschen sind *innere* Qualitäten wie Selbstverantwortung und Gestaltungskraft, Hilfsbereitschaft und Mitgefühl eine essenzielle Kraftquelle, für andere Optimismus, Kreativität oder Lebensfreude. Vielen Menschen geben Religion, Gebet oder Meditation Kraft und Zuversicht.

Es gibt natürlich jede Menge äußerer Kraftquellen, die unsere inneren Kräfte und Energien wecken. Eine herausragende *äußere* Kraftquelle ist die Natur, sie beschenkt uns mit kleinen Augenblicken des Glücks – wir schauen auf das Meer und hören dem gleichmäßigen Rauschen zu, bestaunen die Berge, erfreuen uns an Sonne, Mond und den Sternen, aber auch an Blumen, an einem Waldspaziergang, lauschen dem Zwitschern der Vögel. Manche Menschen mobilisieren ihre Energie durch Musik oder durch einen speziellen Song, verbunden mit bestimmten Gemälden, dem Besuch von Galerien oder Museen. Auch bestimmte Gerüche, Märchenfiguren, Leinwandhelden oder sogar Kleidungsstücke können das Gefühl von Sicherheit und Wohlgefühl vermitteln.

So betrachtete zum Beispiel der Verkaufsleiter eines Energiekonzerns Superman als Held aus seinen Kindertagen. Als er beim Einkauf Unterhosen und Socken mit Superman-Farben und dem rot-gelben Superman-Emblem sah, freute er sich und kaufte sie sofort. Wann immer ihm jetzt eine herausfordernde Verhandlung bevorsteht, trägt er seine Superman-Unterhose und die Superman-Socken. »Für andere mag das albern klingen«, meinte er im Coaching und lachte. »Mir hilft es in jedem Fall. Ich fühle mich stark, sicher und selbstbewusst. Ich weiß, was ich kann und will. Das ist die Hauptsache, oder?«

Äußere Kraftquellen können auch Menschen sein, die Sie verstehen, die Ihnen zuhören, bei denen Sie sich mit allen Stärken und Schwächen offenbaren können, ohne Angst haben zu müssen, dass Sie als Person negativ bewertet werden, und die Ihnen – wenn nötig – mit Rat und Tat zur Seite stehen.

Sie können sich auch von anderen ein bestimmtes Verhalten, das Sie gerne hätten, abschauen.

Dabei fällt mir das Beispiel einer Coachingkundin ein. Diese fühlte sich bei den offenen Fragen nach einer eigenen Präsentation sehr unsicher, sodass sie unkonzentriert wurde und leicht den roten Faden verlor. Sie bewunderte einen Kollegen, der Fragen souverän und selbstsicher beantwortete. Ich gab ihr als Hausaufgabe, besagten Kollegen genau zu beobachten, wie er es machte, so souverän zu wirken, und ihn gegebenenfalls nach seiner Einstellung zu fragen. In der nächsten Stunde berichtete sie: »Er schaut den Fragesteller freundlich an, lässt sich mit der Antwort Zeit und beginnt jedes Mal mit tiefer Stimme und einem einleitenden Satz, in dem er den Fragenden anspricht, etwa: ›Danke, dass Sie das ansprechen.‹ Oder: ›Gut, dass Sie das fragen.‹ Danach machte sie eine Pause. »Dann erst beantwortet er die Frage, und am Schluss hakt er noch nach: ›Ist Ihre Frage damit beantwortet?‹ Ich merke ihm an, dass es ihm Spaß macht, gesehen zu werden, seine Kompetenz zu zeigen und auf jeden persönlich einzugehen.«

Damit hatte diese Coachingkundin eine ganze Struktur für erfolgreiche Antworten auf Fragen abgeschaut. »Was wäre, wenn Sie das nächste Mal diese Methode selbst anwenden?«, fragte ich. Sie beobachtete diesen Kollegen weiterhin, schaute von ihm Variationen seiner Körperhaltung, seines Tonfalls und seiner Wortwahl, seiner Mimik und

Gestik ab, adaptierte und integrierte das, was sie für sich als nützlich empfand, und fühlte sich zunehmend wohler und sicherer, wenn ihr Fragen gestellt wurden.

Es gibt so viele Kraftquellen, wie es Menschen gibt, der Kreativität sind keine Grenzen gesetzt. Es gibt Kraftorte, Symbole der Kraft, Kraftsteine, motivierende Krafttiere, inspirierende Kraftbilder, anregende Kraftfragen, persönlich gestaltete Collagen oder Fotos.

Wenn wir uns mit Hilfreichem, Nährendem beschäftigen, stärken wir unser Wohlbefinden und unsere Gesundheit. Leider ist es so, dass wir unsere eigenen Kraftquellen oftmals für so selbstverständlich erachten, und in Situationen, in denen wir unter Druck geraten, sogar gänzlich vergessen. Mit zunehmendem Stress verschwindet das Positive am Leben aus unserem Blickfeld, unsere Aufmerksamkeit richtet sich voll und ganz auf Probleme. Wir denken nur daran, was alles schiefgehen könnte, ob wir alles rechtzeitig schaffen könnten, sind gefangen in unserer eigenen Problemtrance, werden zunehmend nervöser und wollen nur noch unseren Druck und den Stress loswerden.

Deshalb ist es sinnvoll, sich mit den eigenen Ressourcen zu beschäftigen, vergessene, verschüttete oder latente Ressourcen zu entdecken und vorhandene wertzuschätzen. So können wir besonders in Stresssituationen bewusst auf unsere Kraftquellen zurückgreifen, an sie andocken und augenblicklich ein Gegengewicht zum Stress herstellen. Dann kommen wir wieder in Kontakt mit unserem Körper, stärken und stabilisieren uns und mildern unseren inneren Druck und Stress. Wir fühlen uns stark und aufgerichtet. Mental und emotional gewinnen wir dadurch Abstand zu der jeweiligen Situation, bekommen wieder den Überblick, können loslassen und durchatmen und aktiv handeln, statt nur zu reagieren.

Durch die Aktivierung von Ressourcen können wir einerseits bei zu viel Stress Übererregung abbauen, andererseits bewusst an unsere eigene Kraft und unser innewohnendes Selbstvertrauen andocken und uns damit verbinden. Letztendlich können wir über unsere Kraftquellen vielleicht sogar die innere, namenlose Essenz, die unerschöpfliche Quelle der Kraft und Energie, wahrnehmen. Dabei erfahren wir eine allumfassende Verbundenheit und Liebe, Offenheit und Klarheit, einen tiefen inneren Frieden und eine nie gekannte Akzeptanz, haben ein untrügliches inneres Wissen jenseits von Worten und spüren, dass wir davon getragen werden – durch alle Stürme des Lebens hindurch. Immer wieder machen Menschen solche Erfahrungen und sagen hinterher so etwas wie: »Das bin wirklich ich.«

Die folgenden Übungen sind als Einladung zu verstehen, eigene Ressourcen zu vertiefen, um so weitere Bausteine für die ganz persönliche Stresskompetenz zu entwickeln.

 Es ist hilfreich, wenn Sie Ihre Antworten und Ergebnisse in Ihr Logbuch eintragen, sodass Sie sich immer wieder gezielt an Ihre Ressourcen erinnern und sich selbst dabei stärken.

Die zehn wichtigsten Kraftfragen

Diese Fragen sollen Ihnen helfen, eine Bestandsaufnahme Ihrer Kraftquellen vorzunehmen, sodass Sie sich ihrer voll und ganz bewusst werden.

Erlauben Sie sich, bewusst wahrzunehmen, wie es Ihnen während der Beantwortung der Fragen geht.

1. Welche äußeren und inneren Kraftquellen haben Sie?

2. Was können Sie besonders gut?

3. Was machen Sie besonders gerne?

4. Welche inneren Einstellungen helfen Ihnen, Ihren Alltag zu meistern?

5. Welche Ressourcen haben Ihnen geholfen, schwierige Situationen zu meistern, und was haben Sie dadurch gelernt?

6. Mit wem sprechen Sie ehrlich über herausfordernde Situationen? Wie geht es Ihnen dabei, wenn Sie daran denken? Was spüren, was fühlen Sie dabei?

7. Was tut Ihnen gut?

8. In welchen Situationen fühlen Sie sich sicher und kraftvoll? Was spüren Sie dabei im Körper? Wie atmen Sie?

9. Um welche Kraftquellen wollen Sie sich intensiver kümmern? Wie fühlen Sie sich dabei, und was spüren Sie, wenn Sie sich vorstellen, dass Sie diese Kraftquelle selbstverständlich haben? Wie verändert sich dabei Ihr Atem?

10. Welche Kraftquellen haben Ihnen heute schon geholfen?

Wie geht es Ihnen jetzt, nachdem Sie diese Fragen beantwortet haben? Was hat sich IN Ihnen beim Schreiben verändert?

Übung 1
RESSOURCENBIOGRAFIE

Dies ist eine beliebte Übung, um herauszufinden und zu sehen, über wie viele Kraftquellen man verfügt.

• Nehmen Sie ein DIN-A4-Blatt, und zeichnen Sie darauf ein großes U. Auf die linke obere Seite schreiben Sie »Geburt« und auf die rechte »Jetzt«. Dann tragen Sie von Ihrer Geburt an bis »Jetzt« alle wichtigen Stationen mit Ressourcen ein, die Ihr Leben geprägt haben, zum Beispiel bei »Geburt«: »Wollte leben!« Schreiben Sie auf, was Sie am liebsten gespielt haben, zu wem Sie eine besondere Beziehung hatten, wer Sie unterstützt hat, welche Fächer Sie in der Schule mochten, Ihre Hobbys und Stärken, einen Platz, an dem Sie sich besonders wohlfühlten.

• Betrachten Sie dann vom »Jetzt« aus alle Ihre Kraftquellen, die Sie im Laufe der Jahre erworben haben, spüren dabei, wie Sie sich fühlen und was Sie körperlich empfinden. Erlauben Sie sich, sich darüber zu freuen und stolz darauf zu sein.

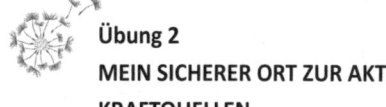 **Übung 2**

MEIN SICHERER ORT ZUR AKTIVIERUNG EIGENER KRAFTQUELLEN

Die folgende Visualisierungsmethode stammt ursprünglich aus der Hypnotherapie und hat inzwischen einen festen Platz in der Traumatherapie gefunden.

Jeder Mensch hat in seinem Leben schon einmal erlebt, dass er sich an einem bestimmten Ort sehr wohl und sicher gefühlt hat. Für manche ist es ein Urlaubsort, für andere ein bestimmter Platz in den Bergen oder an einem See oder am Meer. Manche nehmen auch einen Ort ihrer Fantasie – einen bestimmten Ort, den sie einmal im Kino oder im Fernsehen gesehen haben, manche wählen einen Ort im Universum. Es kann auch ein Ort aus Ihrer Kindheit sein.

Vielleicht entsteht erst ein verschwommenes Bild, das dann immer klarer wird. Vielleicht sehen Sie aber auch sofort ganz deutlich eine Landschaft, in der Sie sich wohl, sicher und geborgen fühlen.

(Nun verwenden Sie nacheinander alle Sinneskanäle – Sehen, Hören, Riechen, Schmecken, Spüren, Fühlen. Nehmen Sie sich Zeit, sodass Sie Ihren ganz besonderen Platz genau betrachten können.)

- Wie genau sieht Ihr sicherer Ort aus? Gibt es dort einen besonderen Platz für Sie zum Sitzen oder Liegen?

- Gestatten Sie sich, ganz in den Ort einzutauchen und sich umzusehen. Wie sieht die Umgebung aus? Nehmen Sie eine Landschaft oder einen Raum wahr? Welche Farben sehen Sie?

- Welche Geräusche hören Sie? Musik? Vogelgezwitscher? Stimmen? Oder etwas ganz anderes?

- Gibt es an Ihrem besonderen Wohlfühlort bestimmte Düfte oder Gerüche?

- Vielleicht schmecken Sie auch etwas oder spüren Wärme und eine leichte Brise auf Ihrer Haut?

- Und wie fühlt sich Ihr Körper an, wo er an so einem angenehmen Platz ist?

- Verändert sich vielleicht gerade Ihre Atmung?

- Wie fühlen Sie sich gerade jetzt?

Erlauben Sie sich, sich an diesem Ort rundherum wohl und sicher zu fühlen und diesen angenehmen Zustand eine Weile zu genießen und in sich aufzusaugen.

- Wie würde ein Satz, ein Leitspruch oder ein Symbol von diesem ganzen Geschehen lauten, den Sie von Ihrem sicheren Ort mitbringen können, der Sie im Alltag an Ihre Ressourcen erinnert? Lassen Sie sich Zeit, und genießen Sie den Augenblick, bevor Sie sich wieder in dem realen Raum einfinden und wissen, dass Sie jederzeit, wann immer es für Sie richtig und wichtig ist, Zuflucht an Ihrem sicheren Ort im Inneren finden können und genau die Kraft schöpfen, die ohnehin IN Ihnen ist.

Sinnvoll ist es, nach dem Durchlesen des Textes die Augen zu schließen und sich einmal in den Wohlfühlort hineinzuversetzen, sodass sich die guten Gefühle noch mehr verankern.

Übung 3
POINT OF POWER – INNERE KRAFT AUF KNOPFDRUCK

Nun kann man sich ja nicht immer so viel Zeit nehmen, um die Augen zu schließen und sich den sicheren Ort mitsamt den guten Gefühlen vorzustellen. Es macht sich nicht besonders gut, wenn Sie mitten in einem herausfordernden Gespräch sagen: «Moment mal, ich mach jetzt mal kurz die Augen zu, tanke meine Ressourcen auf und verbinde mich mit meiner inneren Kraft und Stärke. Danach können wir weiterreden.»

Wir benötigen gerade in Alltagssituationen, wenn wir bemerken, dass wir in Stress geraten, eine Methode, mit der wir schnell an unsere Kraftquellen andocken und uns mit ihnen verbinden können. Genau dafür eignet sich der Point of Power besonders gut. Dies ist eine Technik, die aus dem NLP (neurolinguistisches Programmieren) stammt, dabei wird ein spezifischer Punkt am Körper mit Kraft aufgeladen, den wir immer dann, wenn es für uns wichtig ist, berühren und wieder unsere Kraft, Energie und Stärke spüren können.

• Nehmen Sie Ihre Hand, und berühren Sie sich an einer Stelle, die Sie jederzeit – sowohl im Stehen als auch im Sitzen – anfassen können, eine Stelle, die Sie für Ihre Ressourcen reservieren. Beispielsweise können Sie Daumen, Zeigefinger und Mittelfinger zusammendrücken.

- Wenn Sie sich für eine Berührung entschieden haben, lassen Sie diesen Punkt wieder los und stellen sich mit ALL Ihren Sinnen eine Situation vor, die Ihnen sehr viel Kraft und Energie gegeben hat. Dies kann eine Urlaubssituation sein, eine Situation in der Natur, beim Sport, mit der Familie oder in der Arbeit. Versetzen Sie sich völlig in diese Situation hinein und spüren, wie gut es Ihnen dabei geht und wie Sie voller Selbstvertrauen sind. Und wenn Sie sich so richtig sicher, kraftvoll, kompetent und klar fühlen, dies in Ihrem Körper intensiv spüren, drücken Sie Ihre Punkte, und spüren Sie, wie sich das gute Gefühl, Ihre Sicherheit und Kraft ganz automatisch mit den Punkten verbinden.

- Lassen Sie Ihren Point of Power dann wieder los, und wiederholen Sie diesen Vorgang noch zwei weitere Male.

Sinnvoll ist es, Ihre Kraftpunkte immer wieder aufzuladen, damit sie Ihnen genau dann zur Verfügung stehen, wenn Sie es brauchen.

Selbstmitgefühl –
Tor zu Selbstliebe und Gelassenheit

Vielleicht geht es Ihnen so ähnlich wie mir – kaum passiert mir ein Missgeschick, kaum ist mir ein Fehler unterlaufen, meldet sich schon die wohlbekannte Stimme des inneren Kritikers mit ach so ermutigenden Sätzen wie: »Wie konnte ich nur so doof sein! Wieso habe ich nicht besser aufgepasst? Idiot!«

Würden Sie mit einem guten Freund, dem etwas Unangenehmes passiert ist, der einen Fehler gemacht hat oder eine Niederlage einstecken musste, auch so umgehen? Würden Sie ihn beschimpfen, ihm Vorwürfe machen und ihn abwerten? Würden Sie ihn als Idioten abstempeln und ihm eine Extraportion Salz in die Wunde streuen, damit er noch mehr leidet und der letzte Rest seines Selbstwertgefühls auch noch flöten geht? Ganz sicher nicht.

Wahrscheinlich würden Sie ihm beistehen, verständnisvoll zuhören, mitfühlend, freundlich und beruhigend mit ihm sprechen. Sie würden ihn unterstützen, ihn je nach Lage der Dinge trösten und ermutigen, denn das ist es, was er jetzt braucht.

Mitgefühl mit anderen Menschen, das kennen wir und ist enorm wichtig für das Fortbestehen einer Gesellschaft. Doch Selbstmitgefühl? Das haben die wenigsten von uns gelernt und unsere Eltern auch nicht. Es gibt nicht viele Menschen, die – nachdem etwas schiefgelaufen ist – wertschätzend und liebevoll zu sich selbst sagen: »Das ist wirklich danebengegangen. Tut mir leid, du hast es dir anders vorgestellt und dir so viel Mühe gegeben. Ich verstehe, dass du enttäuscht bist. Jetzt schaun wir mal, was du daraus lernen kannst.«

Selbstmitgefühl kann für manche Ohren erst mal merkwürdig weich oder gar schwach klingen und mit Selbstmitleid verwechselt werden.

Was ist Selbstmitgefühl?

Unter Selbstmitgefühl verstehe ich eine freundlich-liebevolle und wohlwollende Zuwendung mir selbst gegenüber. Ich gehe dabei fürsorglich, gütig und achtsam mit mir um, kann mir beistehen, mich trösten und ermutigen, besonders in Situationen, in denen ich mit mir hadere, an mir zweifle, gekränkt bin oder mich unzulänglich fühle, in Situationen also, die ganz und gar anders gelaufen sind, als ich es mir dachte und wünschte.

Bei Selbstmitleid dagegen verfängt sich derjenige häufig in negativen Gedanken und Grübeleien, er bedauert sich selbst, fühlt sich von aller Welt verlassen, benachteiligt, unfair behandelt oder falsch verstanden und glaubt, dass es »allen anderen« besser geht, dass ihr Leben einfacher ist. Er versinkt im Gefühlsstrudel und emotionalem Leiden, zieht sich selbst herunter, empfindet sich als Opfer, sieht keinen Ausweg, keine neue Perspektive und kann nichts ändern. Er möchte von anderen in seinem Leiden bedauert werden nach dem Motto »Du Armer, das Leben spielt dir wirklich übel mit«. Er möchte von anderen Zuwendung, aber auch Mitgefühl, das er sich selbst noch nicht geben kann. Langfristig wirkt Selbstmitleid leider lähmend, man fühlt sich energie- und antriebslos.

Dabei könnte das Gedankenkreisen allein schon als Hinweis verstanden werden, dass ein Teil unbewusst sehr wohl nach einer neuen Lösung sucht, aber noch nicht weiß, worin die bestehen soll.

Warum ist Selbstmitgefühl so wichtig?

Selbstmitgefühl ist DAS Gegenmittel gegen die strengen Maßstäbe des inneren Kritikers und DIE Alternative, wie wir mit belastenden Gefühlen und Gedanken, bei Fehlern, Niederlagen, Schwächen, Stress, Schmerz und Krankheit mit uns selbst umgehen und Konflikte, Probleme meistern und neue Wege finden können. Fragen Sie sich in solchen Situationen: Was tut mir jetzt gut? Wodurch kann ich mich jetzt beruhigen?

Untersuchungen belegen, welche positiven Auswirkungen Selbstmitgefühl hat:

- Es hilft, uns zu beruhigen und unsere Emotionen besser zu regulieren – Stress, Ängste und Depressionen nehmen ab.

- Es hilft uns, mit belastenden Situationen, Problemen und Konflikten, aber auch mit Schwächen, Niederlagen und Fehlern konstruktiv umzugehen.

- Das Immunsystem und die innere Widerstandskraft werden gestärkt.

- Die Härte, mit der wir unser Herz geschützt haben, schmilzt. Wir werden weicher, klarer, offener, mitfühlender.

- Wir werden verständnisvoller, geduldiger, optimistischer, neugieriger und sind mit uns selbst verbunden.

- Wir werden innerlich unabhängig und können unser Potenzial mehr leben und unsere Ziele leichter erreichen.

Unterm Strich versöhnt uns Selbstmitgefühl mit unseren ungeliebten Seiten und unliebsamen Gefühlen – es versöhnt uns mit dem Leben, so wie es war und wie es jetzt ist. Es führt zu einer Vertiefung unserer inneren Kraft, Energie und Stärke, führt zu mehr Selbstvertrauen, Selbstwertgefühl und Gelassenheit, erhöht unser Wohlbefinden und unsere Zufriedenheit und hat – wie könnte es anders sein – positive Auswirkungen auf die Beziehung zu unseren Mitmenschen und zu unserer Arbeit.

Wer abwertend, kritisch und hart mit sich umgeht, der geht auch mit anderen abwertend, kritisch und hart um. Er unterdrückt seinen Schmerz, gibt sich besonders stark, will seine Verletzlichkeit und seine weiche Seite vor anderen zu schützen, will sich unangreifbar machen und errichtet eine Mauer um sich, die ihn isoliert und von den anderen trennt.

Dorli, 36, alleinstehend mit ihrem zehnjährigen Sohn, ist gelernte Verkäuferin, dabei wollte sie ursprünglich Dekorateurin werden. Vor mehreren Jahren übernahm sie aus Pflicht- und Schuldgefühl das Haushalts- und Eisenwarengeschäft ihres Vaters in einer mittleren Kleinstadt, war unglücklich und fühlte sich dort gefangen. Sie war sich sicher, dass sie in diesem Ort weder einen passenden Mann finden noch ihren Traum verwirklichen konnte, und bedauerte sich selbst zutiefst. Obwohl sie in dem großen Haus in einer abgeschlossenen Wohnung leben und zusammen mit ihrem

Sohn im obersten Stockwerk bei ihren Eltern Mittagessen konnte, fühlte sie sich vom Schicksal benachteiligt und war fast täglich schlecht gelaunt, schrie oftmals ihren Sohn an, bediente ihre Kunden mit griesgrämigem Gesicht und machte ihren Vater für ihr ganzes Leiden verantwortlich. Sie machte sich selbst Vorwürfe, dass sie »ihrem Vater zuliebe« das Geschäft übernommen hatte, ärgerte sich über sich selbst, vernachlässigte ihr Äußeres und räumte ihre Wohnung immer weniger auf. Kein Wunder, dass ihr Selbstwertgefühl und ihre Selbstachtung im Keller waren.

Zudem hatte Dorli wenig Spaß an den Eisenwaren, an Bestellungen und der Buchhaltung, sodass sie sich überfordert fühlte und häufig bei den beiden anderen Verkäuferinnen darüber klagte, dass sie für den »ganzen Krempel« allein verantwortlich war und ihr niemand bei lästigen Arbeiten zur Seite stand.

Den Stein ins Rollen brachte ihr Sohn, der eines Abends verkündete, er sei bereits am Nachmittag zu den Großeltern in den obersten Stock gezogen, weil er nicht mehr angeschrien werden wollte. Obendrein kündigte eine Verkäuferin mit der Begründung, dass das Betriebsklima ihrer Gesundheit abträglich sei und sie auf der Straße schon von Kunden wegen der schlechten Laune ihrer Chefin angesprochen worden sei.

Zunächst tat Dorli das, was sie immer getan hatte – sie bedauerte sich selbst. Wieder einmal hatte sich die ganze Welt gegen sie verschworen! Wieder einmal hatte sie das allerschwerste Schicksal von allen! Doch innerlich rüttelten diese beiden Erlebnisse an den Grundfesten ihres Selbstmitleids, und plötzlich wurde ihr klar: »So kann es nicht weitergehen, ich muss und ich will etwas verändern!« Sie gewann die Einsicht, dass sie es tatsächlich in der Hand hatte, Einfluss auf ihre Situation zu nehmen, und erkannte, dass sie bislang »schmollend in der Ecke gesessen und andere für ihr Leben verantwortlich gemacht hatte«. Es war, als ob sie aus einem tiefen Schlaf aufgewacht wäre! Sie lernte, diese Seite wohlwollend anzunehmen in dem Wissen, dass sie immer das Beste getan hatte, was zu dem jeweiligen Zeitpunkt möglich gewesen war. Sie entwickelte Verständnis für ihre Schlechte-Laune-Periode und für ihren Sohn, begann, sich wieder für ihr Geschäft zu interessieren, sprach sich selbst Mut zu, lachte wieder und entwickelte neue Ideen, wie sie ihre Schaufenster dekorieren und die Aufmerksamkeit der Fußgänger erregen konnte, etwas, das sie sich selbst schon lange versagt hatte! Plötzlich war sie dankbar für ihre Situation, dankbar, dass sie ein Geschäft führen konnte, dankbar, dass ihre Eltern sich um ihren Sohn kümmerten und dass sie bei ihnen mittagessen durfte. Sie spürte, wie sie wieder lebendiger, zuversichtlicher und kreativer wurde, und hatte zu ihrer Entlastung eine Annonce in der Zeitung aufgegeben. Es meldete sich ein Mann, der von Buchhaltung und Eisenwaren begeistert war – eine Idealbesetzung! Dorlis Ziel war, mit ihm und ihrer Verkäuferin zusammen »den Laden wieder auf Vordermann« zu bringen, sie freute sich nun, dass sie sich auf den Haushaltsbereich und die Schaufensterdekoration konzentrieren konnte, genoss es zunehmend, wenn sie Kunden bedienen, mit ihnen scherzen und ihnen etwas Schönes verkaufen konnte, und hatte endlich das Gefühl, am richtigen Platz zu sein.

Als Ergänzung sei gesagt: Der Besitzer einer Ladenkette wurde auf ihre außergewöhnlich kreative und innovative Schaufensterdekoration aufmerksam und bat sie, die Dekoration seiner Läden zu übernehmen.

Häufig ist es so, dass wir eine Situation erleben, die wir uns anders – besser – vorgestellt und erträumt haben. Wir kreieren eine Spannung zwischen dem, was ist, und dem, wie es optimal sein sollte. Dadurch bauen wir einen Widerstand zwischen uns und der Situation auf, geraten in Stress und leiden. Leider hält sich die Wirklichkeit nicht immer an unser ideal vorgedachtes Drehbuch. Sie ist immer größer als wir, übersteigt immer wieder unsere Vorstellungen, hält alle möglichen Überraschungen für uns bereit! Genau dadurch haben wir die Chance, unser Mitgefühl mit uns selbst zu vertiefen und wohlwollend freundlich mit all unseren unliebsamen Emotionen wie Enttäuschung, Wut, Hass, Angst, Schmerz in Verbindung zu kommen und sie zu integrieren, anstatt vor diesen Gefühlen zu flüchten oder dagegen anzukämpfen oder sie erst gar nicht wahrzunehmen. Wer mitfühlend mit sich selbst umgeht, öffnet sein Herz und wird erstaunt wahrnehmen können, wie innere Kämpfe und Konflikte schmelzen und sich lösen und wie gut es tut, bei sich selbst zu sein und aus dem eigenen Selbstverständnis heraus zu handeln.

Selbstverständlich braucht es immer wieder Übung und Achtsamkeit, das Selbstmitgefühl zu stärken. Dabei geht es um Sie selbst, um Ihre ganz persönliche Lebensqualität, und es ist – wie ich aus eigener Erfahrung weiß – eine spannende lebenslange Aufgabe, die zu größerer innerer Freiheit und Selbstliebe führt.

Fazit: Wir brauchen Selbstmitgefühl besonders dann, wenn es uns nicht so gut geht – bei Sorgen, Kummer, bei emotionalem oder körperlichem Schmerz und Leid. Es tut uns genau dann gut, wenn wir einen Fehler gemacht haben, aber auch bei Niederlagen, Blamagen, bei unseren persönlichen Schwächen und Eigenheiten, in allen Situationen, in denen wir bisher innerlich mit uns gekämpft haben und unter Druck geraten sind.

Durch Selbstmitgefühl können wir uns selbst beruhigen und trösten, wir können unseren inneren Kritiker besänftigen, uns mit uns selbst versöhnen, uns zudem ermutigen und aufbauen, sodass wir zu unserer inneren Stärke und Kompetenz, zu unserem Selbstvertrauen zurückfinden und wohlwollend mit uns und anderen umgehen, aber auch motiviert handeln und unsere Ziele leichter erreichen. Wir sorgen gut für uns, gleichgültig, wie die Situation ist, und erlauben uns, Spaß zu haben und das Leben in seiner Vielfalt und mit all seinen Überraschungen zu genießen!

Übung 1

HÄRTE ODER SELBSTMITGEFÜHL?

a) Erinnern Sie sich an eine Situation, in der Sie besonders hart mit sich selbst umgegangen sind und sich stark kritisiert haben. Stellen Sie sich dabei die Situation wie in einem Film vor – ein Stück weit weg und in Schwarz-Weiß.

- Welche Worte haben Sie da benutzt?
- Wie hat Ihre Stimme dabei geklungen?
- Wie haben Sie sich dabei gefühlt?
- Wie atmen Sie dabei, allein wenn Sie sich jetzt daran erinnern?

b) Stellen Sie sich nun bildlich-konkret, groß und in bunten Farben vor, dass Sie in der gleichen Situation Mitgefühl mit sich selbst haben. Versetzen Sie sich in die Situation hinein, und erlauben Sie sich, sich dafür Zeit zu nehmen.

- Durch welche Worte genau können Sie sich dann beruhigen und trösten?
- Wie liebevoll und fürsorglich sprechen Sie nun mit sich?

- Wie verändern sich durch die wohlwollenden Worte in Verbindung mit der weicheren Stimme Ihre Gefühle?
- Wie verändern sich dabei Ihre Körperempfindungen? Schenken Sie sich hier ausreichend Zeit, sodass Sie spüren können, wie sich Selbstmitgefühl anfühlt. Dadurch können Sie es immer leichter aktivieren und sind mit sich selbst verbunden.
- Was ändert sich für Sie durch Selbstmitgefühl in dieser konkreten Situation?

Übung 2
SELBSTMITGEFÜHL UND MITGEFÜHL STÄRKEN

Ich habe diese Übung vor vielen Jahren bei einem Workshop in Oregon kennen- und schätzen gelernt. In seiner ursprünglichen Form stammt sie aus dem Buddhismus.

Nehmen Sie sich für diese Übung 20 Minuten Zeit, in der Sie ungestört sind.

- Als Erstes setzen Sie sich aufrecht und bequem hin und schließen die Augen.

- Sie können dabei eine Hand auf Ihren Bauch, die andere Hand auf die Mitte Ihrer Brust legen und wahrnehmen, wie gut es tut, Ihre Hände zu spüren.

- Während Sie so sitzen, nehmen Sie die Geräusche wahr, die da sind.

- Nehmen Sie als Nächstes wahr, wie Sie sitzen, und gehen Sie mit Ihrer Aufmerksamkeit zu Ihrem Atem.

- Nehmen Sie wahr, wie Sie ein- und ausatmen in Ihrem ganz eigenen Rhythmus, in Ihrer ganz eigenen Zeit, und beobachten

Sie, wie Ihr Atem durch die Nase einströmt und wieder ausströmt.

- Sodann atmen Sie ganz bewusst Mitgefühl mit sich selbst ein und spüren dabei, wie dies Ihrem ganzen Körper guttut und sich jede Zelle wohlfühlt und entspannt.

- Mit jedem Ausatmen atmen Sie Mitgefühl für andere Menschen aus.

- Wenn Sie merken, dass Sie mit Ihren Gedanken abgedriftet sind – wunderbar. Dann kehren Sie wieder zum Atmen zurück und atmen Sie wieder Selbstmitgefühl ein und Mitgefühl aus.

So wie der innere Kritiker als Tor zur Hölle
gesehen werden kann,
so kann Selbstmitgefühl das Tor zu innerem Frieden sein,
und Achtsamkeit ist der Schlüssel dazu.

»Als ich mich selbst zu lieben begann …«

Kennen Sie das Gedicht »Selbstliebe«? Es wird Charly Chaplin anlässlich seines 70. Geburtstags am 16.4.1959 zugeschrieben. Jede Strophe beginnt mit den wunderbaren Worten »Als ich mich selbst zu lieben begann …«

Charly Chaplin
SELBSTLIEBE

Als ich mich selbst zu lieben begann, erkannte ich,
dass emotionaler Schmerz und Leiden nur Warnzeichen sind
dafür, dass ich entgegen meiner eigenen Wahrheit lebe.
Heute weiß ich, das ist »AUTHENTISCH SEIN«.

Als ich mich selbst zu lieben begann, verstand ich,
wie sehr es jemanden beeinträchtigen kann, wenn ich
versuche, diesem Menschen meine Wünsche aufzuzwingen,
auch wenn ich eigentlich weiß, dass der Zeitpunkt
nicht stimmt und dieser Mensch nicht dazu bereit ist –
und das gilt auch, wenn dieser Mensch ich selber bin.
Heute nenne ich das »RESPEKT«.

Als ich mich selbst zu lieben begann, hörte ich auf,
mich nach einem anderen Leben zu sehnen, und ich konnte
sehen, dass alles, was mich umgibt, mich einlädt zu wachsen.
Heute nenne ich dies »REIFE«.

Als ich mich selbst zu lieben begann, verstand ich,
dass ich mich in allen Umständen stets zur rechten Zeit am
richtigen Ort befinde und alles genau zum richtigen Zeitpunkt
geschieht. Von da konnte ich gelassen sein.
Heute nenne ich dies »SELBST-VERTRAUEN«.

Als ich mich selbst zu lieben begann, habe ich es sein lassen,
mir meine eigene Zeit zu stehlen, und ich hörte auf,
große Zukunftsprojekte zu entwerfen.
Heute mache ich nur das, was mir Freude bereitet und
mich glücklich macht, Dinge, die ich gerne tue und die
mein Herz zum Lachen bringen – und ich tue sie auf
meine Weise und in meinem Rhythmus.
Heute nenne ich das »EINFACHHEIT«.

Als ich mich selbst zu lieben begann, befreite ich mich
von allem, was nicht gesund ist für mich – Nahrung,
Menschen, Dinge, Situationen – und von allem,
was mich herunterzieht und mich von mir wegzieht.

Erst nannte ich diese Haltung einen
»GESUNDEN EGOISMUS«.
Heute weiß ich, das ist »SELBSTLIEBE«.

Als ich mich selbst zu lieben begann, ließ ich es sein,
immer recht haben zu wollen, und seitdem
habe ich mich viel weniger geirrt.
Heute habe ich entdeckt, das ist MÄSSIGUNG
(wahre BESCHEIDENHEIT).

Als ich mich selbst zu lieben begann, habe ich mich geweigert,
weiterhin in der Vergangenheit zu leben und mich
um die Zukunft zu sorgen. Jetzt lebe ich nur für
diesen Augenblick, wo ALLES stattfindet.
Heute lebe ich jeden Tag einfach nur Tag für Tag,
und ich nenne es ERFÜLLUNG.

Als ich mich selbst zu lieben begann, erkannte ich,
dass mein Denken mich verstören, unruhig und krank
machen kann. Doch als ich es mit meinem Herzen verbunden
hatte, wurde mein Verstand ein wertvoller Verbündeter.
Diese Verbindung nenne ich heute
WEISHEIT DES HERZENS.

Wir brauchen uns nicht länger fürchten vor Argumenten,
Konfrontationen oder vor jeglicher Art von Problemen mit
uns selbst oder mit anderen. Selbst Sterne stoßen zusammen,
und aus ihrem Zusammenprall werden neue Welten geboren.
Heute weiß ich, das ist »LEBEN«!

Es gibt im Internet verschiedene deutsche Versionen dieses Gedichts,
diese stammt von Wolfgang Zeitler – vielen Dank für die Erlaubnis des Abdrucks.

Gute Freunde kann niemand trennen

Meine Freundinnen und Freunde begleiten mich seit vielen Jahren durchs Leben, so wie ich auch sie begleite. Sie bauen mich auf, wenn es mir schlecht geht, sie unterstützen mich, wenn ich einen Fehler gemacht habe oder wenn mir ein Missgeschick passiert ist. Sie geben mir aufrichtig Feedback und trösten mich über Verluste hinweg. Sie waren da, als ich Denguefieber hatte. Sie schenken mir Vertrauen, wenn ich an meinem Vertrauen zweifle, und machen mir Mut, mich meinen Ängsten zu stellen. Wir können gemeinsam lachen, feiern, genießen, uns über die ganz alltäglichen Dinge unterhalten und uns über Nonsens freuen. Dafür danke ich allen von ganzem Herzen. Ohne Unterstützung meiner Freundinnen und Freunde wäre ich heute nicht die, die ich bin!

Und so, wie sie für mich da sind, bin ich für sie da – nicht immer, aber immer öfter! Das bedeutet nicht, dass immer die Sonne scheint und im Hintergrund die Geigen spielen. Es gibt auch manchmal Gewitter mit Blitz, Donner und heftigem Regen, doch nach Regen, Sturm und Gewitter scheint wieder die Sonne.

Gute Freunde sind starke äußere Ressourcen: An guten Tagen fühlen wir uns bei ihnen wohl, in stressvollen Augenblicken beruhigen sie uns. Dass dies tatsächlich so ist und nicht nur unser subjektives Empfinden, haben Untersuchungen belegt. Dabei kommt wieder einmal das Hormon Oxytocin ins Spiel, das auch in der frühen Mutter-Kind-Beziehung bei der Herstellung der Beziehung, beim Aufbau von Nähe, Vertrauen und Einfühlungsvermögen eine große Bedeutung innehat.

Professor Dr. Markus Heinrichs hat sich als erster Humanforscher mit dem möglichen Stellenwert von Oxytocin im späteren Leben beschäftigt und festgestellt, welche zentrale Bedeutung diesem Hormon bei der Stresskontrolle zukommt und wie gute Freunde durch ihren verständnisvollen Beistand dazu beitragen, dass bei uns Oxytocin ausgeschüttet wird. Wir fühlen uns von anderen verstanden und mit ihnen verbunden mit der Folge, dass sich unser Nervensystem beruhigt, dass unsere Angst und unsere unliebsamen Gefühle sich auflösen und dass wir wieder einen Lichtstreifen am Horizont sehen. Professor Heinrichs konnte in seinen Studien nachweisen, dass Oxytocin angst- und stressreduzierend wirkt, gegen Depressionen hilft, Schmerzen lindert und die Stimmung hebt. Es belohnt sozialen Kontakt, fördert das Vertrauen sowie Einfühlungs- und Bindungsvermögen und wirkt beruhigend. Daher ist es nicht verwunderlich, wenn wir bei Problemen, Konflikten, Missverständnissen und Streit gute Freunde anrufen oder sie treffen und darüber reden, denn hinterher geht es uns besser!

Und wer sich in solchen Situationen bislang in dem hintersten Winkel vergraben und einsam nach Lösungen gesucht hat, der kann mal ausprobieren, wie es ist, sich genau dann einem Freund anzuvertrauen!

Wie wir unseren Oxytocinspiegel erhöhen können

Wie bereits erwähnt, ist Oxytocin ein exzellentes Gegenmittel gegen Stress, ein Mittel, das wir selbst – ganz ohne pharmazeutische Hilfe – produzieren können.

- Eine wunderbare Möglichkeit ist das Verliebtsein, doch das passiert ja nicht alle Tage
- Wir können ihn erhöhen durch Berührung, Massage, Wärme
- durch den Austausch von Zärtlichkeit, durch Mitgefühl und Selbstmitgefühl

- durch Singen und angenehme sinnliche Reize, denen wir uns hingeben können, zum Beispiel Musik

- durch intensive Gedanken an einen bestimmten Menschen, bei dem wir uns geborgen, rundherum wohl und angenommen fühlen

- durch Selbstberührung. Streicheln Sie sich selbst sanft das Gesicht, oder legen Sie eine Hand feinfühlig auf den Bauch und die andere liebevoll in die Mitte des Brustkorbs, bleiben Sie dabei, und spüren Sie, wie es Ihnen damit geht. Sie werden wahrscheinlich dabei feststellen, dass Sie anders atmen.

Übrigens war ein Ergebnis einer Studie, dass Frauen bei Stress weniger auf die verbalen Ermutigungen ihres Partners ansprechen, sondern sich schneller beruhigen, wenn sie von ihm berührt und massiert werden, was auf die Wirkung von Oxytocin zurückzuführen war.

In einer Studie aus Wien wurde auch nachgewiesen, dass Männer und Frauen unterschiedlich im Stress reagieren. Während Frauen bei Stress empathisch auf andere zugehen und reagieren können, dominiert bei Männern das Kampf- oder Fluchtverhalten, ein genetisches Relikt aus den Zeiten des Säbelzahntigers. Sie sind infolgedessen egozentrischer und weniger einfühlsam.

Übung 1
MIT EINEM GUTEN FREUND/EINER GUTEN FREUNDIN SPRECHEN

Sprechen Sie ganz bewusst und offen mit einem guten Freund, einer guten Freundin über Ihre gegenwärtige Situation. Das kann wahlweise der Bereich des Berufslebens oder des Privatlebens sein. Sprechen Sie über alles, was Ihnen im Moment auf dem Herzen liegt, und hören Sie achtsam, interessiert und neugierig zu, was Ihr Freund, Ihre Freundin Ihnen zu sagen hat und wie die Atmosphäre zwischen Ihnen ist. Sprechen Sie besonders darüber, wie Sie sich gegenwärtig fühlen, welche Gedanken Sie bewegen, und nehmen Sie dabei wahr, wie Sie sich mit ihm/ihr verbunden fühlen und wie gut Ihnen das tut.

Wenn niemand zugegen ist, können Sie sich auch mental mit einem guten Freund, einer guten Freundin oder einem imaginierten Helfer unterhalten und spüren, wie er/sie Sie unterstützt und wie gut Ihnen auch das schon tut.

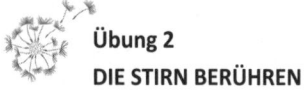 **Übung 2**
DIE STIRN BERÜHREN

Berühren Sie mit den Zeigefingern beider Hände sanft den Haaransatz in der Stirnmitte. Fahren Sie von dort mit den Fingern gleichzeitig quer zur Seite und wieder zur Mitte zurück. Ziehen Sie dabei langsam Schleifen bis zum Beginn der Augenbrauen. Bewegen Sie als Nächstes Ihre Finger langsam senkrecht bis zum Haaransatz, und fahren Sie dann in schmalen Schleifen von der Stirnmitte zwischen Brauen und Haaransatz hin und her, bis Sie zu den Schläfen gelangen. Spüren Sie anschließend nach, wie Sie jetzt atmen und wie Sie sich fühlen.

Sie können auch bewusst Ihren Unterarm berühren und spüren, wie sich Ihr Atem verändert und sich Ihr System beruhigt.

Inzwischen weiß man, welche Bedeutung Tiere im Leben von Menschen spielen. Damit beschäftigen wir uns als Nächstes.

Auf den Hund gekommen –
Freundschaft mit Tieren

Viele Menschen haben Hunde, die ganz selbstverständlich zur Familie gehören oder auch als Familienersatz dienen. Tierliebhaber wissen es schon lange – Tiere tun den Menschen gut. Im Folgenden gehe ich nur auf den Einfluss von Hunden ein, weil zahlreiche Untersuchungen über die Beziehung von Hunden und Hundebesitzern vorliegen. Aber auch andere Tiere geben ihren Besitzern etwas, was Menschen offensichtlich nicht immer so selbstverständlich gelingt: Sie schenken ihnen uneingeschränktes Vertrauen und Akzeptanz. Sie sind ehrlich, nicht so fordernd wie Partner, vergeben leichter, und ihr Verhalten ist nicht so komplex wie das von Menschen. Sie bieten reichlich Möglichkeiten zur Berührung, schenken den Menschen das Gefühl des Angenommenseins, fungieren als Gesprächspartner und manchmal auch als Partnerersatz. Außerdem aktivieren sie unser Fürsorgesystem: Hundebesitzer kümmern sich, füttern, waschen, umsorgen ihren Vierbeiner. Diese fördern obendrein soziale Kontakte, das heißt, Menschen mit einem Hund werden auf der Straße leichter in Gespräche verwickelt, sie wirken vertrauensvoller als Menschen ohne Hunde, wie aus Studien hervorgeht. Von der täglichen Bewegung und der Bedeutung für das Herz-Kreislauf-System ganz zu schweigen!

Bei all diesen positiven Effekten wird verständlich, dass Hunde gesundheitsfördernd und entspannend wirken. Allein die Anwesenheit von Tieren, aber vor allem, sie zu streicheln, hilft, Blutdruck und Puls zu senken. Daher werden sie inzwischen auch gerne in Altenheimen zur Freude der Bewohner und für therapeutische Zwecke eingesetzt.

Untersuchungen brachten den Nachweis, dass Kinder und Erwachsene, die im Krankenhaus sind, sich bei der Anwesenheit eines Hundes entspannen können. Voraussetzung hierfür ist natürlich, dass der Hund selbst im Vorfeld auch entspannt ist!

Ein Hund kann für Kinder, deren Eltern sich scheiden lassen, ein guter Freund sein, dem sie alle Sorgen und Nöte erzählen, an den sie sich anschmiegen können, wenn sie allein sind, der sie in ihrem Kummer tröstet. Wie die Psychologin Dr. Anne Beetz, die über die Beziehung von Mensch und Tier forscht, herausfand, können Hunde und andere Vierbeiner zu Kindern mit Bindungsstörungen eher Vertrauen herstellen als Erwachsene. Diese Erkenntnis wird in der Kindertherapie genutzt, doch auch immer mehr Erwachsene lassen sich auf Therapien ein, in denen Tiere als Helfer eingesetzt werden.

Wie Sie sich unschwer denken können, spielt auch hier wieder das Kuschelhormon Oxytocin eine große Rolle. Der Oxytocinwert erhöht sich mit dem Zusammensein eines Hundes, stärker allerdings, wenn es sich dabei um das eigene Tier handelt. Das Vertrauen der Menschen nimmt zu, die Stimmung wird merklich besser, sie haben weniger Angst, weniger Aggressionen und leiden weniger an Depressionen.

Gleichzeitig sinkt der Cortisolspiegel, und zwar anscheinend stärker, wenn Menschen Zeit mit ihrem Hund verbracht haben als nach einer zwanzigminütigen Ruhepause.

So können gute Freunde, Hunde und andere Tiere uns unterstützen und uns dabei helfen, unsere Emotionen und unseren Stress zu regulieren. Doch auch die Wirkung von Duftstoffen ist nicht zu unterschätzen, selbst wenn sich das erst mal fremd anhören sollte!

Beruhigung durch Duftstoffe

Was viele Menschen bislang für Humbug gehalten haben, setzten weise Frauen schon lange ein und bestätigt nun die Molekularbiologie: Duftstoffe lösen Wohlgefühle aus, reduzieren Stress und nicht nur das. Laut Professor Hanns Hatt, Deutschlands »Duftpapst« und Geruchsforscher am Institut für Zellphysiologie in Bochum, wirken Duftstoffe auch antiviral, antibakteriell und werden in Kliniken als zusätzliche Heilverfahren zur besseren Wundheilung oder gegen antibiotikaresistente Keime eingesetzt. Die japanischen Wissenschaftler um Akio Nakamura an der Saitama University stellten fest, dass bestimmte Aromastoffe wie etwa Linalool die Genaktivität sowie die Chemie des Blutes dahingehend beeinflussen, dass Personen, die diese Aromen einatmen, weniger Stress empfinden. Linalool, das in Lavendel, Koriander, Zimt und auch in Ingwer enthalten ist und sich in vielen ätherischen Ölen findet, reduziert Stress. Der österreichische Pharmazeut Gerd Buchbauer bestätigte die stressreduzierende Wirkung von Linalool und Linalylacetat, beides wichtige Bestandteile von Lavendelöl, aufgrund eigener Untersuchungen. Lavendelöl beruhigt und fördert das Einschlafen, hebt die psychische Befindlichkeit und sorgt für Ausgeglichenheit. Julia Eidt wies in ihrer Dissertation mit Begleituntersuchung an der Universität München (2008) die entspannende und schlaffördernde Wirkung von Lavendelöl und Orangenöl nach. Viele Mütter fördern das Einschlafen ihrer Kinder durch Beigaben von Lavendelöl in Duftlämpchen.

Duftstoffe wurden schon im alten Ägypten, in Persien und Indien zur Stimmungserhellung eingesetzt, Noch heute werden im Orient herrliche natürliche Aromen hergestellt. Inzwischen sind unzählige Duftstoffe auf dem Markt, die allesamt – auf unterschiedliche Art – das Wohlgefühl heben und somit Stress reduzieren sollen. Daher werden sie mit Vorliebe im Wellnessbereich eingesetzt.

Und jeder weiß, wie wundervoll frische Blumen aussehen und wie angenehm und betörend ihr Duft sein kann. Das allein hebt schon die Stimmung und ist Anlass zur Freude! Zu Untersuchungszwecken versprühte man zur Rushhour in den U-Bahn-Stationen von New York in der Nähe von American-Football-Stadien Duftstoffe mit dem Ziel, das Aggressionspotenzial der Menschenmassen zu senken. «Es scheint, als ob Duftstoffe einen mildernden Einfluss auf Aggressionen haben», so Gerhard Buchbauer.

Dieselbe Wirkung würde man auch mit einem Blumenstrauß nach einem Streit bewirken.

Weitere Untersuchungen werden noch zeigen, welche Wirkung man genau mit den verschiedenen Duftstoffen erzielen kann. Spannend und vielversprechend klingt das allemal!

Außerdem tun gute Düfte einfach gut, auch ganz ohne wissenschaftlichen Nachweis!

Übrigens erklärt Professor Hanns Hatt, dass Frauen, wenn sie nach Pampelmuse riechende Düfte tragen, von den Herren der Schöpfung sechs Jahre jünger geschätzt werden. Und wenn Frauen blumige Düfte verströmen, halten Männer sie für sechs Kilo leichter. Das muss ich gleich mal testen!

Als ich vor Jahren an einem Training bei Anthony Robbins teilnahm, wunderte ich mich über seine Wortwahl. Mal sprach er begeistert und motivierend über ein Thema, dann wieder, wenn er sich über etwas geärgert hatte, meinte er, er sei ein klein wenig gereizt. Zuerst fand ich das sehr merkwürdig, doch er erklärte uns, dass allein unsere Wortwahl zu Stress führen oder uns entspannen könne. Das habe ich ausprobiert und kann es nur bestätigen. Davon handelt der nächste Abschnitt.

Die Kraft der Worte

Gleich zu Beginn zwei anschauliche Geschichten:

> Es war ein trüber, wolkenverhangener Morgen in einer kleinen Stadt in Italien. Sie ging einsam durch die bedrückend engen Gassen. Die Fensterläden der Steinhäuser waren geschlossen und wirkten abweisend. Kein Mensch war unterwegs, hie und da zerriss ein Hundegebell die unsägliche Stille, sonst hörte sie nur ihren Atem und das Klackern ihrer Schuhe auf dem Kopfsteinpflaster. Ihr war kalt. Als sie um eine Ecke bog, sah sie einen großen Mann mit schwarzem Kapuzenshirt, der breitbeinig dastand und mit einer Hand in seiner Hosentasche kramte, während er sie mit finsterem drohendem Blick fixierte und sich dann gemächlich Schritt für Schritt auf sie zubewegte. Unwillkürlich ahnte sie die Gefahr, spannte sich an, wurde kurzatmig, nervös und machte sich auf alles gefasst. In dieser schmalen Gasse gab es kein Entrinnen mehr. Sie umklammerte das Pfefferspray in ihrer Jackentasche, bereit, es sofort einzusetzen. Schließlich baute er sich direkt vor ihr auf, sodass sie nicht an ihm vorbeigehen konnte. Ihr Herz pochte bis zum Hals.

Wie erging es Ihnen beim Lesen dieser Zeilen? Wie haben Sie geatmet? Wie haben Sie sich gefühlt, und was hat sich – vielleicht in Anflügen – in Ihrem Körper sonst noch verändert?

> Gott sei Dank! Endlich – nach Tagen der Hitze – Wolken am Himmel, ideal, um früh aufzustehen und gut gelaunt einen Spaziergang durch die kleine Stadt in Italien zu unternehmen und den Morgen zu begrüßen. Sie sog die

frische Luft tief ein und genoss es, so allein durch die verschlungenen Gässchen zu schlendern! Kein Wunder, dass alle Fensterläden um diese Uhrzeit geschlossen waren – wahrscheinlich schliefen die Menschen noch! Wie friedlich und angenehm kühl war es doch, hier spazieren zu gehen, dem fernen Hundegebell zu lauschen und nur das Klackern ihrer Schuhe und ihren Atem zu hören. Als sie um eine Ecke bog, sah sie einen großen, breitschultrigen Mann mit schwarzem Kapuzenshirt mitten im Weg stehen, der sie mit großen Augen verwundert anschaute. Offensichtlich suchte er etwas in seiner Hosentasche. Wie schön, einem anderen Menschen um diese Uhrzeit zu begegnen! Gemächlich setzte er sich in Bewegung und kam ihr entgegen. Es entging ihr nicht, dass er sie anlächelte. Schließlich blieb er vor ihr stehen, schaute sie mit offenen Augen und einem Lächeln an und sagte freundlich: »Guten Morgen. Haben Sie vielleicht Feuer für mich?« Dabei deutete er auf seine Zigarette.

Wie erging es Ihnen beim Durchlesen dieser Geschichte? Wie haben Sie sich gefühlt? Wie haben Sie geatmet? Und was haben Sie sonst noch in Ihrem Körper gespürt? Worin unterscheiden sich diese beiden Geschichten?

Normalerweise machen wir uns über die Wahl unserer Worte kaum Gedanken, wir benutzen sie einfach so, wie wir es gelernt haben. Worte wirken, die Frage ist jedoch, wie.

Worten wohnt eine immense Kraft inne:

- Sie können stressen oder beruhigen.
- Sie können verletzen oder ermutigen.
- Sie können herunterziehen oder beflügeln.

- Sie können verschleiern oder offenlegen.
- Sie können beschämen oder inspirieren.
- Sie können demütigen oder aufbauen.
- Sie können uns kränken oder heilen.

Jeder von uns hat das schon selbst erfahren. Worte öffnen oder verschließen unsere Herzen. Sie sind ein sehr mächtiges Werkzeug, das zum Wohl, aber auch zum Schaden von Menschen angewendet werden kann. Das weiß jeder gute Redner, und jeder Demagoge macht sich dies zunutze, wie wir aus der Geschichte wissen. Werbestrategen und Kommunikationsfachleute arbeiten mit Hochdruck an der Macht der Bilder und der Worte und wollen uns dieses und jenes Produkt schmackhaft machen. Medien versorgen uns rund um die Uhr mit neuem Stoff zum Ablenken und Aufregen, sodass wir uns wahlweise erfreuen, entrüsten, aufregen, wütend werden und unsere Spannung kurzfristig regulieren können. Wir leben offensichtlich in einer Gesellschaft, die den täglichen Aufregungskick durch marktschreierisch in Szene gesetzte Nachrichten braucht, um in der Fülle der Angebote überhaupt noch etwas wahrzunehmen.

Worte erschaffen und verändern unsere eigene Welt – sie verändern unseren inneren Zustand. Sie sind mit bestimmten Bedeutungen, Einstellungen, Gefühlen, körperlichen Empfindungen verknüpft und drücken sich in unserer Körperhaltung, in Mimik, Gestik, in unserer Art zu sprechen aus. Worte zeigen, wie wir denken und unsere Erfahrungen und Situationen bewerten, worauf wir achten und Wert legen. Sie zeigen, wie wir mit uns selbst und mit anderen umgehen und was wir von uns und anderen halten.

Manche Menschen benutzen aufgrund ihrer Konditionierung, Erfahrung und Gewohnheit eher negative Worte, andere drücken sich eher konstruktiv aus. Wer überwiegend schwarzsieht, nimmt das Licht der Sonne kaum mehr wahr.

Beispielsweise haben wir die Möglichkeit, folgenden Satz ganz unterschiedlich zu vervollständigen:

Das Leben ist ...

... ein Kampf. Dann fokussiert sich unsere Aufmerksamkeit auf »Kampf« – wir haben dann zu kämpfen.

... ein Hindernislauf. Dann finden wir immer wieder Hürden, Stolpersteine, die wir überwinden müssen.

... ein Geschenk. Dann entdecken wir in vielen Situationen Geschenke, die unser Leben erfreuen und bereichern.

... ein Spiel. Dann spielen wir mit vollem Einsatz und wissen, dass wir immer wieder gewinnen und auch verlieren können. Gewinnen wir, ist das für uns eine Bestätigung, verlieren wir, ist das die Herausforderung, dazuzulernen, damit wir die Chance haben, das nächste Spiel wieder zu gewinnen.

Wie sich negative und positive Gedanken und Worte auswirken

Negative oder positive Gedanken und Worte haben langfristig weitreichende Konsequenzen – für uns selbst, wie für andere.

Wer **negativ** denkt:

- führt negative Selbstgespräche.
- sieht nur das, was nicht klappt oder schiefgehen könnte.
- richtet seine Aufmerksamkeit in aller Regel auf Schwächen, Kritik, Kummer und Sorgen.
- zweifelt viel, ist eher misstrauisch und wird dadurch selbst unsicher, aber auch ungeduldig, wird energielos oder

ist im Dauerstress und kämpft gegen sich und den Rest
der Welt oder kündigt innerlich.

- schwächt langfristig seine Motivation, sein Selbstwertgefühl
und Selbstvertrauen.

- bleibt eher in seiner Komfortzone und schützt sich durch
seine Abwehrmechanismen.

Letztlich sagt er NEIN zu neuen Möglichkeiten – und das ganz
bestimmt nicht aus bösem Willen, sondern weil er nicht anders
kann. Er handelt von seiner Warte aus guten Gründen so, denn
er will sich eigentlich vor negativen Situationen bewahren. Das
liegt unter anderem auch an unserer evolutionären Ausstattung,
denn in den Zeiten des Säbelzahntigers war die Aufmerksamkeit wesentlich mehr auf Bedrohungen ausgerichtet. Es war
überlebensnotwendig, achtsam nach möglichen Gefahren Ausschau zu halten, denn der berühmte Säbelzahntiger hätte ja
jederzeit um die Ecke kommen können – und da musste man
gewappnet sein!

Nimmt negatives Denken in einer Gesellschaft überhand,
werden kollektiv zunehmend lebensschädliche Bedingungen
erzeugt, die zu Vorurteilen und damit zu Feindbildern, Ab-
sicherung des Eigenen, Misstrauen, Gewalt und Krieg führen
können. »Innenweltverschmutzung« führt dann zu Außenwelt-
zerstörung, wobei die eigenen Ängste und Spannungen auf
Feindbilder projiziert und dort bekämpft werden.

Konstruktive Gedanken dagegen ziehen natürlich andere
Konsequenzen nach sich.

Wer **konstruktiv** denkt:

- Ist offen für Neues, sieht Chancen und neue Möglichkeiten.
- führt konstruktive Selbstgespräche.

- ist zuversichtlich, interessiert und motiviert.
- traut sich viel zu, setzt sich tatkräftig ein und beachtet seine Grenzen.
- verwendet seine Energie und Kraft für seine Ziele und Aufgaben.
- hat viel Selbstvertrauen und ein gutes Selbstwertgefühl.
- anerkennt sich und andere und arbeitet gerne im Team.
- sieht generell einen Sinn in seinem Leben, sagt JA dazu und übernimmt die Verantwortung dafür.

Natürlich hat auch jemand, der überwiegend konstruktiv denkt, hin und wieder Stress und Ängste, doch er kann sich in herausfordernden Situationen schneller wieder aufbauen und zuversichtlich die anstehenden Aufgaben erledigen.

Interessante Experimente über die Kraft von Worten führte der japanische Alternativmediziner Dr. Masuro Emoto durch. Er beschäftigte sich intensiv mit dem Thema Wasser und kam zu dem Schluss, dass Wasser Gedanken und Gefühle aufnehmen, verändern und speichern könne und dass dies auch beim Menschen nicht anders sei, da sein Körper zu großen Teilen aus Wasser besteht. Zur Untermauerung seiner These stellte er viele Untersuchungen an. So stellte er mit Wasser gefüllte Petrischalen auf Papierbogen, auf die in großen Buchstaben Wörter wie »Liebe« oder »Hass« geschrieben standen. Das Wasser fror er dann ein, sodass sich Kristalle bildeten. Diese fotografierte er und stellte fest, dass sich bei dem Wasser in der Petrischale, die auf dem Blatt mit dem Wort »Liebe« gestanden hatte, wunderschöne Kristalle gebildet hatten, während sich aus dem Wasser auf dem »Hasspapier« unschöne, unvollkommene Formen herausgebildet hatten. Er sah dies als Beweis für die unterschiedliche Wirkung von Worten und folgerte unter anderem daraus, wie wichtig unsere Wortwahl sei. Auch wenn Emotos Experimente zahlreiche Kritiker auf den Plan gerufen haben, bleiben die Ergebnisse doch zumindest interessant.

Worte wie »Fehler«, »Prüfung«, »Präsentation« oder »Abgabetermin«, aber auch Worte wie »ungeduldig«, »keine Zeit«, »beeil dich«, »bin unter Druck« oder »bin im Stress« können uns leicht stressen, genauso wenn wir davon reden, wütend, sauer und empört zu sein oder »die Nase gestrichen voll« zu haben. Bestimmte Worte rufen in uns Erinnerungen samt den entsprechenden Gefühlen wach, die wir mit diesen Situationen verbinden.

Andere Worte wie »Spritze«, »Operation«, »Unfall«, »Wunde« oder »zermürbend«, »schmerzhaft« oder abwertende, beleidigende oder zynische Bemerkungen können das Schmerzzentrum im Gehirn aktivieren und wirken genauso wie körperlicher Schmerz. Das könnte uns doch zum Nachdenken anregen, wie wir innerlich mit uns sprechen und wie wir mit gesprochener Sprache umgehen, oder?

Indem wir unsere Wortwahl ändern, können wir unseren inneren Zustand bewusst verändern. Wenn wir ein neues Wort wählen, das uns mehr Gelassenheit ermöglicht, unterbrechen wir ein altgewohntes Sprachmuster, lockern die damit zusammenhängende Identifikation und gewinnen Abstand zu unseren bisher mit dem Wort verknüpften Emotionen. Das ist vor allem dann sinnvoll, wenn wir uns mit unseren bisher selbstverständlich verwendeten Worten selbst heruntergezogen und gestresst haben.

Durch Worte wie »dankbar«, »zufrieden«, »freundlich«, »klar«, »Vertrauen«, »Kraft« oder »Sicherheit« können wir uns emotional leichter beruhigen, natürlich nur, wenn sie für Sie passend sind.

»Ach, du liebe Güte«, kann jetzt ein Kritiker sagen. »Soll ich jetzt, wenn ich sauer bin, nur noch weichgespültes Zeug reden?«

Nein, ganz bestimmt nicht. Selbstverständlich können Sie sauer sein und dies lautstark ausdrücken, das kann ja manchmal sinnvoll und ein Aufwecksignal für andere sein. Doch in diesem Zusammenhang ist es wichtig, dass Sie Ihre Gefühle wahrnehmen und dann bewusst die Kraft der Worte, die Sie denken oder aussprechen, nutzen, um Ihren eigenen Stresslevel zu reduzieren, Ihr emotionales Erleben besser zu justieren und mehr Gelassenheit zu gewinnen.

»Da manipuliere ich mich ja«, könnte der Kritiker weiter einwenden.

Ja, das stimmt. Wir manipulieren uns durch unsere Gedanken und Gefühle ohnehin jeden Tag. Die Frage ist nur, in welche Richtung.

Der Vater einer dreizehnjährigen Tochter reagierte jedes Mal sauer, wenn sie wütend auf ihn war, was dazu führte, dass er zum Gegenangriff überging und sie anschrie. Die Tochter rannte daraufhin stets aus dem Zimmer und schlug die Tür hinter sich zu. Der Vater blieb sauer zurück und bekam hinterher Schuldgefühle, dass er seine Emotionen »wieder mal« nicht im Griff hatte. Dieses Muster hatte sich zwischen den beiden ganz gut eingespielt.

Schließlich gelang es ihm, ein anderes Wort für »wütend« zu gebrauchen. Nun nannte er das Verhalten seiner Tochter »energiegeladen«. Das brachte ihn innerlich zum Schmunzeln, es gelang ihm dadurch, das Muster zu durchbrechen, er gewann inneren Abstand und konnte ihr nun klar und wertschätzend sagen, wie ihr Verhalten auf ihn gewirkt hat, und mit ihr gemeinsame Spielregeln für ihre Kommunikation aushandeln.

Da fällt mir ein Beispiel über die Kraft der Worte ein, das mich in meiner NLP-Ausbildung fasziniert hat.

Eine Frau hat mehrere Kinder, die auch an Regentagen gerne draußen im Freien spielen. Immer wenn die Kinder mit ihren nassen Schuhen hereinkamen, machten sie im Flur den Fliesenboden schmutzig. Sie ärgerte sich jedes Mal fürchterlich, beschimpfte die Kinder in der Hoffnung, dass sie endlich begriffen, die Schuhe gleich am Eingang auszuziehen. Doch alles Schimpfen half nicht! Irgendwann beschloss sie, dass der »schmutzige Fliesenboden« ein Zeichen von »Lebendigkeit der Kinder« sei und dass sie froh sein konnte, dass »die Kinder so lustig und lebendig« seien. Durch die Änderung ihrer Worte konnte sie dieses Ärger-Muster unterbrechen und sich selbst innerlich befreien.

Die folgenden Beispiele in der Tabelle zeigen, wie Sie stressende Wörter durch emotional abschwächende, regulierende Wörter ersetzen können.

Stressende Wörter	Regulierende Wörter
Problem	Herausforderung
Fehler	Lernchance
Niederlage	Aufwecksignal
wütend	energiegeladen
unsicher	neugierig
ärgern	Missfallen
sauer	verdutzt
enttäuscht	überrascht
gestresst	gefordert
streiten	engagiert diskutieren
unter Druck	sehr aktiv

Sie können auch ganz bewusst Wörter wählen, die ein klein wenig humorvoll sind und Sie zum Schmunzeln anregen, um so inneren Abstand zu Ihren Gefühlen zu bekommen. Auf diese Weise kann es Ihnen sogar Spaß machen, diese neuen Wörter in Ihren Alltag zu integrieren. Wenn Sie früher zum Beispiel gesagt haben: »Ich bin total frustriert«, können Sie jetzt diesen Satz ersetzen durch: »Ich bin ein wenig aus der Spur.« Oder wenn Sie früher gesagt haben: »Ich bin völlig genervt«, können Sie heute lächeln: «Ich bin etwas erstaunt.« Wahrscheinlich finden Sie für sich selbst noch einige passendere Wörter und Sätze, um stressende Ausdrücke durch regulierende zu ersetzen.

Wesentlich ist, dass Sie das ausgetauschte Wort mit den geeigneten Gefühlen verbinden, denn dadurch können Sie auch Ihr bisher automatisiertes Stressmuster verändern.

Selbstverständlich können Sie auch eher neutrale Worte in anturnende Worte verwandeln und dadurch Ihr Energielevel zusätzlich heben. Wenn Sie bisher gesagt haben: »Es ist kein Problem«, können Sie nun sagen: »Ich mach das gern«. Anstelle von »Es geht so«, können Sie »gut« sagen. Der Möglichkeiten gibt es viele. Und auch da kann sich gleich der innere Kritiker melden und sagen: »Übertreib es nicht!« »Bleib auf dem Teppich!« Oder: »Was soll die Euphorie. Sei realistisch!« Aber Sie müssen ja nicht immer auf ihn hören!

Fazit: Worten wohnt eine große Kraft inne. Die Frage ist, wie wir sie bewusst nutzen. Wir haben die Chance, uns und andere Menschen durch die Macht der Worte zu beruhigen, zu ermutigen, uns mehr zu freuen, unser Potenzial zu leben und uns das Leben leichter zu machen.

 **Übung**

Achten Sie eine Woche bewusst auf Ihre Wortwahl – verwenden Sie eher negative oder konstruktive Sätze?

 Bitte notieren Sie wieder in Ihrem Logbuch:

1. Beobachten Sie sich eine Woche lang. Welche stressenden Wörter verwenden Sie regelmäßig (z. B. ärgerlich, sauer)?

- Durch welche regulierenden Wörter können und wollen Sie diese ersetzen?
- Mit welchen Gefühlen verbinden Sie diese regulierenden Wörter?

Stellen Sie sich mit allen Sinnen vor, wie Sie nun diese regulierenden Wörter in bestimmten Situationen benutzen, UND setzen Sie dies im Alltag mit einem inneren Augenzwinkern um.

2. Durch welche Worte ermutigen und stärken Sie sich?

Meditation – die Fülle der Stille

Meine erste Meditationserfahrung machte ich vor vielen Jahren in Indien. Bis zu dem Zeitpunkt hatte ich zwar das Wort schon einmal gehört und mir dabei einen indischen Yogi mit Rauschebart und überkreuzten Beinen vorgestellt, der zu Sitarmusik vor sich hin summt. Ich war jedenfalls neugierig genug, meditieren zu lernen.

Ich war damals also im Ashram in Pune gelandet, hatte morgens und abends an aktiven Meditationen teilgenommen, fand diese befreiend und entspannend, wollte aber noch tiefer in die Materie eintauchen und hatte mich zu einem zehntägigen

Vipassana-Meditationstraining angemeldet. Vipassana ist eine der ältesten Meditationstechniken und bedeutet, »die Dinge sehen, wie sie sind«, und dient dazu, Achtsamkeit zu fördern und das wahre Selbst zu entdecken jenseits kultureller und persönlicher Konditionierungen. Unser Kurs ging von morgens 5 Uhr bis 22 Uhr. Wir saßen abwechselnd eine Stunde auf einem Holzbänkchen mit geradem Rücken, dann folgte eine Stunde langsame Gehmeditation. Dabei gingen wir im Kreis, achteten bei jedem Schritt bewusst auf die Bewegung, koordinierten diesen mit dem Atem und senkten den Blick so, dass die Füße des Vordermanns noch zu sehen waren. Am ersten Tag fand ich das interessant, doch dann wartete ich auf eine wundervolle Einsicht, auf den absoluten Entspannungsflash oder gar den ultimativen Bewusstseinsdurchbruch. Nichts von alledem geschah, und so schlich sich allmählich eine merkwürdige Frustration ein! Die Highlights zwischen den Meditationen waren das Essen in Schweigen und die Live-Lectures von Osho. Während der ganzen Zeit galt das Schweigegebot. Die Stunden waren endlos, ich wusste bald nicht mehr, wie ich mich aufrecht halten konnte. Mein Verstand empfand das Ganze als schrecklich langweilig, öde, ich war gleichzeitig unruhig und ungeduldig. Es gab nichts zu tun! Nichts!

Die Tage verliefen völlig gleichförmig und bestanden aus Sitzen, Gehen, Lecture, Essen, Sitzen, Gehen, Essen … Schlafen. Wir saßen mit geschlossenen Augen auf unseren Meditationsbänkchen, sollten Gedanken nicht urteilend, nicht wertend wahrnehmen und sie benennen. So dachte ich zum Beispiel: »Wann kommt denn der blöde Gong?« Meine Etikettierung war »Gong, Gong«. Schließlich stellte ich mir – zur persönlichen Erbauung – vor, wie ich mir als Belohnung für den Kurs neue Kleidung kaufte und etikettierte »Kleidung, Kleidung«. Dann kam ich auf die Idee, im Geist Bilder zu malen oder Geschichten zu erfinden – das war unterhaltsam und abwechslungsreich. Manchmal war ich dann so in meine Gedanken vertieft, dass ich den Gong kaum wahrnahm und der Meditationslehrer liebevoll meinte: »This is not meditation – you can call it ›nice dream‹.« Ich war jedes Mal froh, wenn ich wieder eine Stunde hinter mich gebracht hatte! Wie konnte ich nur so blöd gewesen sein, mich gleich auf einen ganzen Kurs einzulassen – »Bewertung, Bewertung«. Die Langeweile war schier unerträglich – »Bewertung, Bewertung«. Glücklicherweise (!) wurde mein Verstand bald durch einen starken Schmerz im Rücken abgelenkt. Endlich konnte er sich wieder mit einem Thema beschäftigen! Ich war es ja nicht gewohnt, stundenlang ohne Bewegung aufrecht zu sitzen, der Schmerz war grauenhaft intensiv, und ich hatte irgendwann das untrügliche Gefühl, dass mein Rücken demnächst brechen, ich vom Schemel fallen würde und von allem weltlichen Schmerz erlöst wäre. »This is not meditation – this is called drama«, meinte mein wohlmeinender Meditationslehrer.

Nicht wertend wahrnehmen, was ist, sich nicht damit identifizieren – das hatte sich so einfach angehört, war es aber nicht! Mein Verstand bewertete ununterbrochen! Doch nach ein paar Tagen wurde ich ruhiger, der stechende Rückenschmerz fing an zu wandern, ich konnte ihn beobachten und gewann endlich auch Abstand dazu – irgendwann war er gar nicht mehr da. Jetzt konnte ich zunehmend meine Gedanken und Gefühle beobachten, wie sie kamen und gingen, angenehme, unangenehme. »Gedanken sind wie Wolken am Himmel, sie kommen und gehen, Gefühle kommen und gehen, und der innere Beobachter kann sie wahrnehmen, ohne anzuhaften«, sagte auch mein Meditationslehrer.

Und irgendwann – vielleicht am achten oder neunten Tag – waren keine Gedanken da – da waren einfach nur Wachheit, Stille, Klarheit, Weite, Akzeptanz, Liebe. Dasein ohne Worte.

Als der Gong am Ende der Stunde ertönte, war es das erste Mal, dass die Stunde wie im Flug vorübergegangen war und ich mich gleichzeitig frisch, wach, präsent und mit allem verbunden fühlte. »This is meditation«, meinte nun mein Meditationslehrer. Danach wollte ich diesen Zustand unbedingt wiederhaben, doch meine Sehnsucht nach diesem Sein vereitelte es.

Für mich war es damals ein absoluter Hardcore-Einstieg in die Praxis der Meditation, die Anfang der 80er-Jahre des letzten Jahrtausends noch milde belächelt und als eine etwas andere Form des Dösens abgetan wurde.

Inzwischen hat sich viel geändert. Neurowissenschaftler haben dank der bildgebenden Verfahren die Meditation für sich entdeckt und arbeiten seit geraumer Zeit mit Psychiatern, Psychologen und Therapeuten zusammen, um die Bedeutung der gesundheitlichen Wirkungen von Meditation wissenschaftlich zu erforschen. Dabei sind sie zu bemerkenswerten Ergebnissen gekommen. Seither praktizieren immer mehr Menschen Meditation.

Wofür ist Meditation gut?

Es gibt unterschiedliche Meditationsrichtungen, deren Wurzeln im Buddhismus, im Hinduismus, im Taoismus, aber auch im Islam und im Christentum zu finden und zum Teil über 2500 Jahre alt sind. Herkömmlicherweise besteht das Ziel in dem Durchschauen des eigenen Egos und der Einswerdung mit dem Göttlichen.

Bei uns im Westen liegt die Latte im Allgemeinen wesentlich niedriger. Hier wird Meditation, losgelöst von religiösen Kontexten und weltanschaulichen Schulen, vor allem im Zusammenhang mit Gesundheit und Stressreduktion gesehen. Warum genau ist Meditation für uns wertvoll?

- Durch Meditation werden Sie gegenwärtiger, leben mehr im Hier und Jetzt.

- Sie gewinnen Abstand zu Ihren Gedanken, Gefühlen und Empfindungen.

- Negative Denkmuster und Gefühlsmuster schwächen sich ab.

- Sie können Ihre Aufmerksamkeit bewusster steuern und sich besser konzentrieren.

- Sie können Ängste und Stress reduzieren.

- Das Immunsystem wird stärker und beeinflusst die Gesundheit positiv.

- Sie werden klarer, präsenter und gelassener.

- Sie entwickeln eine positivere Lebenseinstellung, vertiefen Ihre innere Stärke und haben mehr Energie.

Studienergebnisse von Britta Hölzel und Susan Lazar weisen darauf hin, dass bei Meditation die graue Substanz im Hippocampus, dem Teil, der für das Lernen und das Gedächtnis zuständig ist, dicker wird. So könnte Meditation dem altersbedingten Abbau der grauen Substanz entgegenwirken.

Menschen können durch Meditation besser mit Schmerz umgehen. Sie identifizieren sich nicht mehr so stark mit ihm, schenken dem schmerzenden Körper nicht mehr so viel Energie und Aufmerksamkeit, sondern können ihn zunehmend nicht wertend beobachten.

Allerdings – und Sie wissen es – können Sie diese Ergebnisse erst nach Wochen und Monaten des Übens erwarten. Sie brauchen also Ausdauer und Geduld. Es ist ja schon viel gewonnen, wenn Sie sich immer bewusster werden, wie Sie ticken, sich besser konzentrieren und gelassener bleiben können, oder?

Was ist Meditation?

Meditation kommt von demselben Wortstamm wie Medizin, nämlich »media«, und bedeutet »Forschung, Analyse«. Während es bei der Medizin um die Erforschung, Analyse und Heilung des menschlichen Körpers geht, steht in der Meditation die Schulung des menschlichen Geistes im Mittelpunkt. Unter Meditation wird entweder eine Meditationsmethode oder der Zustand der Meditation verstanden.

Jeder Mensch kennt Momente der Meditation, wenn er völlig gegenwärtig und im Einklang ist mit dem, was ist. Das kann beim Skifahren, Rodeln, Klettern, Wandern, beim Anblick einer Blume, bei Musik oder beim Sex sein. Dies sind Momente, in denen jeder Gedanke stört und das So-Sein unterbricht. Die Qualität des Seins kann sich durch eine solche unmittelbare Erfahrung verändern. Allein durch die Erinnerung daran sind Sie wieder mehr mit sich verbunden, sind präsent, klar und dankbar.

Vor mehreren Jahren arbeitete ich mit einem sehr bekannten Sportler. Er berichtete über seinen Vorstartzustand und erklärte: »Es geht nicht darum, dass ich negativ denke, es geht auch nicht darum, dass ich positiv denke. Es geht darum, dass ich gar nicht denke. Denn wenn keine Gedanken da sind, dann bin ICH da – und dann ist alles möglich.« Dies wird auch als »Leerheit des Geistes« bezeichnet. Vielleicht beobachten Sie bei sich selbst mal, was da ist, wenn alles still ist.

Was ich bereits im Kapitel über die Achtsamkeit beschrieben habe, gilt auch für Meditation, die ja nichts anderes als eine längere bewusst herbeigeführte Achtsamkeitsübung ist. Dabei nehmen Sie nicht wertend, nicht urteilend, freundlich und bewusst wahr, was gegenwärtig ist. Dadurch entwickelt sich im Laufe der Zeit so etwas wie der »innere Beobachter«. Je stärker der innere Beobachter wird, desto klarer wird erkannt, dass dieser immer da ist und still wahrnimmt. Von dieser Warte werden Gedanken, Gefühle und körperliche Befindlichkeiten mit Abstand wahrgenommen. Starre Denk- und Gefühlskonzepte, Glaubenssätze und altvertraute Stressmuster werden so unterbrochen und die Identifikationen gelockert.

Welche einfachen Meditationstechniken gibt es?

Wir unterscheiden stille Meditationen wie Vipassana, die sitzend ausgeübt werden, und aktive Meditationen, bei denen Bewegung eine Rolle spielt – wie die Gehmeditation, Tai-Chi, Qigong, Yoga, Kundalini. Mein persönlicher Favorit ist seit Langem die aktive Meditation »Heart Chakra Meditation« die ich nach einer CD von Karunesh durchführe.

Meditation kann sich auf ein Objekt richten, zum Beispiel den Atem, auf Geräusche, Gedanken und Gefühle, den Körper. Im Zustand der Meditation wird die Stille jenseits von Gedanken wahrgenommen und erkannt, dass Gedanken und Gefühle kommen und gehen, während der Beobachter bleibt.

Besonders bei buddhistischen Meditationsformen wird die Aufmerksamkeit auf bestimmte Inhalte gelenkt, zum Beispiel Liebe, Mitgefühl.

Sinnvoll ist es, einfach auszuprobieren, womit Sie sich wohlfühlen, und dann dabeizubleiben.

Ist Meditation und Entspannung das Gleiche?

Bei Meditation ist Entspannung ein angenehmer Nebeneffekt, geht jedoch weit darüber hinaus. Beides ist wichtig, wenn auch auf unterschiedliche Weise.

Bei Entspannung erleben wir Tagträume, Fantasien, unsere Gedanken beschäftigen sich mit allem Möglichen, flattern mal hierhin, mal dorthin, schwelgen in Erinnerungen, träumen von der Zukunft, oder uns kommen Bilder vom Tag, von der Arbeit. Unsere Aufmerksamkeit ist ungerichtet – wir lassen uns treiben. Unser Gehirn kommt in eine Art Ruhezustand, in dem das sogenannte Default Mode Network (deutsch: Ruhezustandsnetzwerk,) aktiviert ist. In diesem Zustand erleben wir Geistesblitze, bekommen plötzlich – wie aus dem Nichts – neue Ideen. Problematisch kann es dann werden, wenn jemand niederdrückende Tagträume hat oder überhaupt nicht mehr aufmerksam und konzentriert bei einer Sache bleiben kann.

Meditation dagegen hilft, gegenwärtiger zu sein und bei abschweifenden Gedanken die Aufmerksamkeit immer wieder ins Hier und Jetzt zu bringen, und dient dazu, die subtilen Muster des Verstandes zu erkennen und zu verstehen.

ACHTUNG RISIKEN!

Wenn ein Mensch psychische Probleme hat, kann Meditation zuerst kontraindiziert sein. Hier ist es sinnvoll, sich professionelle Unterstützung zu holen.

Hindernisse bei der Meditation

Ungeduld

»Da sitz ich stundenlang da und merk keinen Unterschied. Was soll das Ganze?« Solcherlei Gedanken können, wenn man mit dem Meditieren beginnt, schon mal kommen. Schließlich sind die meisten Menschen es gewohnt, rasch Ergebnisse zu erzielen und Erfolge nachzuweisen. Highspeed-Meditation mit Instanterfolgen – ein Widerspruch in sich!

Was passiert, wenn wir ungeduldig sind? Wir wollen, dass sich schnellstmöglich etwas ändert. Dadurch verspannen wir uns, schielen ungeduldig auf mögliche Veränderung. Weil wir so auf Ergebnisse und Ziele aus sind, nehmen wir die Gegenwart nicht wirklich wahr. Wir werden immer ungeduldiger und warten darauf, dass nun endgültig, aber wirklich endgültig etwas Großartiges, Einmaliges passiert, und sind dann maßlos enttäuscht, wenn das Wunder weiter auf sich warten lässt.

Gier

Besonders spannend wird es, wenn wir gierig sind und schon einmal einen Augenblick erlebt haben, in dem der Verstand still war und wir die Fülle der Stille erfahren haben. Dann nämlich kann der Verstand gierig Ausschau danach halten, wieder einen solchen Augenblick zu erzielen, er will unbedingt wieder dieses stille Glücksempfinden spüren.

Doch wenn unser Verstand diesem wundervollen Augenblick des inneren Friedens nachjagt und hinterherhechelt, dann geschieht er garantiert nicht, denn wir werden gierig, verkrampfen uns und kommen in Stress. Unser Verstand beschäftigt sich mit einer optimalen Zukunft, die er herbeisehnt, während er die nicht ganz so gut bewertete Gegenwart nicht wirklich wahrnimmt.

In dem Augenblick, in dem wir unbedingt etwas anderes wollen als das, was gerade ist, erzeugen wir eine subtile innere Spaltung, einen inneren Kampf, Widerstand und Stress – egal, ob bei Ungeduld, Gier oder unseren Glaubenssätzen, wobei der Inhalt unserer Gedanken beliebig variieren kann. In dem Moment, in dem wir entweder etwas unbedingt loswerden oder unbedingt etwas erzielen wollen, erzeugen wir Spannung, Spaltung, Kampf und Leiden.

Umgang mit Ungeduld und Gier

Wunderbar, wenn Sie Ungeduld und Gier wahrnehmen! Dadurch sind Sie wieder gegenwärtig. Es ist doch völlig normal, dass der Verstand abdriftet und das tut, was er gewohnt ist. Er will schnell zum Ziel, und er mag manche Zustände nicht. Es gilt, sie nicht wertend wahrzunehmen und anzunehmen nach dem Motto »Was ist, ist«.

Dann gehen Sie mit Ihrer Aufmerksamkeit wieder zum Atem zurück und beobachten wieder, wie Sie ein- und ausatmen.

Und dann, wenn Sie nichts wollen, nichts erwarten, wenn Sie sich nicht anstrengen, sondern nur nicht wertend wahrnehmen, wie Sie atmen, dann …

Stolz

Meditation – in welcher Form auch immer – ist nichts Heiliges, auch wenn es immer wieder Menschen gibt, die Meditation zur narzisstischen Selbstüberhöhung benutzen, sie wie eine Monstranz vor sich hertragen und, sich selbst allzu ernst und allzu wichtig nehmend, sie zu etwas ganz Besonderem hochstilisieren. Genau darum geht es in der Meditation nicht.

 Atemmeditation

Im Folgenden stelle ich eine Meditationsform vor, die Sie leicht in Ihren Alltag integrieren können.

Nehmen Sie sich 20 bis 30 Minuten Zeit, Zeit für sich, in der Sie ungestört von äußeren Einflüssen ganz für sich selbst sein können. Am besten Sie stellen sich einen Wecker.

- Setzen Sie sich aufrecht und zugleich bequem hin. (Es muss nicht der Schneidersitz sein.) Diese Sitzhaltung dient in erster Linie dazu, dass Sie wach und aufmerksam bleiben.

- Schließen Sie die Augen, nehmen Sie wahr, wie Sie dasitzen, nehmen Sie die Geräusche wahr, die da sind.

- Nehmen Sie als Nächstes Ihren Atem wahr, wie Sie einatmen und ausatmen.

- Beobachten Sie, wie Ihr Atem durch die Nase einströmt, wie sich Ihr Brustraum und Ihr Bauch dabei heben, halten Sie kurz inne.

- Nehmen Sie dann wahr, wie Ihr Atem wieder nach außen fließt und Ihr Bauch und der Brustraum sich senken.

- Wenn Sie merken, dass Ihre Gedanken abgeschweift sind – super –, dann nehmen Sie dies nicht wertend wahr und kehren wieder zum Atem zurück.

Sie können die Meditation zusätzlich im Supermarkt in der Schlange an der Kasse machen oder überall dort, wo Sie ein paar Augenblicke Extrazeit haben.

Sie erinnern sich an die One Moment Meditation von Kapitel »Abstand gewinnen durch Achtsamkeit«?

 Fragen
Tragen Sie bitte die Antworten wieder in Ihr Logbuch ein:

- In welchen Situationen ist es für Sie einfach, ganz im Einklang mit sich selbst zu sein?

- Was genau könnte Sie reizen zu meditieren?

- Was versprechen Sie sich davon?

It's now or never –
die Kraft des Augenblicks

> Wenn Du heute Dein Denken veränderst,
> entsteht morgen eine andere Wirklichkeit.
>
> Gabi Pörner

»It's now or never«, sang dereinst Elvis Presley aus voller Kehle.

So einfach das Lied klingt, enthält es doch eine tiefe Wahrheit – es geht um das JETZT, um den gegenwärtigen Augenblick.

Vielleicht halten Sie kurz inne und nehmen wahr, wie es Ihnen gerade jetzt, in diesem Moment, geht.

Wie ich bereits in dem Buch »Das Phoenix-Prinzip« schrieb, ist die Gegenwart im Leben jedes Menschen eine sehr starke kontinuierliche Kraft. Nur gerade jetzt leben, lachen, lieben wir. Nur in diesem Moment freuen oder ärgern wir uns, nur JETZT treffen wir Freunde, sind gelassen oder kreativ, nur in diesem Moment schmieden wir Pläne, entscheiden und handeln wir. Nur in der Gegenwart entfalten sich Frieden, Mitgefühl und Tatkraft oder Kampf und Leid.

Oder wie es bei Sascha Benecken in seinem Song »Lebe den Augenblick« erklingt:

> »Jetzt ist der Augenblick zu leben,
> Jetzt ist der Augenblick zu lachen,
> jetzt ist der Augenblick zu handeln,
> immer nur jetzt und wieder jetzt.«

Warum nehmen wir diese entscheidende Kraft der Gegenwart nicht öfters wahr?

Es gibt Menschen, die beschäftigen sich vornehmlich mit der Vergangenheit, halten sich vielfach im »Dort und Damals« auf, leben in Erinnerungen. Sie denken daran, wie schön es einmal war, oder haben daran zu knabbern, dass ihr Leben unvorhergesehene Wendungen genommen hat. Aber auch wenn sie es sich in ihrer Komfortzone sehr gemütlich gemacht oder sich stark mit ihrem Selbstbild, ihren Glaubenssätzen und ihrem inneren Kritiker identifiziert haben, sind sie letztlich mit der Vergangenheit identifiziert. Darüber verpassen sie die Gegenwart und das, was sich gerade jetzt, in dieser Sekunde, abspielt. Viele Menschen beschäftigen sich mit der Zukunft, indem sie sich Sorgen machen, Bedenken anmelden, was alles schieflaufen oder an düsteren Gedanken Wirklichkeit werden könnte. Sie bereiten sich innerlich darauf vor, dass unser Währungssystem in naher Zukunft zusammenbricht, dass sie bei der nächsten Restrukturierung bestimmt ihre Stelle verlieren, dass der nächste große internationale Konflikt auf heimischem Boden ausgetragen werden könnte, und machen sich Gedanken, wohin sie vorher noch schnell auswandern können, kurz: Sie steigern sich in Katastrophenfantasien hinein und wundern sich, dass sie angespannt und im Stress sind.

Viele Menschen machen sich To-do-Listen darüber, was sie heute alles noch tun »müssen« – vom Job, Wohnungsputz über Einkaufen bis zum Abholen der Kinder. Oder sie machen sich jetzt Gedanken darüber, was alles in der Zukunft möglich sein könnte – sie malen sich den nächsten Urlaub aus, stellen sich vor, welche Karriereschritte sie in ein paar Jahren gemacht haben werden, oder hoffen auf den Traumpartner, der die ultimative Glücksverheißung verkörpert. Sie warten auf besondere Höhepunkte, träumen von der Erfüllung ihrer Erwartungen und Wünsche, verschieben ihr Leben in die Zukunft, hecheln hehren Idealen hinterher, sind dabei im Stress und leiden.

Eine simple Frage: Wann, glauben Sie, sind Sie auf dem Höhepunkt Ihres Lebens? Wann könnte das sein?

Vielleicht wenn Sie eine bestimmte berufliche Position erreicht, die ideale Partnerin gefunden haben? Oder dann, wenn die Kinder aus dem Haus sind oder wenn Sie in Rente sind und reisen und das Leben in vollen Zügen genießen können?

Nein, bestimmt nicht. Sie sind JETZT, gerade JETZT, während Sie diese Zeilen lesen, auf dem Höhepunkt Ihres Lebens. Sie glauben es nicht? Wann sollte es sonst sein?

Dieser Augenblick, jetzt, ist der einzige Moment, in dem Sie lebendig sind und atmen, oder nicht? Die Vergangenheit ist vorüber, die Zukunft ist noch nicht – also leben Sie gerade jetzt.

Selbstverständlich gibt es Höhepunkte in jedem Leben – wie das Kennenlernen der Partnerin oder des Partners, Hochzeit, herausragende berufliche Situationen oder besondere sportliche Erfolge, doch der tatsächliche Höhepunkt ist immer JETZT und wieder JETZT.

Ich habe manchmal den Eindruck, dass viele Hochleistungssportler – egal, ob das beim Skifahren, Skispringen, Rodeln oder Formel 1 ist – oftmals ganz in der Gegenwart sind. Die Aufgabe der Sportler ist es ja, in ihrem Job mit der wechselnden Außenwelt und ihrer eigenen Innenwelt in möglichst harmonischem Einklang zu sein, weil sie so ihre ganzen Kompetenzen am besten abrufen können. Dabei ist man offen, sicher, klar, voll Vertrauen, kann direkt handeln und sich von der Intuition leiten lassen. Sie sind – wie Mihaly Csikszentmihalyi es nannte – »im Flow«. Die ganze Aufmerksamkeit gilt dem Augenblick, eine Hundertstelsekunde nicht aufgepasst – und der Wettkampf ist vorbei. Das ist Hingabe an den Moment, in dem Körper, Gefühle und Verstand mühelos und leicht zusammenarbeiten. »Es gibt keine Trennung mehr. Es gibt nur noch das Dasein – alles geht wie von selbst.« Ein junger Sportler hat einmal gesagt:

»Da bin nur ich – wach und voll da, ohne jeden Gedanken.« Von anderen habe ich Sätze gehört wie: »Da bin ich ganz bei mir.«

Natürlich denken wir alle manchmal an die Vergangenheit oder an die Zukunft. In Bezug auf die Zukunft ist es ja notwendig, sich zu überlegen, wohin die weitere Reise gehen soll, und hierzu Pläne zu schmieden, konkrete Ziele, aber auch Maßnahmen zur Umsetzung zu entwickeln und diese zu realisieren – sowohl privat wie beruflich. Doch das geschieht immer in der Gegenwart, was wir bei der Identifikation mit der Zukunft oder Vergangenheit vergessen.

Träume wie Albträume können nur in der Gegenwart kreiert werden. Wenn sich der Verstand mental mit der Zukunft oder der Vergangenheit identifiziert, trennt er sich vom gegenwärtigen Augenblick. Er kreiert eine Spaltung, das heißt, wir sind nicht mehr wirklich präsent und klar. Das ist mit einem mehr oder weniger subtilen Widerstand gegen die gegenwärtige Situation verknüpft und führt zu latentem Druck, Stress und Leiden. Je stärker unsere Identifikation mit unseren mentalen Konzepten, Glaubenssätzen, Vorstellungen, Überzeugungen, aber auch unseren Gefühlen ist, desto mehr Macht haben sie über uns. Wir nehmen eine Situation nicht mehr so wahr, wie sie ist, sondern verzerrt – so, wie wir sie aufgrund unserer Muster sehen können –, und handeln entsprechend. Das bedeutet, dass das, was JETZT ist, durch diese mentalen Muster überlagert wird.

Nun hat ja jeder schon die Erfahrung gemacht, dass sich die Wirklichkeit nicht immer nach unseren Vorstellungen richtet. Sie ist definitiv größer als wir. Warum also gegen Windmühlen kämpfen und leiden? Trotzdem hoffen wir wieder und wieder, dass das Leben sich nach unseren Vorstellungen richtet. Es geht aber nicht um Wunscherfüllung, sondern darum, das Leben in seiner ganzen Fülle mit all seinen Facetten, mit seinen Höhen und Tiefen anzunehmen. Das ist nicht immer einfach, sind wir es doch so gewohnt, dass unser Verstand genau dann, wenn es brenzlig wird, sich in die Zukunft oder in die Vergangenheit flüchtet und sein standardisiertes Programm abspult.

Die größte Herausforderung besteht für den Verstand demzufolge darin, den gegenwärtigen Augenblick, so wie er gerade jetzt ist, wahrzunehmen und anzunehmen. Wenn wir bewusst die Dinge anschauen – all die Gefühle, die auftauchen, wenn wir unsere Stärken und unsere Unzulänglichkeiten, aber auch unsere Grenzen bewusst wahrnehmen –, kann das zwar desillusionierend sein, doch letztlich ist es sehr befreiend. Wir landen auf dem Boden der Tatsachen und haben dann festen Boden unter den Füßen, der als solides Fundament dient. Und wer festen Boden unter den Füßen hat, den kann so schnell nichts erschüttern!

Deshalb ist es so wichtig, die eigene Aufmerksamkeit immer wieder bewusst auf den gegenwärtigen Moment zu lenken und wahrzunehmen, was gerade jetzt ist. Nicht umsonst spielt in allen spirituellen Schulen, sowohl bei kurzen Achtsamkeitsübungen wie auch in der Meditation, das »Hier und Jetzt« eine so große Rolle.

»Wenn du im Hier und Jetzt bist, bist du wach, die Sinne sind geschärft, und du nimmst eine Situation komplett anders wahr«, sagte neulich der Geschäftsführer eines Unternehmens im Gespräch zu mir. »Dann kannst du die Dinge mit Abstand sehen und reagierst nicht mehr impulsiv. So wird die Arbeit viel leichter.«

Jeder Mensch weiß, wie es ist, ganz im Augenblick zu sein – ganz in seinem Tun aufzugehen, ganz bei einer Sache zu sein, ganz in ein Gespräch vertieft zu sein, ganz den Augenblick zu genießen. So kann die Gegenwart unser größter Lehrmeister sein. Sie lehrt uns Demut, sodass wir uns allmählich von fixen Vorstellungen lösen und tatsächlich die Gegenwart genießen.

Fragen Sie sich immer wieder: »Was ist gerade jetzt?« Damit lenken Sie den Fokus Ihrer Aufmerksamkeit auf das, was gerade jetzt ist. Sie können sich im Raum umsehen, können den Geräuschen lauschen, die da sind. Sie können Ihren Körper von innen spüren, wahrnehmen, was Sie denken und fühlen. Dadurch sind Sie präsenter und werden sofort ruhiger. Sie können das Schöne eines Augenblicks erkennen und sich an Kleinigkeiten erfreuen. Dabei werden Sie merken, wie viel schöne Augenblicke es täglich gibt, die Ihr Herz beglücken. Und wenn Sie wahrnehmen, dass Sie gerade wieder einen inneren Gruselfilm kreiert haben – wunderbar, das können Sie ja nur wahrnehmen, wenn Sie gegenwärtig sind!

Fazit: Der Verstand liebt es, sich entweder mit der Zukunft oder mit der Vergangenheit zu identifizieren. Dadurch ist Leiden vorprogrammiert. Gegenwärtigkeit hilft uns, die Identifikation zu lockern, zu uns selbst zurückzufinden. So ist die kostbarste Zeit die Gegenwart. Es gibt nichts Erfüllenderes, als im Augenblick präsent zu sein.

 Fragen

- Was nehmen Sie gerade jetzt wahr?

- Was denken Sie gerade jetzt?

- Wie fühlen Sie sich gerade jetzt?

- Was könnten Sie denn jetzt Gutes für sich tun?

- Wie atmen Sie gerade jetzt?

- Was spüren Sie gerade jetzt im Körper?

Übung 1

Nehmen Sie sich Zeit, und spüren Sie, wie sich Ihr Körper gerade jetzt von innen anfühlt, und gehen Sie langsam von unten nach oben Ihren ganzen Körper durch. Erlauben Sie sich wahrzunehmen, wie Sie atmen und wie Sie sich dabei fühlen.

Übung 2

Achten Sie eine Woche lang immer wieder auf Ihre Gedanken.

- Beschäftigen sich Ihre Gedanken mehr mit der Zukunft oder der Vergangenheit?

- Nehmen Sie immer wieder wahr, wie präsent Sie im Augenblick sind.

Ausstieg aus dem Hamsterrad

> Gelassenheit entsteht,
> wenn wir die Wirklichkeit
> ganz und gar annehmen
> und aktiv handeln.
>
> Gabi Pörner

Alles im Leben ist dem Wandel unterworfen. Nur der normierte Verstand mit seinen standardisierten Glaubenssätzen und seinen Schutz- und Abwehrmechanismen will, dass alles beim Alten bleibt und, vor allem, dass wir so bleiben, wie wir sind. Das führt unwissentlich, aber zwangsläufig zu Druck und Stress.

Letztlich ist jeder selbst dafür verantwortlich, wie er mit sich und mit anderen Menschen umgeht. Wenn uns unsere Glaubenssätze und Denkweisen bewusst werden, haben wir die Macht und die Wahlfreiheit, sie zu ändern. Wir haben Kraftquellen in uns, die wir in herausfordernden Situationen aktivieren können, um uns rasch mit unserer inneren Stärke zu verbinden.

Wir sind alle Menschen, haben viele Begabungen und Talente, die gelebt und gesehen werden wollen. Und wir machen alle Fehler, erleben alle Niederlagen und Rückschläge, an denen wir wachsen. Selbstmitgefühl und Mitgefühl mit anderen hilft uns, unsere eigenen Grenzen und die anderer Menschen zu achten, hilft, unsere Menschlichkeit und das Leben anzunehmen und uns damit zu versöhnen, auch damit, dass wir immer mal wieder im Stress und immer noch nicht perfekt sind! Auch das gehört zu einer dynamischen Balance! Achtsamkeit und Meditation unterstützen uns, präsenter und gegenwärtiger zu sein und Situationen, aber auch uns selbst und andere Menschen, unter einem erweiterten Blickwinkel zu sehen und die Mechanismen des Verstandes noch besser zu verstehen.

Der Weg zur Gelassenheit ist genau genommen der Weg zu sich selbst, zum eigenen Ausdruck, der eigenen Lebendigkeit und Lebensfreude, ein Weg, den jeder Mensch auf seine eigene Weise in seinem eigenen Tempo geht. So dienen alle genannten Inhalte des Buches dazu, den Kontakt mit sich selbst zu vertiefen, sich selbst besser zu verstehen, sich konstruktiv zu führen und erfüllt zu leben oder wie Bon Jovi sang:

»– it's my life
It's now or never …«

Weiterhin alles Gute auf Ihrem ganz persönlichen
Lebensweg wünscht Ihnen

Gabi Pörner

PS: Und wenn Sie auf Ihrer Reise durch das Buch Übungen gefunden haben, die Ihnen guttun – bleiben Sie dran!

Wenn Sie mir Ihre Erfahrungen schreiben wollen, freue ich mich darüber. Meine Mailadresse:

Welcome@Tim-Training.de

Tim-Training@t-online.de

Interviews zum Umgang
mit Druck und Stress – Preview

Beim Schreiben brachte mich ein langjähriger Freund – danke, Stefan – auf die Idee, Menschen zu diesem Thema zu interviewen. Ich war sofort begeistert davon, denn ich finde es spannend, herauszufinden, wie Menschen unterschiedlichen Alters mit unterschiedlichen Berufen und Rahmenbedingungen mit Stress umgehen und wodurch sie gelassener werden. Ich entwickelte einen Fragebogen und konnte verschiedene Interviewpartner und Interviewpartnerinnen gewinnen. Ich danke allen herzlich für ihre Teilnahme und dafür, wie ehrlich und offen sie über ihren inneren Druck und Stress und wie er sich im Lauf der Zeit verändert hat, aber auch über ihren Weg zu mehr Gelassenheit und ihre Kraftquellen Auskunft gegeben haben.

Ich möchte Ihnen alle InterviewpartnerInnen, die ich nach Alter geordnet, habe, hier vorstellen, damit Sie sich ein erstes Bild machen können:

Carina Vogt, 23, Olympiasiegerin in Sotschi 2014 im Skispringen, Doppelweltmeisterin 2015, bei der Bundespolizei tätig. Sie lebt in Schwäbisch Gmünd.

Sascha Benecken, 25, Hochleistungssportler und Polizeimeister der Bundespolizei. Zusammen mit seinem Freund und Kollegen Toni Eggert gewann er den Gesamtweltcup im Rennrodeln 2015 im Doppelsitzer. Er lebt in Oberhof.

Marina Sanavio, 32, selbstständige IT-Beraterin. Sie lebt bei München.

Bettina P., Mitte 30, lebt mit ihrem Mann und der gemeinsamen Tochter in London. Sie ist Head of Business Development in einem internationalen Unternehmen.

Jörg Marks, 48, Geschäftsleiter Technik & Bau und Gesamtprojektleiter BER bei der Flughafen Berlin Brandenburg GmbH. Er ist verheiratet und hat einen Sohn.

Sabine Dix, 49, Mediatorin und Therapeutin. Sie hat eine Tochter und lebt in der Nähe von Bamberg.

Stephan Georg Winkler, 53, verheiratet, zwei Söhne. Er ist Hoteldirektor in einem 5-Sterne-Resorthotel auf Bali/Indonesien.

Matthias Ehrlich, 60, verheiratet, Vater einer Tochter. Er hat bei mehreren Technologie- und Internetunternehmen gearbeitet, mehr als ein Dutzend Unternehmen mitgegründet oder die Gründung begleitet, war Sales- und Media-Vorstand beim Aufbau des deutschen Marktführers Internet-Portale und Email WEB.DE AG, zuletzt acht Jahre im Vorstand der 1&1 Internet AG und UIM AG. Gegenwärtig baut er mit ehrlichstrategies ein Beteiligungsgeschäft neu auf.

Sie können die Interviews von meiner Homepage *www.Tim-Training.de* downloaden und bekommen beim Lesen Einblicke, wie andere Menschen mit Druck und Stress umgehen und sicherlich die eine oder andere Anregung für Ihr eigenes Leben gewinnen.

Danksagung

Als Allererstes bedanke ich mich bei Ihnen für Ihre Bereitschaft, Ihren Mut, Ihre Ehrlichkeit und Ihre Ausdauer, sich auf das Thema einzulassen und sich für Ihre eigene Entwicklung zu engagieren. Vielen Dank für Ihr Vertrauen.

Beim Schreiben dieses Buches habe ich an viele Menschen, die mich auf meinem Weg begleitet haben und begleiten, gedacht. An dieser Stelle danke ich allen Trainings- und Coachingteilnehmern und -teilnehmerinnen, durch deren Ehrlichkeit, Offenheit und Vertrauen ich immer wieder dazulernen durfte. Mein Dank gilt vor allem auch allen Interviewpartnern und Interviewpartnerinnen, die alle so viel von sich preisgaben und zum Verständnis, dass wir alle im gleichen Boot sitzen, beitragen. Ich bin all meinen Lehrerinnen und Lehrern dankbar, die mir bei meinen stressenden Glaubenssätzen und unrealistischen Erwartungen auf die Sprünge halfen, auch wenn es nicht immer einfach war. Sie alle halfen mir, mich selbst mehr und mehr anzunehmen. Ganz besonders bedanken möchte ich mich an dieser Stelle bei Frau Minth, meinen Kolleginnen Susanne Ehrenspeck und Carola Frank. Es macht Spaß, konstruktiv zusammenzuarbeiten.

Meinen Freundinnen und Freunden, die mich während des Schreibens immer wieder unterstützt und Verständnis für meine Situation gezeigt haben, danke ich vielmals.

Und zu guter Letzt gilt mein besonderer Dank Frau Stuhldreier, die mich inspirierte und ermutigte, dieses Buch zu schreiben. Danke!

Über die Autorin

Dr. Gabi Pörner ist Psychologin, Expertin für Persönlichkeits-entwicklung und Ausbau mentaler Stärke. Seit mehr als 25 Jahren ist sie selbstständige Trainerin und Coach für Führungs-kräfte, Hochleistungssportler und Privatpersonen. Sie führt ihre Trainingsprogramme seit vielen Jahren international erfolgreich für Unternehmen durch, z. B. Indien, Namibia, Alaska. Ihr Ziel ist es, Menschen zu ermutigen, ihren eigenen selbstbestimmten Weg zu gehen und erfüllt wie erfolgreich zu leben. Dabei verbindet sie einen praxisnahen, stärkeorientierten Ansatz mit Lebensfreude und Humor. Sie ist NLP-Lehrtrainerin, ausgebildet in Hypnotherapie und Somatic Experiencing®, einer hochwirksamen Methode zur Lösung von massivem Stress und Trauma, meditiert seit vielen Jahren und interessiert sich sehr für Bewusstseinsforschung.

Ihre Schwerpunkte sind:

- Erfolgsfaktor Persönlichkeit – Selbstkompetenz in der Führung ausbauen
- Ressourcenaktivierung und mentale Stärke statt Stress
- Mit innerer Stärke und Selbstverantwortung zum Erfolg

Offene Workshops und Seminare:

- Nein sagen will gelernt sein – souverän kommunizieren
- Der Phoenix-Prozess – konstruktiver Umgang mit Veränderungen
- SAT – das Selbstakzeptanztraining

Fast alle Trainings werden auch von ihrer Kollegin Carola Frank sehr erfolgreich durchgeführt.

Literatur

A. H. Almaas: *Essentielle Befreiung, Der diamantene Weg des Herzens,* Arbor Verlag, 1999

A. H. Almaas: *In die Tiefe des Seins,* J. Kamphausen Verlag, Bielefeld, 2010

Bauer, Joachim: *Prinzip Menschlichkeit, Warum wir von Natur aus kooperieren,* München 2010

Boronson, Martin: *One moment meditation,* J. Kamphausen, Bielefeld, 2012

Boronson, Martin: *Ein Moment reicht, Ruhe finden in einer hektischen Welt,* J. Kamphausen, Bielefeld, 2015

Beetz, Andrea: *Der Schulhund – wissenschaftliche Grundlagen und Praxis,* Reinhardt, München, 2012

Eidt, Julia: *Der Einfluss aetherischer Öle auf die Stimmung, das Schlafverhalten und die Lungenfunktion älterer Menschen, Vergleich von Lavendel und Orangenduft,* 2008, IMP, Ludwig-Maximilans-Universität, München

Ellis, Albert: *Grundlagen und Methoden der rational-emotiven Verhaltenstherapie.* Klett-Cotta, Stuttgart, 2012

Gardner, Andrea: *Ändere Deine Worte und Du änderst Deine Welt,* J. Kamphausen Mediengruppe, 2014

Johannes XXIII.: *Für das Glück geschaffen, die 10 Regeln für Gelassenheit,* St. Benno, Leipzig, 2006

Klaus Grochowiak & Susanne Haag: *Arbeit mit Glaubenssätzen,* Schirner Taschenbuch, 2005

Kraaz von Rohr, Ingrid, Pörner, Gabi: *Das Phönix-Prinzip, die Kunst, sich selbst zu retten,* Allegria, Berlin, 2012

Lipton, Bruce: *Die Macht des Unterbewusstseins,* YouTube-Video, 2012

Lucas, Marsha: *Schalten Sie Ihr Gehirn auf Liebe,* J. Kamphausen, Bielefeld, 2013

Loyd, Alex & Johnson, Ben: *Der Healing Code*, rororo Taschenbuch, 2013

Martin, Manfred, Pörner, Gabi: *Das gesunde Unternehmen, Body-Mind-Management – die neue Stufe der Unternehmensevolution*, Langen-Müller, München, 1999

Osho: Meditation. *Die erste und letzte Freiheit*, Innenwelt Verlag, 1998

Osho: *Bewusstsein beobachten, ohne zu urteilen*, Allegria, Berlin, 2004

Osho: *Angst, die Unwägbarkeiten des Lebens verstehen und annehmen*, Goldmann, München, 2008

Neff, Kristin: *Selbstmitgefühl, Wie wir uns mit unseren Schwächen versöhnen und uns selbst beste Freunde werden*, Kailash, München, 2012

Pörner, Gabi: *Nein sagen will gelernt sein, erfolgreich Grenzen setzen*, Allegria, Berlin, 2013

Robbins, Anthony: *Das Robbins Power Prinzip*, Ullstein, Berlin, 2004

Schmidt, Gunther: *Burnout-Kompetenz – Chance für optimale Lebensbalance*, ManagerSeminare Verlags GmbH, 2011

Schroeder, Alice: *Warren Buffett – Das Leben ist wie ein Schneeball*, Finanzbuch Verlag, 2010

Singer, Tanja, Matthias Bolz (Hrsg.): *Mitgefühl in Alltag und Forschung*, Max Planck Society, München, 2013

Strässle, Thomas: *Gelassenheit – über eine andere Haltung zur Welt*, Carl Hanser, 2013

Tolle, Eckhart: *Jetzt, die Kraft der Gegenwart*, Kamphausen, Bielefeld, 2003

Zinn, Jon Kabat: *Gesund durch Meditation. Das große Buch der Selbstheilung*, Mens-Sana, München, 2011

Artikel

Nachrichtenagentur, pressetext austria, Artikel: *Blumen riechen verringert Stress*, 23.07.2009

Deutschlandradio Kultur: *Warum ist Riechen besser als Sudoku*, Hanns Hatt im Gespräch/Archiv|Beitrag vom 17.09.2014

Gehirn & Geist, Ausgabe Dezember 2011.«

Focus online, 2/2013

Internet

Tu-dresden.de/die_tu_dresden/fakultaeten/erzw/erzwiss/be/mtb/vortrag_andrea_beetz_2012

http://www.weltwoche.ch/ausgaben/2005-22/artikel-2005-22-dieser-stoff-ver.html

http://www.welt.de/gesundheit/psychologie/article112145958/Haustiere-tun-ihrem-Menschen-einfach-gut.html

https://de.wikipedia.org/wiki/Die_10_Gebote_der_Gelassenheit

http://www.faz.net/aktuell/feuilleton/dritte-kultur/bindungsforschung-wie-das-gehirn-die-seele-formt-13733288.html

http://nlpportal.org/nlpedia/wiki/Lernen

http://www.spiegel.de/spiegelwissen/meditieren-als-mittel-gegen-stress-angststoerungen-depressionen-a-937314.html

https://www.dasgehirn.info/handeln/meditation/mehr-konzentration-durch-meditation-8146

http://www.wolfgangzeitler.de/html/body_charlie_chaplin.html

http://science.orf.at/stories/1735295/Kategorie: Psychologie Erstellt am 20.03.2014

Meditations-CD

Karunesh: Heart Chakra Meditation

EINE POETISCHE ERZÄHLUNG ÜBER DIE GLÜCKSSUCHE

Clara Maria Bagus
Vom Mann, der auszog,
um den Frühling zu suchen
Eine Reise zur Leichtigkeit

Traurig und einsam blickt der Mann auf die trübe
Landschaft des nicht enden wollenden Winters. Doch
plötzlich setzt sich ein kleiner Vogel unverhofft auf
den Ast eines kargen Baumes, der wie von Zauber-
hand unmittelbar anfängt zu blühen. Kaum fliegt
der Vogel davon, kehrt der Winter jedoch zurück.

Der Mann erkennt, wie sehr er sich nach der Wärme
und Schönheit des Frühlings sehnt, und macht sich
auf, den geheimnisvollen Vogel zu finden. Auf seiner
Reise erwarten ihn Abenteuer, und er begegnet
Menschen, die ihn daran erinnern, was im Leben
wirklich wichtig ist.

»Lesen Sie sich glücklich!« Kai Diekmann

208 Seiten
€ [D] 14,00 / € [A] 14,40 / sFr 15,90
ISBN: 978-3-7934-2307-2
Auch als E-Book erhältlich.
www.allegria-verlag.de